国家一流本科专业（南京师范大学-法学）建设点系列教材

新世纪法学教材

ZUIGAO RENMIN JIANCHAYUAN
ZHIDAOXING ANLI JIAOCHENG

最高人民检察院指导性案例教程

主　编　刘　远
副主编　周　鹏　洪锡雷
撰稿人　（按撰写章节先后排列）
　　　　洪锡雷　董　悦　周　鹏
　　　　周克稳　刘三洋

北京大学出版社
PEKING UNIVERSITY PRESS

图书在版编目(CIP)数据

最高人民检察院指导性案例教程/刘远主编. —北京:北京大学出版社,2020.10
新世纪法学教材
ISBN 978-7-301-31211-7

Ⅰ.①最… Ⅱ.①刘… Ⅲ.①案例—中国—高等学校—教材 Ⅳ.①D920.5

中国版本图书馆 CIP 数据核字(2020)第 025772 号

书　　　名	最高人民检察院指导性案例教程 ZUIGAO RENMIN JIANCHAYUAN ZHIDAOXING ANLI JIAOCHENG
著作责任者	刘　远　主编
责 任 编 辑	徐　音
标 准 书 号	ISBN 978-7-301-31211-7
出 版 发 行	北京大学出版社
地　　　址	北京市海淀区成府路 205 号　100871
网　　　址	http://www.pup.cn　　新浪微博:@北京大学出版社
电 子 信 箱	sdyy_2005@126.com
电　　　话	邮购部 010-62752015　发行部 010-62750672　编辑部 021-62071998
印 刷 者	天津中印联印务有限公司
经 销 者	新华书店
	787 毫米×1092 毫米　16 开本　17.25 印张　298 千字 2020 年 10 月第 1 版　2020 年 10 月第 1 次印刷
定　　　价	52.00 元

未经许可,不得以任何方式复制或抄袭本书之部分或全部内容。
版权所有,侵权必究
举报电话: 010-62752024　电子信箱: fd@pup.pku.edu.cn
图书如有印装质量问题,请与出版部联系,电话: 010-62756370

编者简介

刘　远　男，1971年2月出生，山东章丘人。南京师范大学法学院教授、博士生导师，南京师范大学刑法与刑事政策研究中心主任、中国法治现代化研究院研究员、江苏高校区域法治发展协同创新中心研究员、中国刑法学研究会理事、国际刑法学协会中国分会理事、江苏省法学会刑法学研究会副会长。目前主要研究领域为司法刑法学与刑法哲学。

周　鹏　男，1976年7月出生，江苏泰兴人。江苏省监狱管理局副处长，南京师范大学法学院刑法专业博士研究生。在《中国司法》《犯罪与改造研究》《河北法学》及人大复印报刊资料《刑事法学》等刊物发表论文十余篇，参与撰写《中国社区矫正制度与立法研究》一书。

洪锡雷　男，1988年10月出生，河南周口人。南京师范大学法学院刑法专业博士研究生，刑法与刑事政策研究中心副研究员。独立发表《刑民交叉案件的语义分析和处理模式考察》等论文五篇，参与撰写《中国社区矫正制度与立法研究》一书。

董　悦　女，1992年9月出生，山东聊城人。南京师范大学法学院刑法专业博士研究生。发表《公民个人信息分类保护的刑法模式构建》《收集并出售互联网公开信息的行为认定》等论文，参与撰写《中国社区矫正制度与立法研究》一书。

周克稳　男，1993年3月出生，河南商丘人。泰州市人民检察院检察官助理，南京师范大学法学院法学硕士。独立发表《合同诈骗罪的限缩适用探析》等论文三篇，合作发表《经济刑法中"休眠条款"的实证研究》等论文两篇，参与撰写《中国社区矫正制度与立法研究》一书。

刘三洋　男，1993年7月出生，江苏南京人。江苏师范大学法学院讲师，南京师范大学法学院法学博士。在《法律方法》《刑法论丛》《重庆社会科学》等刊物发表论文五篇，参与撰写《中国社区矫正制度与立法研究》一书。

编 者 说 明

2010年12月31日，最高人民检察院发布了第一批指导性案例，标志着检察案例指导制度的正式启动。截至2020年7月28日，最高人民检察院已相继发布了二十一批指导性案例。日趋成熟的检察案例指导制度，对于攻克司法难点、统一司法标准、规范司法活动、完善司法政策、回应社会关切、推进法治建设具有不可替代的重要作用。

同样，指导性案例对于法学教育、法学研究也具有重要意义。作为经过严格筛选脱颖而出的以案释法范本，指导性案例将冷峻的法条、精微的法理融入丰满的案件事实，做到理论实践化和实践理论化相统一。因此，指导性案例不仅丰富了政法院校案例教学资源，也推动了法学教育改革创新。法学本科生及研究生通过研习指导性案例，可以激发专业兴趣、深化理论思考、塑造法治思维、提高应用能力。

为了更大程度发挥指导性案例的上述作用，南京师范大学法学院将法学品牌专业建设需要与高质量法治人才培养需要有机结合，组织力量编写了这本《最高人民检察院指导性案例教程》。全书涉及十批共25个指导性案例，依照刑法分则的章节顺序编为五章，分别是破坏社会主义市场经济秩序罪，侵犯公民人身权利、民主权利罪，侵犯财产罪，妨害社会管理秩序罪，渎职罪。为了凸显指导性案例的指导性，同时便于案例教学，各章节针对指导性案例所涉罪名，结合案例事实，总结争点，研究学理，多角度阐发案例的理论和实践意义，并尽量启发读者进一步深入思考。本书深入浅出、层层推进，既是一本法学案例教程，也是刑法学研究参考书。希望本书成为法学本科生、研究生、司法人员及法律爱好者研习刑法的帮手。

本书由刘远担任主编，由周鹏、洪锡雷担任副主编，由洪锡雷、董悦、周鹏、周克稳、刘三洋撰稿。撰稿分工如下（以撰写章节先后为序）：

洪锡雷：第一章第一节；

董悦：第一章第二、三、四、五节；

周鹏：第二章，第四章第四节；

周克稳：第三章，第四章第一、二、三节；

刘三洋：第五章。

全书由副主编协助主编拟订编写计划、统改、定稿。

由于编者水平有限，错讹之处在所难免，敬请广大读者批评指正。

编　者

2020 年 8 月于南京

目录

第一章 破坏社会主义市场经济秩序罪

第一节 生产、销售有毒、有害食品罪 …… 1
一、指导性案例 …… 1
二、案件争点 …… 5
三、学理研究 …… 5

第二节 利用未公开信息交易罪 …… 35
一、指导性案例 …… 35
二、案件争点 …… 40
三、学理研究 …… 41

第三节 操纵证券市场罪 …… 52
一、指导性案例 …… 52
二、案件争点 …… 56
三、学理研究 …… 56

第四节 集资诈骗罪 …… 65
一、指导性案例 …… 65
二、案件争点 …… 69
三、学理研究 …… 69

第五节 组织、领导传销活动罪 …… 80
一、指导性案例 …… 80
二、案件争点 …… 83
三、学理研究 …… 83

第二章　侵犯公民人身权利、民主权利罪

第一节　绑架罪
一、指导性案例 …… 92
二、案件争点 …… 96
三、学理研究 …… 96

第二节　故意杀人罪
一、指导性案例 …… 112
二、案件争点 …… 114
三、学理研究 …… 114

第三章　侵犯财产罪

第一节　盗窃罪
一、指导性案例 …… 125
二、案件争点 …… 126
三、学理研究 …… 126

第二节　诈骗罪
一、指导性案例 …… 139
二、案件争点 …… 140
三、学理研究 …… 140

第四章　妨害社会管理秩序罪

第一节　破坏计算机信息系统罪
一、指导性案例 …… 146
二、案件争点 …… 150
三、学理研究 …… 150

第二节　非法获取计算机信息系统数据罪 …… 164

一、指导性案例 …………………………………………………………… 164
　　二、案件争点 ……………………………………………………………… 166
　　三、学理研究 ……………………………………………………………… 166
第三节　编造、故意传播虚假恐怖信息罪 …………………………………… 170
　　一、指导性案例 …………………………………………………………… 170
　　二、案件争点 ……………………………………………………………… 174
　　三、学理研究 ……………………………………………………………… 174
第四节　聚众斗殴罪 …………………………………………………………… 187
　　一、指导性案例 …………………………………………………………… 187
　　二、案件争点 ……………………………………………………………… 188
　　三、学理研究 ……………………………………………………………… 189

第五章　渎职罪

第一节　滥用职权罪 …………………………………………………………… 204
　　一、指导性案例 …………………………………………………………… 204
　　二、案件争点 ……………………………………………………………… 207
　　三、学理研究 ……………………………………………………………… 207
第二节　玩忽职守罪 …………………………………………………………… 222
　　一、指导性案例 …………………………………………………………… 222
　　二、案件争点 ……………………………………………………………… 224
　　三、学理研究 ……………………………………………………………… 224
第三节　徇私舞弊不移交刑事案件罪 ………………………………………… 240
　　一、指导性案例 …………………………………………………………… 240
　　二、案件争点 ……………………………………………………………… 241
　　三、学理研究 ……………………………………………………………… 242
第四节　食品监管渎职罪 ……………………………………………………… 255
　　一、指导性案例 …………………………………………………………… 255
　　二、案件争点 ……………………………………………………………… 260
　　三、学理研究 ……………………………………………………………… 261

第一章

破坏社会主义市场经济秩序罪

第一节　生产、销售有毒、有害食品罪

一、指导性案例

（一）检例12号：柳立国等人生产、销售有毒、有害食品，生产、销售伪劣产品案（以下简称"柳立国案"）

1. 基本案情

自2003年始，被告人柳立国在山东省平阴县孔村镇经营油脂加工厂，后更名为中兴脂肪酸甲酯厂，并转向餐厨废弃油（俗称"地沟油"）回收再加工。2009年3月、2010年6月，柳立国又先后注册成立了博汇公司、格林公司，扩大生产，进一步将"地沟油"加工提炼成劣质油脂。自2007年12月起，柳立国从四川、江苏、浙江等地收购"地沟油"加工提炼成劣质油脂，在明知他人将向其所购的劣质成品油冒充正常豆油等食用油进行销售的情况下，仍将上述劣质油脂销售给他人，从中赚取利润。柳立国先后将所加工提炼的劣质油脂销售给经营食用油生意的山东聊城昌泉粮油实业公司、河南郑州宏大粮油商行等（均另案处理）。前述粮油公司等明知从柳立国处购买的劣质油脂系"地沟油"加工而成，仍然直接或经勾兑后作为食用油销售给个体粮油店、饮食店、食品加工厂以及学校食堂，或冒充豆油等油脂销售给饲料、药品加工等企业。截至2011年7月案发，柳立国等人的行为最终导致金额为926万余元的此类劣质油脂流向食用油市场供人食用，金额为9065万余元的劣质油脂流入非食用油加工市场。

其间，经被告人柳立国招募，被告人鲁军负责格林公司的筹建、管理；被告人李树军负责"地沟油"采购并曾在格林公司分提车间工作；被告人柳立海从事后勤工作；被告人于双迎负责格林公司机器设备维护及管理水解车间；被告人刘凡金作

为驾驶员运输成品油脂；被告人王波作为驾驶员运输半成品和厂内污水，并提供个人账户供柳立国收付货款。上述被告人均在明知柳立国用"地沟油"加工劣质油脂并对外销售的情况下，仍予以帮助。

2. 判决结果

2012年6月12日，宁波市人民检察院以被告人柳立国等人犯生产、销售有毒、有害食品罪和生产、销售伪劣产品罪向宁波市中级人民法院提起公诉。2013年4月11日，宁波市中级人民法院一审判决被告人柳立国犯生产、销售有毒、有害食品罪和生产、销售伪劣产品罪，数罪并罚，判处无期徒刑，剥夺政治权利终身，并处没收个人全部财产；被告人鲁军犯生产、销售有毒、有害食品罪和生产、销售伪劣产品罪，数罪并罚，判处有期徒刑14年，并处罚金40万元；被告人李树军犯生产、销售有毒、有害食品罪和生产、销售伪劣产品罪，数罪并罚，判处有期徒刑11年，并处罚金40万元；被告人柳立海犯生产、销售有毒、有害食品罪和生产、销售伪劣产品罪，数罪并罚，判处有期徒刑10年6个月，并处罚金40万元；被告人于双迎犯生产、销售有毒、有害食品罪和生产、销售伪劣产品罪，数罪并罚，判处有期徒刑10年，并处罚金40万元；被告人刘凡金犯生产、销售有毒、有害食品罪和生产、销售伪劣产品罪，数罪并罚，判处有期徒刑7年，并处罚金30万元；被告人王波犯生产、销售有毒、有害食品罪和生产、销售伪劣产品罪，数罪并罚，判处有期徒刑7年，并处罚金30万元。一审宣判后，柳立国、鲁军、李树军、柳立海、于双迎、刘凡金、王波提出上诉。2013年6月4日，浙江省高级人民法院二审裁定驳回上诉，维持原判。

3. 裁判要旨

明知对方是食用油经销者，仍将用"地沟油"加工而成的劣质油脂销售给对方，导致劣质油脂流入食用油市场供人食用的，构成生产、销售有毒、有害食品罪；明知油脂经销者向饲料生产企业和药品生产企业等单位销售豆油等食用油，仍将用餐厨废弃油加工而成的劣质油脂销售给对方，导致劣质油脂流向饲料生产企业和药品生产企业等单位的，构成生产、销售伪劣产品罪。

（二）检例13号：徐孝伦等人生产、销售有害食品案（以下简称"徐孝伦案"）

1. 基本案情

2010年3月起，被告人徐孝伦、贾昌容在瑞安市鲍田前北村育英街12号的加工点内使用工业松香加热的方式对生猪头进行脱毛,并将加工后的猪头分离出猪头肉、猪耳朵、猪舌头、肥肉等销售给当地菜市场内的熟食店,销售金额达61万余元。被告人徐体斌、叶建勇、杨玉美明知徐孝伦所销售的猪头系用工业松香加工脱毛仍予以购买,并做成熟食在其经营的熟食店进行销售,其中徐体斌的销售金额为3.4万元,叶建勇和杨玉美的销售金额均为2.5万余元。2012年8月8日,徐孝伦、贾昌容、徐体斌在瑞安市的加工点内被公安机关及瑞安市动物卫生监督所当场抓获,并现场扣押猪头(已分割)50个,猪耳朵、猪头肉等600公斤,松香10公斤及销售单。经鉴定,被扣押的松香系工业松香,属食品添加剂外的化学物质,内含重金属铅,经反复高温使用后,铅等重金属含量升高,长期食用工业松香脱毛的禽畜类肉可能会对人体造成伤害。案发后徐体斌协助公安机关抓获两名犯罪嫌疑人。

2. 判决结果

2013年3月1日,瑞安市人民检察院以被告人徐孝伦、贾昌容犯生产、销售有害食品罪,被告人徐体斌、叶建勇、杨玉美犯销售有害食品罪向瑞安市人民法院提起公诉。

2013年5月22日,瑞安市人民法院一审认为,被告人徐孝伦、贾昌容在生产、销售的食品中掺入有害物质,有其他特别严重情节,其行为均已触犯刑法,构成生产、销售有害食品罪;徐体斌、叶建勇、杨玉美销售明知掺有有害物质的食品,其行为均已触犯刑法,构成销售有害食品罪。被告人徐孝伦、贾昌容共同经营猪头加工厂,生产、销售猪头肉,系共同犯罪。在共同犯罪中,被告人徐孝伦起主要作用,系主犯;被告人贾昌容起次要作用,系从犯,依法减轻处罚。被告人贾昌容、徐体斌、叶建勇归案后均能如实供述自己的罪行,依法从轻处罚。被告人徐体斌有立功表现,依法从轻处罚。依照刑法和司法解释有关规定,判决被告人徐孝伦犯生产、销售有害食品罪,判处有期徒刑10年6个月,并处罚金125万元;被告人贾昌容犯生产、销售有害食品罪,判处有期徒刑6年,并处罚金60万元;被告人徐体斌犯销售有害食品罪,判处有期徒刑1年6个月,并处罚金7万元;被告人叶建勇犯销售有害食品罪,判处有期徒刑1年6个月,并处罚金5万元;被告人杨玉美犯销售有害食品罪,判处有期徒刑1年6个月,并处罚金5万元。一审宣判后,徐孝伦、贾昌容、杨玉美提出上诉。2013年6月21日,浙江省温州市中级人民法院二审裁定驳回上诉,维持原判。

3. 裁判要旨

在食品加工过程中，使用有毒、有害的非食品原料加工食品并出售的，应当认定为生产、销售有毒、有害食品罪；明知是他人使用有毒、有害的非食品原料加工出的食品仍然购买并出售的，应当认定为销售有毒、有害食品罪。

（三）检例14号：孙建亮等人生产、销售有毒、有害食品案（以下简称"孙建亮案"）

1. 案情简介

2011年5月，被告人陈林、郝云旺、唐连庆、唐民明知盐酸克伦特罗（俗称"瘦肉精"）属于国家禁止在饲料和动物饮用水中使用的药品而进行买卖，郝云旺从唐连庆、唐民处购买三箱盐酸克伦特罗片（每箱100袋，每袋1000片），后陈林从郝云旺处为自己购买一箱该药品，同时帮助被告人孙建亮购买一箱该药品。孙建亮在自己的养殖场内，使用陈林从郝云旺处购买的盐酸克伦特罗片喂养肉牛。2011年12月3日，孙建亮将喂养过盐酸克伦特罗片的9头肉牛出售，被天津市宝坻区动物卫生监督所查获。经检测，其中4头肉牛尿液样品中所含盐酸克伦特罗超过国家规定标准。郝云旺、唐连庆、唐民主动到公安机关投案。

2. 判决结果

2012年8月15日，天津市宝坻区人民检察院以被告人孙建亮、陈林、郝云旺、唐连庆、唐民犯生产、销售有毒、有害食品罪向宝坻区人民法院提起公诉。2012年10月29日，宝坻区人民法院一审认为，被告人孙建亮使用违禁药品盐酸克伦特罗饲养肉牛并将肉牛出售，其行为已构成生产、销售有毒、有害食品罪；被告人陈林、郝云旺、唐连庆、唐民明知盐酸克伦特罗是禁止用于饲养供人食用的动物药品而代购或卖给他人，供他人用于饲养供人食用的肉牛，属于共同犯罪，应依法以生产、销售有毒、有害食品罪予以处罚。在共同犯罪中，孙建亮起主要作用，系主犯；被告人陈林、郝云旺、唐连庆、唐民起次要作用，系从犯，依法应当从轻处罚。被告人郝云旺、唐连庆、唐民在案发后主动到公安机关投案，并如实供述犯罪事实，属自首，依法可以从轻处罚。被告人孙建亮、陈林到案后如实供述犯罪事实，属坦白，依法可以从轻处罚。依照刑法相关条款规定，判决被告人孙建亮犯生产、销售有毒、有害食品罪，判处有期徒刑2年，并处罚金75000元；被告人陈林犯生产、销售有毒、有害食品罪，判处有期徒刑1年，并处罚金20000元；被告人郝云旺犯生产、销售有毒、有害食品罪,判处有期徒刑1年,并处罚金20000元;被告人唐连庆犯生产、销售有毒、有害食品罪,判处有期徒刑6个月,缓刑1年,并处罚金5000元;被告人唐民犯生产、销售有毒、有害食品罪,判处有期徒刑6个月,缓刑1年,并处罚金5000元。一审宣判后,郝云旺提出上诉。2012年12月12日,天津市第一中级人民法院二审裁定驳回上诉,维持原判。

3. 裁判要旨

明知盐酸克伦特罗是国家禁止在饲料和动物饮用水中使用的药品,而用以养殖供人食用的动物并出售的,应当认定为生产、销售有毒、有害食品罪。明知盐酸克伦特罗是国家禁止在饲料和动物饮用水中使用的药品,而买卖和代买盐酸克伦特罗片,供他人用以养殖供人食用的动物的,应当认定为生产、销售有毒、有害食品罪的共犯。

二、案件争点

(1) 刑法、刑事司法解释及其他规范性文件的适用时效问题。
(2) 如何界定生产、销售有毒、有害食品罪中"食品"的范围?
(3) 如何认定生产、销售有毒、有害食品罪罪状中的"明知"?
(4) 生产、销售有毒、有害食品罪与相关罪名的区分界限问题。
(5) 如何理解和定位刑事政策在刑事司法中的作用?

三、学理研究

(一) 生产、销售有毒、有害食品罪简介

1. 生产、销售有毒、有害食品罪的概念

一般认为,生产、销售有毒、有害食品罪,是指违反国家食品安全管理法规,在生产、销售的食品中掺入有毒、有害的非食品原料,或者销售明知掺有有毒、有害的非食品原料的食品的行为。① 不过,有论著给本罪所下的定义,没有"违反国家食品安全管理法规"的内容。② 是否需要强调行政违法的前置性,可比照交通肇事罪的定义来理解。交通肇事罪是指违反交通运输管理法规,因而发生重大交通事故,

---

① 参见周光权:《刑法各论》(第三版),中国人民大学出版社2016年版,第212页。
② 参见张明楷:《刑法学》(第五版),法律出版社2016年版,第743页。

致人重伤、死亡或者使公私财产遭受重大损失的行为。对这个定义几乎没有异议。该定义中，之所以强调"违反交通运输管理法规"，除了因为《刑法》第133条明确规定了该要件外，还在于交通肇事罪的罪状中没有对实行行为的类型进行描述，行为的认定只能以"交通运输管理法规"这一前置法为指引。而《刑法》第144条已经将生产、销售有毒、有害食品罪的行为类型进行了明确规定，无须参考前置法。因此，正如有学者指出的，本罪的行为肯定违反了食品安全管理法规，但法条对罪状的描述已经将客观行为具体化，故不应再添加"违反国家食品安全管理法规"的内容。①

不过，在此需要明确的是，无论生产、销售有毒、有害食品罪的定义中是否包含"违反国家食品安全管理法规"的内容，对该罪的认定仍应严格地以刑法规定的犯罪构成为依据，而不是以定义为依据。罪名定义只是根据刑法学理论和刑法的规定，用精炼的语句、简明的形式将罪名所反映的那类犯罪的主要特征揭示出来，它以犯罪构成的必要条件为根据，但不同于犯罪构成，不是认定犯罪的标准。② 因此，如果出于强调生产、销售有毒、有害食品罪同时也是一种违反国家食品安全管理法规的行政违法行为，在定义中可以包含"违反国家食品安全管理法规"的内容，如果出于语言简洁的考虑，也可以不包括，这两种定义方式均不影响本罪的司法认定。

2. 生产、销售有毒、有害食品罪在刑法中的流变

我国刑法对生产、销售有毒、有害食品的行为进行定罪处罚经历了一个修订、调整的过程，大致可分为以下四个阶段：③

第一，1979年《刑法》的规定。我国1979年《刑法》没有将生产、销售有毒、有害食品的行为规定为专门的犯罪。在当时的司法实践中，对生产、销售有毒、有害食品造成多人死亡的行为，一般是按照1979年《刑法》第106条规定的以其他危险方法危害公共安全罪论处，但是也有按重大责任事故罪或者制造、贩卖假药罪定罪的。由于认定罪名不一致，适用刑罚不统一，并且处刑偏低，致使打击力度与犯罪的危害程度不相适应。

第二，1993年全国人大常委会《关于惩治生产、销售伪劣商品犯罪的决定》（以

---

① 参见张明楷：《刑法学》（第五版），法律出版社2016年版，第743页脚注①。
② 参见施庙松：《罪名概念定义的逻辑特征》，载《现代法学》1986年第4期。
③ 参见翟中东：《生产、销售伪劣商品罪立案追诉标准与司法认定实务》，中国人民公安大学出版社2010年版，第138—139页。

下简称《决定》）。为了有效惩治危害食品安全的犯罪，弥补1979年《刑法》规定的不足，1993年7月2日第八届全国人大常委会第二次会议通过了《决定》。其中第3条第2款规定："在生产、销售的食品中掺入有毒、有害的非食品原料的，处五年以下有期徒刑或者拘役，可以并处或者单处罚金；造成严重食物中毒事故或者其他严重食源性疾患，对人体健康造成严重危害的，处五年以上十年以下有期徒刑，并处罚金；致人死亡或者对人体健康造成其他特别严重危害的，处十年以上有期徒刑、无期徒刑或者死刑，并处罚金或者没收财产。"这一文件为1997年《刑法》所吸收，并最终形成了现行《刑法》第144条。

第三，1997年《刑法》的规定。1997年《刑法》在吸收上述1993年全国人大常委会《决定》的基础上，进行了三处修改：一是在客观方面增加了"销售明知掺有有毒、有害的非食品原料的食品"的罪状；二是将"违法所得"改为"销售金额"；三是明确规定了本罪的罚金标准，即"销售金额百分之五十以上二倍以下"。

第四，2011年《刑法修正案（八）》的修订和相关司法解释。2011年2月25日第十一届全国人大常委会第十九次会议通过的《刑法修正案（八）》对1997《刑法》第144条进行了四处修订：一是将原文中的"造成严重食物中毒事故或者其他严重食源性疾患，对人体健康造成严重危害的"修改为"对人体健康造成严重危害或者有其他严重情节"；二是将"销售金额百分之五十以上二倍以下罚金"修改为无限额罚金；三是取消了对基本犯单处罚金的规定；四是将"对人体健康造成特别严重危害"修改为"有其他特别严重情节"。在《刑法修正案（八）》之后，司法机关又颁布了一系列专门针对本罪的司法解释等规范性文件，包括2012年1月9日最高人民法院、最高人民检察院、公安部《关于依法严惩"地沟油"犯罪活动的通知》（以下简称《严惩"地沟油"犯罪通知》）和2013年5月2日最高人民法院、最高人民检察院《关于办理危害食品安全刑事案件适用法律若干问题的解释》（以下简称《食品案件解释》）等。

3. 生产、销售有毒、有害食品罪的特征

《刑法》第144条规定："在生产、销售的食品中掺入有毒、有害的非食品原料的，或者销售明知掺有有毒、有害的非食品原料的食品的，处五年以下有期徒刑，并处罚金；对人体健康造成严重危害或者有其他严重情节的，处五年以上十年以下有期徒刑，并处罚金；致人死亡或者有其他特别严重情节的，依照本法第一百四十一条的规定处罚。"

一般认为,本罪所保护的法益既包括国家对食品安全的监督管理秩序,也包括不特定多数人的生命、健康权益。① 本罪行为类型包括:(1)在生产的食品中掺入有毒、有害的非食品原料;(2)在销售的食品中掺入有毒、有害的非食品原料;(3)明知是掺有有毒、有害的非食品原料的食品而销售。② 本罪的责任形式是故意,要求行为人对生产、销售的产品是有毒、有害食品有明知。但当发生加重结果时,即对人体健康造成严重危害或致人死亡等,不要求行为人对该加重结果有故意,但要求其有过失。本罪的行为主体既可以是自然人,也可以是单位。构成单位犯罪的,实行双罚制,既处罚单位也处罚直接负责的主管人员和其他直接责任人员。

从犯罪既遂的标准来看,犯罪可分为行为犯、抽象危险犯、具体危险犯和实害犯。其中,行为犯是指行为人实施刑法规定的危害行为就直接可以构成既遂的犯罪。③ 即,只要实施了法定的构成要件行为,不要求结果的发生,就构成犯罪既遂。行为犯包括举动犯和程度犯。所谓举动犯,又称举止犯,是指行为人只要着手实施刑法分则规定的行为就构成犯罪既遂的情形,因而在举动犯的情况下,不存在犯罪的未完成形态。所谓程度犯,又称过程犯,是指行为人在着手实施刑法分则规定的构成要件行为以后,虽然不要求发生某种危害结果,但要求将行为实施到一定程度,才构成犯罪既遂的情形。④ 举动犯和程度犯的区别在于犯罪既遂是否要求行为充分实施。举动犯,如煽动型犯罪,只要一实施煽动行为,犯罪即告既遂;而程度犯,如强奸罪,只有实施的行为达到某种程度,如生殖器官"接触"或"插入"才告既遂。因此,举动犯不存在既遂之外的其他形态,⑤ 而程度犯存在未遂、中止等犯罪未完成形态。抽象危险犯,是指行为人的行为造成了一般观念上认为的对法益侵害的危险就构成既遂的犯罪,如醉驾型危险驾驶罪。抽象危险犯与行为犯的既遂均不要求结果出现,但是,抽象危险犯中的危险是一种立法推定的危险,因此可以通过辩护予以反证。相反,行为犯是以行为直接作为既遂的标准,只要行为存在或达到一定程度,就可构成既遂,因此不允许以不存在法益侵害的危险来反证。具体危险犯,是指只有行为人的行为造成了具体现实的法益侵害危险才构成既遂的犯罪。如生产销

---

① 参见翟中东:《生产、销售伪劣商品罪立案追诉标准与司法认定实务》,中国人民公安大学出版社2010年版,第139页。
② 参见张明楷:《刑法学》(第五版),法律出版社2016年版,第743页。
③ 参见姜伟:《犯罪形态通论》,法律出版社1994年版,第115页。
④ 参见陈兴良:《本体刑法学》(第二版),中国人民大学出版社2011年版,第387页。
⑤ 或者也可这样认为,举动犯只存在犯罪的完成与否的问题,不存在犯罪既未遂的问题。

售劣药罪,只有对人体健康造成严重现实危险才可认定为既遂。实害犯,是指行为人的行为只有出现了具体的法益侵害结果才构成既遂的犯罪。如故意杀人罪,只有被害人死亡,才可认定为既遂。具体危险犯和实害犯又可统称为结果犯,前者的结果是具体的危险结果,后者的结果是实害结果。根据上述分类标准,刑法规定的生产、销售有毒、有害食品罪是以对人的生命、身体健康造成一般观念上的抽象危险为既遂标准的犯罪,因此,属于抽象危险犯。①

(二)刑法、刑事司法解释及其他规范性文件的适用时效问题

上文已述,有关生产、销售有毒、有害食品罪的刑法规定经历了一个逐渐调整、完善的过程,而上述指导性案例中的"柳立国案"和"徐孝伦案",恰好都处在刑法规范调整的前后时期。这些案件在审判的时候能否适用已经生效的新规定,不仅是一个重要的学理问题,也是审判过程中争议比较大的问题。具体而言,争议的焦点集中在两个方面:(1) 这两个案件能否适用审判时已经生效的《刑法修正案(八)》;(2) 在犯罪行为终了之后才颁布的司法解释能否适用于这两个案件;(3) 有关部门的会议纪要能否作为裁判的依据。

1. 能否适用《刑法修正案(八)》

首先,需要明确是否适用《刑法修正案(八)》对这两个案件会产生什么不同的法律效果。上文提到《刑法修正案(八)》对本罪的四处修改,其中对这两个案件具有重大影响的是第一处,即在1997年《刑法》规定的结果加重犯之外增加了情节加重犯。在"柳立国案"和"徐孝伦案"中,虽然客观上存在生产、销售劣质油脂的行为和使用工业松香的行为,但在法庭审理时的鉴定报告没有最终证明涉案的产品有毒、有害,也没有发现对人体健康造成严重危害的事实。也就是说,不存在能够证明发生了加重结果的证据。但是,这两个案件中的主犯却都适用了升格的法定刑,其依据并不是结果加重,而正是《刑法修正案(八)》增设的情节加重犯,即生产、销售金额达到了"情节严重"的标准。因此,从罪刑法定的角度,这两个案件能否适用《刑法修正案(八)》对其量刑具有至关重要的影响。

---

① 有学者将行为犯/结果犯、危险犯/实害犯作为两种分别以不同标准所作的犯罪分类。参见黎宏:《刑法学总论》(第二版),法律出版社2016年版,第73页;张明楷:《刑法学》(第五版),法律出版社2016年版,第168页。在这种情况下,生产、销售有毒、有害食品罪既属于行为犯又属于抽象危险犯。不过,由此也导致行为犯和抽象危险犯的外延交叉,损及了通过分类来明确犯罪既遂认定标准的作用,故本书没有采纳。

其次，需要明确能否适用《刑法修正案（八）》在这两个案件中属于什么性质的问题。根据我国《刑法》第12条的规定，这不属于典型的刑法溯及力问题。刑法溯及力讨论的是新法实施以前发生的行为如何适用法律，而"柳立国案"和"徐孝伦案"中的犯罪行为却从《刑法修正案（八）》生效之前一直持续到生效之后，属于跨越新旧法连续犯罪的情形。对于这种跨越新旧法连续犯罪的情形，学理上存在四种处理意见：（1）适用《刑法》第12条规定的从旧兼从轻原则。如果适用旧法对行为人处刑较轻，则适用旧法；反之，则适用新法。（2）按行为主次结合的方式选择适用的法律。如果案件行为的主体部分或主要经过发生在新法生效之前，则适用旧法；反之，则适用新法。（3）分段处罚。对新法生效前后的行为分别适用旧法和新法。（4）一律适用新法。如果新法不认为犯罪的，整个连续犯罪行为不受处罚；如果旧法认为不是犯罪，而新法认为是犯罪的，旧法时期施行的行为不受处罚，只处罚新法期间实施的行为；如果新旧法均认为是犯罪行为，虽然处罚轻重不同，都适用新法，没有例外。①

由于上述四种处理意见可以同时适用于连续犯和继续犯，因此，究竟作何选择，需要分三步判断。第一步需要讨论的是，就"柳立国案"和"徐孝伦案"本身而言，是属于刑法中的继续犯还是连续犯。所谓继续犯，指的是作用于同一对象的犯罪行为从着手实行到行为终了，犯罪行为与不法状态在一定时间内处于继续状态，以一罪处罚的犯罪。② 而所谓连续犯，是指基于同一的或概括的犯罪故意，连续实施性质相同的数个行为，触犯同一个罪名的犯罪。③ 由此可知，虽然继续犯和连续犯都只触犯同一个罪名，但二者仍存在显著区别。首先，犯罪行为数不同。继续犯的犯罪行为是一个行为，典型的如非法拘禁罪、窝藏罪，虽然在拘禁期间和窝藏期间不法状态持续，但该不法状态是由于一个（而不是多个）独立的拘禁行为和窝藏行为引起的。而连续犯则包括数个行为，行为的连续性是指性质相同且基于同一或概括的故意。这是连续犯和继续犯的核心区别。其次，指涉的犯罪分类层次不同。继续犯是在罪名层次对某一罪性质的概括，它不受该罪现实样态的影响。无论现实中有何种

---

① 参见姜伟：《犯罪形态通论》，法律出版社1994年版，第340—341页；朱旭伟：《跨新旧法连续犯处罚新探》，载《现代法学》1996年第6期；蒋海洪：《器械违法行为连续跨越新旧法规如何处理》，载《中国医药报》2016年7月11日第003版。

② 参见高铭暄、马克昌主编：《刑法学》（第七版），北京大学出版社、高等教育出版社2016年版，第184页。

③ 参见张明楷：《刑法学》（第五版），法律出版社2016年版，第478页。

表现，非法拘禁罪本身就是继续犯。与之相比，连续犯主要针对的是案件层次而非某一罪本身性质的层次。行为人基于同一故意连续杀人的行为，是典型的连续犯，但并不意味着故意杀人罪本身是连续犯，而是只针对这个案件而言，具备了连续犯的要件，可以适用连续犯的处罚原则。就"柳立国案"和"徐孝伦案"而言，根据刑法规定，生产、销售有毒、有害食品罪本身不是继续犯，因此两案不属于继续犯。另外，柳立国和徐孝伦的生产、销售行为是以"次"作为单位、基于同一或概括的故意在一段时期内分多次实施的，而且，每次的行为均可单独构成生产、销售有毒、有害食品罪。也就是说，在该时期内，犯罪行为是由诸多次可单独构成犯罪的行为组成，其连续性是一种"虚线"形态而非"实线"形态。综上，两案宜认定为连续犯。

第二步涉及连续犯应如何处罚。关于连续犯如何处罚，刑法理论上也存在不同的观点，概而言之，不外同种数罪并罚说和一罪处罚说。并罚说认为，连续犯的本质是同种数罪，有多少个符合构成要件的行为就成立多少罪，并一律将这些同种数罪进行并罚，连续犯的概念也可以废除。① 但并罚说的理解并不恰当。连续犯虽然存在数个犯罪行为，并数次侵犯同一法益，但却是基于同一或概括的故意，这是连续犯之所以"连续"的含义，也是连续犯与同种数罪的区别。但是，连续犯也不同于实质上的一罪，后者是指一个行为侵害一个法益的情形，连续犯虽然是基于同一或概括的故意，但却存在数个行为。因此，有学者认为，连续犯既不是典型的数罪，也不是典型的一罪，而属于罪数不典型的形态。所谓罪数不典型，是指犯罪要件组合数不标准的形态。罪数不典型的其中一种是数行为因为行为整合性而形成的罪数不典型，代表即连续犯。在连续犯中，整合性表现在数个连续进行的犯罪是基于同一或概括的故意。正是这种整合性将数个犯罪构成组合成一个整体进行评价，从而使单独的行为丧失独立性，这是数行为不实行并罚的犯罪论根据。② 因此，对连续犯只能按一罪处罚。至于其理由，有学者认为，连续犯属于包括的一罪，虽然存在数个法益侵害事实，但通过适用一个法条就可以对数个事实进行完整的评价；③ 还有学者认为，连续犯属于处断的一罪，虽然犯罪行为本身可以符合数个犯罪构成，成立

---

① 参见庄劲：《论连续犯概念之废除——兼论同种数罪的并罚模式》，载《求索》2007年第1期。
② 参见储槐植：《论罪数不典型》，载《法学研究》1995年第1期。
③ 参见张明楷：《刑法学》（第五版），法律出版社2016年版，第477页。

数个犯罪,但是由于其自身的某些特征,出于司法处断的需要,在司法处理中将其作为一罪的犯罪形态。① 其实,无论是将连续犯作为包括的一罪还是处断的一罪,它们都只是进行一罪处罚的不同理由,二者并不互相排斥。二者的共同点是,都承认一罪处罚满足了完全评价原则,且符合诉讼经济的要求。此外,关于追诉期限的计算,我国《刑法》第89条规定,"犯罪行为有连续或继续状态的,从犯罪行为终了之日起计算",这也表明对连续犯是以一罪论处。

既然连续犯需要以一罪论处,就可以此为基础对上述对跨越新旧法连续犯罪的四种处理意见分别考察,进行第三步的判断。第一种从旧兼从轻的处理方法,其本质是将新法生效之后的行为等同于新法生效之前的行为,一律进行从轻处罚,这有过于放纵行为人之虞。虽然连续犯的行为是连续的,但行为的连续性不能决定对行为在任何时期的评价效果是一样的,至少对于新法生效之后的行为有重新评价的必要。不过,这并不能得出如第三种处理意见对连续犯可以分段处罚的结论,这一结论与连续犯以一罪处罚的原则相悖。那么,能否按照第二种处理意见,由主行为所处阶段决定适用的法律?正如有学者指出的,这种处理方式似乎可以达到罪刑相适应的目的,但也存在两个问题:"其一,划分行为比重大小的标准因划分角度不同经常是多样的,难以统一;对按不同标准划分的同一连续犯罪行为可能产生不同的法律后果,势必造成适用法律上的混乱;其二,如果主要行为实施在旧法施行时期而全体适用旧法,那么意味着旧法在处罚了旧法施行时期的行为的同时,也处罚了新法施行时期的行为,这是不妥的。因为新法施行时期的行为是客观存在的,不能因为新法施行时期的行为系小部分行为,便将其置于旧法处罚之下,而忽略新法的存在。无论如何,只有新法溯及旧法施行时期行为的可能,绝无旧法规范新法施行时期行为的道理,新法施行时期的行为只能由新法处罚是毋庸置疑的。"② 似乎可选择的只有第四种处理方法。第四种处理方法将跨法连续犯罪分为三类情况,其中前两类本质上是对行为人的从轻处罚,与《刑法》第12条规定的精神和刑法人道主义相一致。但对于第三类,即"如果新旧法均认为是犯罪行为,虽然处罚轻重不同,都适用新法"则有可能导致刑法适用的不平等。比如,可能导致对行为人实施的持续到新法生效当天的行为和持续到新法生效前一天的行为适用完全不同的法律,

---

① 参见高铭暄、马克昌主编:《刑法学》(第七版),北京大学出版社、高等教育出版社2016年版,第192—193页。

② 朱旭伟:《跨新旧法连续犯处罚新探》,载《现代法学》1996年第6期。

显失公平。

综上，从学理上，对跨法连续犯的处罚，既需要坚持一罪处罚的原则，也需要坚持对新法施行时期的行为依新法处罚，还需要坚持对新法施行之前的行为从轻处罚的人道主义考虑。只有三者相结合，才能保证处罚的公正性。因此，1998年12月2日最高人民检察院作出了《关于对跨越修订刑法施行日期的继续犯罪、连续犯罪以及其他同种数罪应如何具体适用刑法问题的批复》，其中第2条规定："对于开始于1997年9月30日以前，连续到1997年10月1日以后的连续犯罪，或者在1997年10月1日前后分别实施同种类数罪，其中罪名、构成要件、情节以及法定刑均没有变化的，应当适用修订刑法，一并进行追诉；罪名、构成要件、情节以及法定刑已经变化的，也应当适用修订刑法，一并进行追诉，但是修订刑法比原刑法所规定的构成要件和情节较为严格，或者法定刑较重的，在提起公诉时应当提出酌情从轻处理意见。"根据该批复的精神，对新旧法均认为是犯罪的跨法连续犯，实行的是"从新兼酌轻"的处罚原则。实质上是对第四种处理意见的有益修正，基本上满足了多个方面对跨法连续犯处罚要求的统筹兼顾。因此，对"柳立国案"和"徐孝伦案"的审判应当根据该批复的精神，整体适用《刑法修正案（八）》。

2. 能否适用诉讼过程中生效的刑事司法解释

"柳立国案"和"徐孝伦案"虽然可以适用《刑法修正案（八）》，即可以因情节特别严重而适用升格法定刑，但在犯罪行为终了之后才颁布的司法解释能否适用于这两个案件仍有异议。《刑法修正案（八）》并没有规定情节特别严重的具体标准，只能依据其他规范性文件才能进行认定。具体而言，"柳立国案"一审认定情节特别严重的规范依据是案件开庭一个月后，即2012年9月28日浙江省高级人民法院、浙江省人民检察院、浙江省公安厅联合发布的《关于办理危害食品、药品安全犯罪案件适用法律若干问题的会议纪要》（以下简称《会议纪要》），其中第9条第3款规定："有下列情形之一的，属刑法第141条生产、销售假药罪和第144条生产、销售有毒、有害食品罪中'有其他特别严重情节'：（一）生产、销售假药和有毒、有害食品，涉案金额五十万元以上的；……""徐孝伦案"情节特别严重的认定根据是案件审理期间，即2013年5月2日最高人民法院、最高人民检察院颁布的《食品案件解释》。其中第7条规定："生产、销售有毒、有害食品，生产、销售金额五十万元以上，或者具有本解释第四条规定的情形之一的，应当认定为刑法第一百四十四条规定的'致人死亡或者有其他特别严重情节'。"① 鉴于两个案件的不同情形，可以将问题进一步细化为两个层面：（1）如何理解司法解释的时间效力；（2）如何理解会议纪要等文件的法律效力和时间效力。

关于司法解释的时间效力问题，存在三种情形：（1）原来没有司法解释，后来有了司法解释；（2）原来已有司法解释，后来新的司法解释相应地出现了变更；（3）原来已有司法解释，后来出现了更高效力的立法解释。这三种情形的最后一种，实质上是司法解释与立法解释的效力位阶问题，一般立法解释优先，不存在什么分歧。司法解释的时间效力问题主要是指前两种情形，而问题的核心是司法解释的生效是否应与刑法同步，即司法解释是否具有独立的效力。肯定的观点认为，我国的司法解释已经不再仅仅是对刑法条文作一般性的字面含义阐释，不应该否定的事实是，我国的刑事司法解释确实在起着弥补刑事立法欠缺的作用。事实上，在司法机关办理刑事案件过程中，司法解释成为必须遵循且在某种程度上是首选的重要依据，极具强制性的约束力；而且，司法解释颁布施行的时间又往往具有较刑法而言具有"时后性"特征，即是针对刑法施行之后才出现的新的实践问题所进行的针对性解释。② 因此，应当承认司法解释具有独立的生效条件，后来的司法解释不能当然地适用原来没有司法解释的情形；同时，司法解释的适用也存在溯及力的问题，而溯及力适用的原则应当参照《刑法》第12条规定的"从旧兼从轻"。否定的观点认为，司法解释并不是刑法本身，既然是对刑法的解释，那么，对现行司法解释之前的行为，只要是在现行刑法解释之后实施的，无论以前是否有司法解释，就得按新司法解释适用刑法。因此，司法解释不存在从旧兼从轻的溯及力问题。③

司法解释是最高人民法院对审判工作中具体应用法律问题和最高人民检察院对检察工作中具体应用法律问题所作的具有法律效力的解释，按照罪刑法定原则和《立法法》第45条第2款的精神，④ 理论上，刑事司法解释不能创制新的法律，只能对刑事司法实践中具体适用刑事法律问题进行解释，在立法原意内就如何具体应用

---

① "柳立国案"二审时，该司法解释已然生效。
② 参见刘宪权：《我国刑事司法解释时间效力的再思考》，载《法学》2002年第2期。
③ 参见张明楷：《刑法学》（第五版），法律出版社2016年版，第79页。
④ 《立法法》第45条第2款规定："法律有以下情况之一的，由全国人民代表大会常务委员会解释：（一）法律的规定需要进一步明确具体含义的；（二）法律制定后出现新的情况，需要明确适用法律依据的。"由此可知，立法解释的范围只是对法律含义的进一步明确、对新情况适用法律依据的指示，不属于"造法"的范畴。根据举重以明轻，立法解释如此，司法解释更是如此。

刑事法律中所产生的问题加以明确化、具体化，以贯彻刑事立法的基本精神、基本原则和立法原意，不得对刑事法律作出修改、补充。① 从这个角度而言，司法解释只是对法律固有含义的揭示，其适用和效力当然依附于刑法，因此不具有独立的效力。然而，由于刑法本身存在有一定的抽象性和模糊性，就给司法解释提供了较大范围的解释余地，加之司法实践具体化、标准化的需要，致使在事实上出现了不少"扩张性"的司法解释。从这个角度而言，为了体现《刑法》第12条规定的有利于被告人的精神，司法解释应当具有独立的效力，并需要参照"从旧兼从轻"的原则才能溯及适用。理论上的两难选择在规范性文件中也得到了反映。2001年12月7日最高人民法院、最高人民检察院《关于适用刑事司法解释时间效力问题的规定》（以下简称《司法解释时效规定》）第2条规定："对于司法解释实施前发生的行为，行为时没有相关司法解释，司法解释施行后尚未处理或者正在处理的案件，依照司法解释的规定办理。"该条实质上承认司法解释的效力依附于刑法，不具有独立的时间效力。但第3条又规定："对于新的司法解释实施前发生的行为，行为时已有相关司法解释，依照行为时的司法解释办理，但适用新的司法解释对犯罪嫌疑人、被告人有利的，适用新的司法解释。"这一条在一定程度上又承认了司法解释具有独立的时间效力，对前后司法解释需要根据"从旧兼从轻"原则适用。

对于"柳立国案"和"徐孝伦案"，尽管2001年4月9日最高人民法院、最高人民检察院《关于办理生产、销售伪劣商品刑事案件具体应用法律若干问题的解释》第5条只专门规定了"对人体健康造成严重危害"和"对人体健康造成特别严重危害"的认定标准，不涉及对这两个案件主要争议焦点即情节加重犯的规定，因此，可以认为"柳立国案"和"徐孝伦案"都属于"原来没有司法解释，后来有了司法解释"的情形。根据《司法解释时效规定》第2条，在"柳立国案"二审和"徐孝伦案"一审、二审时可以适用《食品案件解释》。但是，对于"柳立国案"一审时能否适用《会议纪要》则不无疑问。

3. 能否适用诉讼过程中生效的会议纪要

会议纪要可分为政府会议纪要和司法会议纪要。前者是"记载和传达行政机关有关会议情况和议定事项的法定公文形式"②；后者是中央或地方公检法部门中某一

---

① 参见刘宪权：《我国刑事司法解释时间效力的再思考》，载《法学》2002年第2期。
② 黄培光：《政府会议纪要的法律性质研究》，载《天津行政学院学报》2013年第2期。

部门制定的在本系统适用的,以及中央或某一地区公检法联席会议所产生的、在该地域范围的司法系统内部统一适用的公文形式。① 政府会议纪要不具有抽象行政行为性和具体行政行为性,不能直接对外适用,不能作为具体行政行为的直接依据,不应具有可诉性。但司法会议纪要却是司法实务中比较普遍、见怪不怪的"司法潜规则",即相对于法律规范而言的,虽然不属于正式法源、不为社会公众所知悉但事实上存在于司法实践部门,并在司法人员适用法律的过程中发挥着实质性作用的准法律规范。② 比如,"柳立国案"一审中认定的"情节特别严重"事实上的依据就是《会议纪要》。

根据《严惩"地沟油"犯罪通知》第 2 条第 4 款的规定,"地沟油"经鉴定,检出有毒、有害成分的,依照《刑法》第 144 条规定处罚。2013 年《食品案件解释》第 13 条第 2 款规定,生产、销售不符合食品安全标准的食品,无证据证明足以造成严重食物中毒事故或者其他严重食源性疾病,不构成生产、销售不符合安全标准的食品罪,但是构成生产、销售伪劣产品罪等其他犯罪的,依照该其他犯罪定罪处罚。因此,即使是承认生产、销售有毒、有害食品罪存在情节加重犯的情形,但前提也是需要在所生产的食品中检测出有毒、有害物质或其他对人体健康造成严重损害的危险性物质。因此,需要经过专业的鉴定报告,才能认定构成本罪。但是,受目前技术的限制,"由于缺乏特异性的检测指标,目前尚无任何一种方法可以准确鉴别'地沟油'"③。而且,在"柳立国案"的审理中,控方所提供的鉴定意见和检测报告均属于单项检测项目的单项评判,而"任何单一类型的检测指标均无法准确判断'地沟油'"④,最终也未能在总体上形成结论性的意见。但是,"柳立国案"能够证明销售金额巨大。正是在如此背景下,浙江省出台了具有针对性的《会议纪要》。该《会议纪要》第 9 条第 3 款规定:"有下列情形之一的,属刑法第 141 条生产、销售假药罪和第 144 条生产、销售有毒、有害食品罪中'有其他特别严重情节':(一)生产、销售假药和有毒、有害食品,涉案金额五十万元以上的;……"同时,时任浙江高院刑二庭负责人吴国宝在《会议纪要》公布的新闻发布会上表示,"近

---

① 参见潘申明:《司法潜规则研究——以会议纪要为例》,载《西南交通大学学报(社会科学版)》2003 年第 5 期。

② 同上。

③ 许艳霞、倪小英、杨进:《"地沟油"检测指标及方法研究现状与展望》,载《食品与机械》2014 年第 5 期。

④ 同上。

期,我省各地查处的部分在食品生产过程中违法添加有毒、有害工业原料案件,提取的食品送检后无法检验出对应物质或有毒、有害成分,若因检测不到有毒、有害物质就不予打击,显与该项行为的社会危害性和当前人民群众的迫切要求不符。……对于有确实、充分的证据证实行为人在食品中掺入国家行业主管机关明令禁止使用的非食用物质的,对涉案食品不需由鉴定机构出具鉴定意见,可直接以生产有毒、有害食品罪认定。"① 因此,《会议纪要》明确将数额作为情节严重或特别严重的类型,同时也意味着鉴定意见不再是审理此类案件必备的证据。这样一种近似"事后法"的处理方式,是本案上诉的主要理由。

在事实上应当承认,会议纪要在司法实践中确实发挥着实体性的影响力。而且,会议纪要等"司法潜规则"在一些具体问题上,为统一法律适用尺度、防止个别法官主观擅断具有一定的积极意义。但是,会议纪要不是正式的法源,缺乏公开性;产生程序具有较大的随意性;缺乏监督,容易导致司法的变异,有时甚至成为别有用心的司法人员推卸个人责任的工具;也在某种程度上侵夺了最高司法机关的法律解释权乃至立法机关的立法权。因此,会议纪要在实务中或明或暗使用的弊远远大于利,可能会对我国的法治建设带来灾难性的后果。会议纪要的法律效力值得进一步规范,更不应赋予其事后追溯的时间效力。而在"柳立国案"的二审过程中,《食品案件解释》已然生效,并详细规定了生产、销售数额作为情节严重的认定标准,且符合上诉不加刑原则,二审的审理也就不存在上述问题了。

(三)案例中的犯罪行为

1. 实行行为还是帮助行为

关于"柳立国案"的犯罪行为,可以有几种不同的看法:一种观点认为,柳立国的犯罪行为并不是《刑法》第144条中的"掺入"有毒、有害非食品原料,也不是"销售"明知是有毒、有害的食品,而是在明知他人将向其所购的劣质成品油冒充正常豆油等食用油进行销售的情况下,仍将上述劣质油脂销售给他人。即下游粮油公司才是生产、销售有毒、有害食品的实行犯,而柳立国的行为只是为他人生产、销售有毒、有害食品提供非食品原料的帮助行为。另一种观点认为,柳立国所生产和销售的伪劣油脂就是食品,而非其他产品。柳立国的犯罪行为就是《刑法》第144

---

① 《浙江公检法出台办理危害食品药品安全犯罪案件会议纪要》,http://www.gzdw.gov.cn/n289/n429/n626/c5705607/content.html,2020年3月1日访问。

条中的生产并销售有毒、有害食品的实行行为，是实行犯，而非帮助犯。这两种观点的焦点在于柳立国公司所生产并销售的伪劣油脂是否属于食品。

之所以具有上述不同的看法，是由于柳立国先后注册成立的博汇公司、格林公司均是依法成立的生物能源公司。其中，"博汇公司"是具有法定许可权限生产和销售饲料油的企业，"格林公司"则是生产和销售生物柴油、油酸、脂肪酸和硬脂酸的企业。这两个公司收购的餐厨废弃油是生产饲料油和生物柴油的原料，并不违法。而且，国家对餐厨废弃油转化为生物柴油等项目在政策上的态度是大力扶持，2011年6月15日财政部、国家税务总局还发布了《关于明确废弃动植物油生产纯生物柴油免征消费税适用范围的通知》。因此，柳立国的公司将"地沟油"加工提炼的行为是合法行为，在这个过程中生产的油脂本身并不是食品。即使油脂本身不符合产品质量标准，也只是普通的伪劣产品，而非食品。在本案的判决中，认定柳立国的公司生产的伪劣油脂流入非食用油市场时，构成的是生产、销售伪劣产品罪，而非生产、销售有毒、有害食品罪。在这个前提的基础上，法院同时又认定，柳立国将生产的伪劣油脂销售给明知是经营食用油的粮油公司时，构成生产、销售有毒、有害食品罪。在这种情况下，伪劣油脂是否属于食品直接关系到犯罪行为的认定：若伪劣油脂不属于食品，则柳立国的行为属于明知对方是食用油经销者而提供有毒、有害的非食品原料的帮助行为；若伪劣油脂属于食品，则柳立国的行为就是生产、销售有毒、有害食品罪的实行行为。下面详细分析前述两种观点。

第一种观点将柳立国的行为作为帮助行为，构成生产、销售有毒、有害食品罪的帮助犯，似乎有一定的规范依据。根据《严惩"地沟油"犯罪通知》第2条第5项的规定，知道或应当知道他人实施生产、销售由"地沟油"制成的食用油的犯罪行为，而为其掏捞、加工、贩运"地沟油"，或者提供贷款、资金、账号、发票、证明、许可证件，或者提供技术、生产、经营场所、运输、仓储、保管等便利条件的，依照生产、销售有毒、有害食品罪的共犯论处。将柳立国的行为认定为帮助犯，即认为柳立国的行为属于上述为他人"加工""地沟油"的行为。不过，这种认定并不恰当。正如上文所述，柳立国的公司是依法成立，其生产油脂的行为本身并不依附于下游粮油公司，而是独立的行为。也就是说，虽然柳立国加工了"地沟油"，但不是为他人加工，而是为自己加工，其"加工"行为与下游粮油公司的生产、销售行为不具有共同实施犯罪合意下的"共同性"，因此，不能就此认定构成共同犯罪。

但是，本案中柳立国的犯罪行为并不是指"加工"而是"销售"。虽然上述通知没有明确列举"明知他人销售有毒、有害食品而为其提供非食品原料的行为",但从共犯理论的角度,柳立国销售伪劣油脂的行为,是基于其与下游粮油公司对买卖伪劣油脂冒充食用油进行销售之事彼此明知并互相利用,可以认定行为之间存在意思联络,并具有"共同性"。因此,根据行为共同说,柳立国的行为构成生产、销售有毒、有害食品罪的帮助犯。① 同时,柳立国的帮助行为为下游粮油公司将"地沟油"冒充食用油销往市场的结果具有物理上的因果性,满足处罚帮助犯的条件。② 在这个意义上,第 12 号指导性案例的裁判要旨其实是对《严惩"地沟油"犯罪通知》第 2 条第 5 项所列举的共犯范围的补充和完善。

上述分析的第一种观点合理性的前提是认为伪劣油脂不属于食品,如果伪劣油脂属于食品,则柳立国将伪劣油脂销售给粮油公司的行为本身就是生产、销售有毒、有害食品的实行行为。至于伪劣油脂是否属于食品,这涉及本罪中对"食品"的认定。

2. 如何界定生产、销售有毒、有害食品罪中"食品"的范围

何谓食品?从一般层面来看,食品"不仅包括经过加工制作的能够直接食用的各种食物,还包括未经加工制作的原料,囊括了农田到餐桌的整个食物链中的食品";从规范层面来看,"食品,指各种供人食用或者饮用的成品和原料以及按照传统既是食品又是药品的物品,但是不包括以治疗为目的的物品",这是我国《食品安全法》第 99 条对"食品"所下的定义。但是,司法实践中被生产和销售的有毒、有害"食品"往往都是不具备上述规定的食品功能的食品。这就说明我们对生产、销售有毒、有害食品罪中的"食品"的理解应当从应然的角度而不能从实然的角度。换句话说,就是行为人应当生产、销售上述界定中的食品,而实际上只是借生产、销售上述界定中的食品之名,行生产、销售违背上述界定中的食品甚至是非食品之实。③ 因此,从刑法的视角来看,《食品安全法》中的食品定义只是一种狭义的界定,其所指向的对象是一种应然的食品;生产、销售有毒、有害食品罪中的"食品"应当是一种广义的界定,其所指向的对象应当是一种实然的食品,其外延应当大于

---

① 从犯罪共同说的角度,由于柳立国的销售行为与下游粮油公司的销售行为存在意思联络,行为具有共同性,且触犯的是同一罪名,因此,柳立国与下游粮油公司也构成共同犯罪。
② 参见张明楷:《刑法学》(第五版),法律出版社 2016 年版,第 422 页。
③ 参见骆群:《对生产、销售有毒、有害食品罪中几个概念的辨析》,载《湖北社会科学》2013 年第 6 期。

《食品安全法》中"食品"的外延。换言之,《食品安全法》中的"食品"系基于食品的最本质功能——可食用——而定义;而生产、销售有毒、有害食品罪中的"食品"不仅包括可食用的,也包括一部分根本就不能食用而仅仅只是挂着可食用之名的所谓的"食品"。①

根据上述对"食品"的理解,柳立国生产、销售的伪劣油脂虽然本身不符合《食品安全法》中的对"食品"的功能要求,但柳立国明知对方是食用油经销者,就意味着其明知对方会将"地沟油"加工而成的伪劣油脂冒充食品进行销售,导致劣质油脂流入食用油市场供人食用。此时,柳立国行为的实质就是将非食品冒充食品进行生产、销售,下游的粮油公司只是最终销往市场的中间商和渠道,冒充真正食品的伪劣油脂当然构成了本罪中的"食品"。而且,这与本案认定的柳立国同时构成生产、销售伪劣产品罪并不矛盾,都是以认为伪劣油脂本质上不属于真正的食品为前提。当伪劣油脂销往对象不是食用油市场时,就不再是冒充食品而销售,而只能构成生产、销售伪劣产品罪。

需要补充的是,前述两种观点虽然都可以证明柳立国的行为构成生产、销售有毒、有害食品罪,但在逻辑结果上存在一定的差异:认定柳立国的行为是帮助行为,意味着柳立国的犯罪行为是"销售"而非"生产"。同时,根据共犯从属性理论,柳立国作为帮助犯的成立始于实行犯的着手,即下游粮油公司存在生产、销售行为;而对柳立国的处罚,也以下游粮油公司构成犯罪为前提。相比将柳立国的行为认定为实行行为,刑法对帮助犯的打击力度较弱。结合我国对食品安全犯罪从严打击的刑事政策,以及生产、销售有毒、有害食品罪中对"食品"的认定标准,尽管将柳立国的行为作为帮助行为并不违反共犯理论,但更宜将柳立国的行为直接作为生产、销售有毒、有害食品罪的实行行为。关于刑事政策与刑法适用的关系,后文详述。

(四)如何认定生产、销售有毒、有害食品罪罪状中的"明知"

1. 如何理解本罪的罪过形式

根据《刑法》第144条的规定可知,生产、销售有毒、有害食品罪是故意犯罪。有观点认为,本罪的主观罪过形式只能是间接故意,不包括直接故意。如果行为人对侵害法益的后果抱有希望的态度,应当考虑以危害公共安全的犯罪等追究行为人

---

① 参见孙建保:《生产、销售有毒、有害食品罪司法认定解析》,载《政治与法律》2012年第2期。

的刑事责任。① 还有观点认为,"对于该罪的生产者来说,间接故意和过失都可以构成该罪,而对于销售者(其与生产者不属于同一主体)来说,其主观心态应该是间接故意"。其理由在于,《刑法》第144条没有规定"在生产、销售的食品中掺入有毒、有害的非食品原料的"需要"明知",因此可以是过失犯罪。② 本书认为,这两种观点均不妥当。

首先,本罪不属于过失犯罪。"明知"在刑法中可以分为两种,一种是刑法总则中的"明知",即《刑法》第14条规定的"明知自己的行为会发生危害社会的结果";另一种是刑法分则某些条文对犯罪规定了"明知"的特定内容。这两种"明知"既有联系又有区别:一般认为,"总则中的明知是对犯罪故意成立的总的要求,或者说是所有故意犯罪的一般构成要素,其内容是明知自己的行为会发生危害社会的结果。而分则中的对某些犯罪构成要素的明知,其内容较为特定,具备分则的明知,是具备总则明知成立故意的前提"③。对于生产、销售有毒、有害食品罪而言,既存在总则中的明知,也存在分则中的明知。对于分则中的明知,"由于即使没有'明知'的规定,故意犯罪的成立也要求行为人明知犯罪构成的客观要素,因此,刑法分则关于'明知'的规定都属于注意规定。基于这一理由,即使刑法分则没有明文规定'明知'要素,对于犯罪的客观构成要件要素,故意犯罪的行为人主观上也必须明知。"④ 所以,本罪中"刑法只是对销售行为中的主观认识作特别强调,而认为生产行为中对掺入的足以严重危害人体健康、生命的非食品原料有明知无须作特别规定"⑤。因此,本罪中无论是生产行为还是销售行为,都要求行为人主观上存在"明知"。"明知"是一种现实的认识,而不是潜在的认识,即明知是指行为人已经知道某种事实的存在或者可能存在,而不包括应当知道某种事实的存在(不包括应当

---

① 参见熊选国主编:《生产、销售伪劣商品罪》,中国人民公安大学出版社1999年版,第139页;翟中东:《生产、销售伪劣商品罪立案追诉标准与司法认定实务》,中国人民公安大学出版社2010年版,第140—141页。
② 参见李崧源、黄梅珍:《略论生产、销售有毒、有害食品罪的几个问题》,载《东南大学学报》(哲学社会科学版)2009年第11卷增刊。
③ 钱东君、褚玉兰、李晓杰:《生产、销售有毒、有害食品罪中明知的认定》,载《人民司法·案例》2012年第4期。
④ 张明楷:《刑法分则的解释原理》(第二版),中国人民大学出版社2011年版,第629页。
⑤ 周光权:《刑法各论讲义》,清华大学出版社2003年版,第229页。

知道但并不知道是犯罪的人),①故排除疏忽大意的过失。至于过于自信的过失,根据常识判断,行为人对自己生产、销售的有毒、有害食品的危害性缺乏控制可能性,不能构成"轻信能够避免结果发生",故亦不可能是过于自信的过失。因此,本罪的罪过形式只能是故意,其中明知的内容包括:(1)明知是有毒、有害的非食品原料,而掺入自己生产、销售的食品中;(2)明知是掺有有毒、有害的非食品原料的食品而销售;(3)明知自己的行为会破坏食品安全监管秩序和对公众生命、健康权造成损害。②

其次,本罪的罪过形式既可以是直接故意,也可以是间接故意。直接故意和间接故意二者的认识因素是相同的,区别只在于意志因素,前者是"希望"而后者是"放任",前者相对于后者的规范违反或法益侵害态度更为强烈。若一个犯罪可以由间接故意构成,则也可以由直接故意构成。有学者之所以排斥直接故意,而将直接故意的情形归为投放危险物质罪,是因为主要考虑到这种情形行为人所侵害的是公共安全,而不再是单纯的国家对食品安全监管秩序和不特定人的生命、健康权益。其实,这两类法益并不是排斥关系,而是包容关系,后者可以是前者的表现形式。因此,在直接故意的情形下,同时触犯生产、销售有毒、有害食品罪和投放危险物质罪的,属于想象竞合犯,从一重罪论处即可。③

最后,本罪虽然是故意犯罪,包括直接故意和间接故意,但在基本行为造成严重食物中毒事故或者其他严重食源性疾患,以及致人死亡或者对人体健康造成其他特别严重危害的结果加重犯或者特别结果加重犯的场合,要求生产、销售者至少对加重结果有过失。④刑法的归责范围以行为人具有预见可能性的结果为限;反之,则属于意外事件。对行为人没有过失造成的加重结果当然不能归责于行为人。另一方面,若将加重结果仅限于故意,则不当地限缩了结果加重犯的适用范围,不符合结果加重犯的立法本意。

---

① 参见张明楷:《刑法学》(第五版),法律出版社 2016 年版,第 266 页。
② 同上书,第 744 页;翟中东:《生产、销售伪劣商品罪立案追诉标准与司法认定实务》,中国人民公安大学出版社 2010 年版,第 147—150 页。
③ 参见舒洪水:《生产、销售有毒、有害食品罪中"明知"的认定》,载《法学》2013 年第 8 期。
④ 参见周光权:《刑法各论》(第三版),中国人民大学出版社 2016 年版,第 213 页。

2. 推定的"明知"

"明知是否存在是故意判断的起点"①。在"柳立国案"中,行为人的犯罪行为主要表现为"在明知他人将向其所购的劣质成品油冒充正常豆油等食用油进行销售的情况下,仍将上述劣质油脂销售给他人,从中赚取利润";在"徐孝伦案"中,行为人的犯罪行为之一即"明知徐孝伦所销售的猪头系用工业松香加工脱毛仍予以购买,并做成熟食在其经营的熟食店进行销售"。因此,"明知"的认定事关案件的构成要件能否满足。但是,作为一种犯罪的主观要素,除非有直接的证据如犯罪嫌疑人、被告人的供述证明行为人的确明知,否则明知的认定始终是司法活动中的一个疑难问题。尤其是对于分则所规定的明知,其直接关系到行为违法性的有无,属于主观的违法要素,但又不能从其行为中直接确证。在这种情况下,行为本身不具有违法性或者违法性程度较低的,需要通过主观要素确认其行为的违法性或者提升其行为的违法性,而客观上的行为并不能为这种主观要素的认定提供直接的根据。为此,在司法活动中对主观要素采取了推定的证明方法,即根据已知的事实推导出特定事实。此外,有关司法解释通过设置推定规范,为明知的司法认定提供了法律根据。②

对于推定明知,司法实践中应当把握以下几个方面:(1)推定所依赖的基础事实必须扎实可靠。刑事推定建立在基础事实之上,因此必须保证基础事实真实可信。(2)基础事实与待证事实之间应具备必然的常态联系,不能违反常识。推定是根据基础事实与待证事实之间的常态联系作出的,这种事实间的联系一般可以表现为因果关系、包容关系以及不包容关系,且需要在常识所认可的范围之内。(3)允许辩方举证反驳推定。刑事推定事关当事人的切身利益,应当允许辩方举证反驳。推定的不精确性决定了运用推定得出的结论仅仅能达到高度盖然性的程度,因此必须通过辩方的辩护及举证进行检验,以保证推定的有效性。③

在"柳立国案"和"徐孝伦案"中认定"明知"均使用的是推定的方法,推定的依据是《严惩"地沟油"犯罪通知》第2条第2项的规定:"认定是否'明知',

---

① 周光权:《明知与刑事推定》,载《现代法学》2009年第2期。
② 参见陈兴良:《刑法分则规定之明知:以表现犯为解释进路》,载《法学家》2013年第3期。
③ 参见钱东君、褚玉兰、李晓杰:《生产、销售有毒、有害食品罪中明知的认定》,载《人民司法·案例》2012年第4期。

应当结合犯罪嫌疑人、被告人的认知能力,犯罪嫌疑人、被告人及其同案人的供述和辩解,证人证言,产品质量,进货渠道及进货价格、销售渠道及销售价格等主、客观因素予以综合判断。"在"柳立国案"中,主要是从以下几个方面推定存在"明知":(1)柳立国公司销售对象的经营范围是食用油生意;(2)柳立国收购餐厨废弃油的价格比正常价格显著偏高;(3)现场发现的只供食用油加工过程用于吸附异味的必用原料;(4)公司异常的管理模式;(5)柳立国本人的供述等。正是基于这些基础事实,司法机关才认定柳立国明知其销售的劣质油脂是用于食用油的生产、销售,并进而认定柳立国生产、销售伪劣油脂的行为就是生产、销售冒充真正食用油的"食品"。

在"徐孝伦案"中,"明知"认定的焦点集中在同案被告人叶建勇、杨玉美的犯罪行为上,即是否"明知徐孝伦所销售的猪头系用工业松香加工脱毛仍予以购买,并做成熟食在其经营的熟食店进行销售"。因此,需要推定的是叶建勇、杨玉美的确知晓其所销售的食品是使用工业松香加工的食品。根据本案的二审裁定书,本案"明知"的认定依据是:徐孝伦、贾昌容均供认叶建勇、杨玉美有时直接到徐孝伦、贾昌容家中拿猪头,知道徐孝伦、贾昌容使用工业松香加工猪头。在本案的审理中,辩护人也对此推定进行了反驳,并提出以下证据材料:(1)徐孝伦在一审庭审中供述杨玉美不知道其用工业松香为猪头脱毛;(2)杨玉美的家人一直在食用销售的猪头肉;(3)市场卫生部门有抽样检查,均未发现叶建勇、杨玉美销售的猪头肉不符合卫生标准;(4)从徐孝伦处进货的价格与他处一样;(5)叶建勇、杨玉美听说徐孝伦被拘留后也未逃跑。虽然辩护人提出了这些反驳意见,但根据常识常理常情判断,仍不足以推翻对"明知"的推定。因此,叶建勇、杨玉美构成生产、销售有毒、有害食品罪。

(五)是否构成单位犯罪

关于"柳立国案"是否构成单位犯罪,首先,根据《刑法》第150条的规定,生产、销售有毒、有害食品罪可以构成单位犯罪。若单位犯罪的,对单位判处罚金,并对其直接负责的主管人员和其他责任人员依照各该条的规定处罚。在"柳立国案"中,博汇公司、格林公司是柳立国依法注册成立的公司,生产伪劣油脂是公司的活动，销售伪劣油脂的行为也是以公司名义进行。① 但是裁判结果并没有将本案认定为单位犯罪，而是将柳立国与公司的其他人员按照共同犯罪进行处罚。其处罚依据是1996年6月18日最高人民法院《关于审理单位犯罪案件具体应用法律有关问题的解释》第2条的规定："个人为进行违法犯罪活动而设立的公司、企业、事业单位实施犯罪的，或者公司、企业、事业单位设立后，以实施犯罪为主要活动的，不以单位犯罪论处。"

这里需要进一步明确的是，本案属于"公司设立后，以实施犯罪为主要活动的"情形。原因有二：其一，本案涉及的博汇公司、格林公司的目的与宗旨均合法，而且履行了规定的登记、报批手续。因此，不属于为进行违法活动而设立的公司。其二，根据现场勘查，公司确实购置了用于生产生物柴油的机器，同时根据被告人柳立国的陈述，"原准备用'地沟油'生产生物柴油，但生物柴油没有销路，我们就改为生产饲料油"②。而由于公司生产的油脂一部分销往经销食用油的经销者，构成生产、销售有毒、有害食品罪；另一部分销往非食用油加工市场，但由于油脂掺杂掺假、不符合产品标准，构成生产、销售伪劣产品罪。由此，公司成立之后的活动成了"以实施犯罪为主要活动"，致使公司已经实质上沦为了犯罪的工具，不再具有作为犯罪主体的资格，不应以单位犯罪论处。

（六）与相关罪名的关系

1. 与生产、销售伪劣产品罪的关系

根据《刑法》第140条的规定，生产、销售伪劣产品罪是指生产者、销售者在产品中掺杂、掺假，以假充真，以次充好或者以不合格产品冒充合格产品，销售金额较大的行为。

对于生产、销售伪劣产品罪与生产、销售有毒、有害食品罪的关系，一般认为，《刑法》第140条生产、销售伪劣产品罪是普通法条，《刑法》第141—148条规定的生产、销售特殊伪劣产品犯罪是特别法条，二者是特别关系。也有学者认为，一方

---

① 据报道，"与济南格林发生财务往来的企业大多是粮油企业，有一家粮油企业在20天内往该公司汇入360万元，另有一家企业40天内汇款356万元"，可知其资金往来是以公司的名义，而非个人的名义。参见《逾万吨"地沟油"流向餐桌 国务院部署严打》，https://news.qq.com/a/20110914/000085.htm，2020年3月1日访问。

② 《逾万吨"地沟油"流向餐桌 黑色产业链大起底》，https://news.qq.com/a/20110914/000051.htm，2020年3月1日访问。

面,《刑法》第 140 条规定了生产、销售伪劣产品罪,以销售金额 5 万元为成立条件,第 141—148 条规定不要求销售金额达到 5 万元,在此意义上,第 141—148 条是第 140 条的补充法条。① 本书认为,就《刑法》第 144 条规定的生产、销售有毒、有害食品罪而言,本罪是抽象危险犯,其构成不需要以销售金额为条件,因此构成本罪不必然构成生产、销售伪劣产品罪。只有当生产、销售有毒、有害食品销售金额达到 5 万元时,才可以同时构成生产、销售伪劣产品罪。因此,两罪之间虽然成立特别关系,但不是完全包容关系,而是部分包容关系。② 当出现包容情形时,根据特别法优于普通法的适用原则,应当按照特别法条,即生产、销售有毒、有害食品罪处罚。不过《刑法》第 149 条第 2 款规定了重法优于轻法的例外原则,最终应当根据此例外规定进行处罚。其实,《刑法》第 144 条规定的生产、销售有毒、有害食品罪的各档法定刑均较《刑法》第 140 条重,因此不存在按照第 140 条定罪处罚的情形。相反,若将第 144 条作为第 140 条的补充法条,由于补充法条意味着如果已经实施了基本法条规定的行为,就不再适用补充法条,那么,当行为人同时实施了作为基本法条的第 140 条规定的行为,又实施了作为补充法条的 144 条规定的行为,则应当适用基本法条即第 140 条而不适用第 144 条。这与《刑法》第 149 条规定的重法优于轻法的处罚原则以及事实上不可能按照《刑法》第 140 条进行定罪处罚的情形相悖。因此,将第 144 条作为第 140 条的特别法条,二者构成部分包容关系较为妥当。

  生产、销售伪劣产品罪与生产、销售有毒、有害食品罪的区别是,两罪在犯罪构成上虽然存在部分包容关系,且均是故意犯罪,但两罪在构成要件上的区别也较为明显,主要表现在如下几个方面:(1) 在行为方面,生产、销售伪劣产品罪的实行行为是在产品中掺杂、掺假,以假充真,以次充好或者以不合格产品冒充合格产

---

① 所谓补充法条,即为了避免基本法条对法益保护的疏漏,而补充规定的对某些行为的处罚。补充法条所规定构成要件要素少于或者低于基本法条的要求,或者存在消极要素的规定。换言之,补充法条所规定的构成要件相当于兜底构成要件,从实质上说,补充法条所规定的犯罪的处罚程度必然轻于基本法条的犯罪。因此,如果已经实施了基本法条规定的行为,则不再适用补充法条。参见张明楷:《刑法学》(第五版),法律出版社 2016 年版,第 474—475 页。

② 所谓完全包容关系,即包容竞合,指的是一个罪名是另外一个罪名的组成部分,在两罪名之间形成部分法与整体法关系的情形。所谓部分包容关系,即交叉竞合,指的是两个地位平等的罪名的构成要件存在部分重叠的情况。当事实行为落入两罪的交叠区间时,既符合此罪的构成又符合彼罪的构成,于是就存在一个选择法条适用的问题,由此交叉竞合也被称为择一关系。参见陈兴良主编:《刑法总论精释》(第二版),人民法院出版社 2011 年版,第 657、670 页。

品;而生产、销售有毒、有害食品罪虽然也包括"掺入"的行为,但掺入的是有毒、有害的非食品原料。(2)在行为对象方面,生产、销售伪劣产品罪的行为对象是伪劣产品,即不符合相关质量标准的产品;而生产、销售有毒、有害食品罪的行为对象是有毒、有害的"食品",包括将非食品作为食品而销售的产品,但要求该"食品"对人体的生命、健康等具有严重的危害性。(3)在结果方面,生产、销售伪劣产品罪是数额犯,要求达到一定的数额才构成本罪的既遂;而生产、销售有毒、有害食品罪是抽象危险犯,只需要存在生产、销售有毒、有害食品的行为,即构成既遂。但是,根据《食品案件解释》第6条、第7条的规定,生产、销售的数额是认定本罪"严重情节"和"特别严重情节"的标准之一,因此,生产、销售有毒、有害食品罪的情节加重犯也可表现为数额犯。

2. 与生产、销售不符合安全标准的食品罪的关系

根据《刑法》第143条的规定,生产、销售不符合安全标准的食品罪是指生产者、销售者明知生产、销售的食品不符合食品安全标准而进行生产、销售,足以造成严重食物中毒或其他严重食源性疾患的行为。该罪原罪名是生产、销售不符合卫生标准的食品罪,《刑法修正案(八)》将原条文中的"不符合卫生标准的食品"修改为"不符合食品安全标准的食品",因此罪名也作了相应调整。

对于生产、销售不符合安全标准的食品罪与生产、销售有毒、有害食品罪的关系,一般认为,生产、销售有毒、有害食品罪与生产、销售不符合安全标准的食品罪是特别关系,前者是特别法条,后者是普通法条。虽然生产、销售有毒、有害食品罪是抽象危险犯,法条中没有"足以造成严重食物中毒或者其他严重食源性疾病"这一具体危险的要求,但既然本罪的行为对象是有毒、有害食品,就必然足以造成严重食物中毒或者其他严重食源性疾病,因此,本罪与生产、销售不符合安全标准的食品罪是完全包容的关系。即,符合生产、销售有毒、有害食品罪的构成要件,就必然符合生产、销售不符合安全标准的食品罪的构成要件。依据特别法优先的原则,以生产、销售有毒、有害食品罪定罪处罚。另外,如果行为不符合生产、销售有毒、有害食品罪,也完全可能符合生产、销售不符合安全标准的食品罪的构成要件。"行为人在生产、销售的食品中掺入的非食品原料,没有达到有毒、有害的程度,但该食品不符合食品安全标准,足以造成严重食物中毒或者其他严重食源性疾病的,应以生产、销售不符合安全标准的食品罪论处。"[1]

---

[1] 张明楷:《刑法学》(第五版),法律出版社2016年版,第744页。

生产、销售不符合安全标准的食品罪与生产、销售有毒、有害食品罪的区别有：(1) 行为方式不同。生产、销售有毒、有害食品罪中的"生产""销售"指在生产、销售的食品中掺入有毒、有害的非食品原料，或者销售明知掺有有毒、有害的非食品原料的食品的行为。而生产、销售不符合安全标准的食品罪中的"生产"是指制造、加工、采集的行为，"销售"是指一切有偿转让的行为。(2) 结果不同。生产、销售有毒、有害食品罪是抽象危险犯，即只要在生产、销售的食品中掺入有毒、有害的非食品原料，或者销售明知是掺有有毒、有害的非食品原料的食品，达到了一般观念上对人的生命、健康具有危险的程度，犯罪即告成立，不必要求发生任何实害结果。当出现加重结果和加重情节时，分别构成结果加重犯和情节加重犯，适用升格的法定刑。而生产、销售不符合安全标准的食品罪是具体危险犯，要求行为人生产、销售的不符合安全标准的食品必须"足以造成食物中毒或者其他严重食源性疾病"，但不要求实际出现这种危害后果，即可构成本罪既遂。若对人体健康造成了具体的严重危害或者有其他严重情节，则成立本罪的结果加重犯或情节加重犯，适用升格的法定刑。(3) 行为对象不同，生产、销售有毒、有害食品罪的对象是达到有毒、有害程度的食品，而生产、销售不符合安全标准的食品罪的对象不要求食品有毒、有害，只需要不符合有关食品安全的标准即可。①但正如上文所分析的，有毒、有害的食品，必然不符合食品安全的标准。

需要补充的是，两罪在司法实务中还存在一点重要的不同。根据2008年6月25日最高人民检察院、公安部《关于公安机关管辖的刑事案件立案追诉标准的规定（一）》第19条的规定，生产、销售不符合卫生标准的食品，应由省级以上卫生行政部门确定的机构进行鉴定。虽然《严惩"地沟油"犯罪通知》第2条第4项也规定，若无法查明"食用油"是否系利用"地沟油"生产、加工，需要经鉴定，检出有毒、有害成分才可依生产、销售有毒、有害食品罪定罪处罚。但是，《食品案件解释》第6条规定数额可以作为认定本罪情节严重和情节特别严重的标准，将数额犯作为本罪的情节加重情形，事实上意味着对某些生产、销售有毒、有害食品的行为不再需要进行鉴定。在"柳立国案"中，2011年7月案发后，含柳立国在内的七名犯罪嫌疑人被抓捕。当时，侦查机关是以涉嫌生产、销售不符合卫生标准的食品罪的罪名，

---

① 参见翟中东：《生产、销售伪劣商品罪立案追诉标准与司法认定实务》，中国人民公安大学出版社2010年版，第156页。

对本案进行立案、侦查。但是，鉴于鉴定技术和鉴定标准的缺乏，本案并没有检测和鉴定出"地沟油"中的有毒、有害成分。因此，在随后出台的《会议纪要》中专门规定："有确实、充分的证据证实行为人在食品中掺入国家行业主管机关明令禁止使用的非食用物质的，对涉案食品不需由鉴定机构出具鉴定意见，可直接以生产有毒、有害食品罪认定。"加之随后《严惩"地沟油"犯罪通知》的出台，本案涉案罪名又被换成了生产、销售有毒、有害食品罪，而到了提起公诉阶段，控诉机关又针对流入非食用市场的情况，增加了生产、销售伪劣产品罪的罪名。

3. 与投放危险物质罪的关系

根据《刑法》第114条的规定，投放危险物质罪是指故意投放毒害性、放射性、传染病病原体等物质，危害公共安全的行为。生产、销售有毒、有害食品罪与投放危险物质罪的相同点在于：（1）从侵害法益的角度，两罪都对不特定多数人的生命、健康权益造成了侵害。（2）从实行行为的角度，两罪都可以表现为在生产、销售的食品中掺入有毒、有害物质。如果该行为同时符合生产、销售有毒、有害食品罪和投放危险物质罪的构成要件，属于想象竞合犯，从一重处罚。（3）从罪过形式的角度，两罪都是故意犯罪。

但是两罪也存在明显的区别：（1）犯罪类型不尽相同。有学者认为，两罪尽管存在相似之处，但投放危险物质罪是具体危险犯，而生产、销售有毒、有害食品罪是抽象危险犯。（2）侵害的法益不同。虽然两罪的行为事实上都可能对不特定多数人的生命、健康权益造成侵害，但两罪成立均不以该侵害结果的发生为要件。根据两罪在刑法分则中所处的章节可知，投放危险物质罪侵害的法益主要是公共安全，而生产、销售有毒、有害食品罪侵害的法益主要是食品安全管理秩序。（3）犯罪主体要件存在差异。根据《刑法》第17条第2款的规定，投放危险物质罪的主体为年满14周岁并具有刑事责任能力的自然人；而生产、销售有毒、有害食品罪的主体则既可以是单位，也可以是年满16周岁并具有刑事责任能力的自然人。（4）犯罪主观方面往往不同。有学者认为，两罪的主要区别在于主观方面，投放危险物质罪的目的是造成不特定多数人的伤亡，而生产、销售有毒、有害食品罪的目的是非法牟利。需要指出的是，这种主观方面的区别仅仅是一种经验总结，而非源于两罪构成要件的明确规定。

4. 与非法经营罪的关系

根据《刑法》第225条的规定，非法经营罪是指违反国家规定，从事特定的非法经营活动,扰乱市场秩序,情节严重的行为。这里的非法经营活动是指:(1)未经许可经营法律、行政法规规定的专营、专卖物品或者其他限制买卖的物品的;(2)买卖进出口许可证、进出口原产地证明以及其他法律、行政法规规定的经营许可证或者批准文件的;(3)未经国家有关主管部门批准非法经营证券、期货、保险业务的,或者非法从事资金支付结算业务的;(4)其他严重扰乱市场秩序的非法经营行为。有观点认为,非法经营罪与生产、销售有毒、有害食品罪之间存在法条竞合的关系。从两罪的构成要件上看,生产、销售有毒、有害食品罪完全被非法经营罪所包含,是完全包容的关系。其中,生产、销售有毒、有害食品罪是特别法条,非法经营罪是普通法条,在具体的定罪量刑时,应按照特别法优于普通法的原则,适用特别法条。①

虽然可以将生产、销售有毒、有害食品行为视为非法经营行为的一种,但两罪之间的区别还是很明显。第一,非法经营罪所保护的法益是正常的市场秩序,而生产、销售有毒、有害食品罪保护的法益是具体的食品安全监管秩序和不特定多数人的生命、健康权益;第二,两罪的行为类型虽然都包括"销售",但生产、销售有毒、有害食品罪的行为对象、行为方式均具有特殊性,两罪在司法实务中一般比较容易区分。但关于行为人明知盐酸克伦特罗是国家禁止在饲料和动物饮用水中使用的药品,而用以养殖供人食用的动物并出售,或者买卖和代买盐酸克伦特罗片,供他人用以养殖供人食用的动物的行为如何定性和处罚,容易发生混淆。"孙建亮案"即涉及该情形。根据2002年8月16日最高人民法院、最高人民检察院《关于办理非法生产、销售、使用禁止在饲料和动物饮用水中使用的药品等刑事案件具体应用法律若干问题的解释》(以下简称《非法使用药品案件解释》)的规定,对生产、销售、使用禁止在饲料和动物饮用水中使用的药品的行为,应当按照下述情况分别处理:

① 未取得药品生产、经营许可证件和批准文号,非法生产、销售盐酸克伦特罗等禁止在饲料和动物饮用水中使用的药品,扰乱药品市场秩序,情节严重的,属于"未经许可经营法律、行政法规规定的专营、专卖物品或者其他限制买卖的物品的行为",以非法经营罪追究刑事责任。

---

① 参见翟中东:《生产、销售伪劣商品罪立案追诉标准与司法认定实务》,中国人民公安大学出版社2010年版,第152页。

② 在生产、销售的饲料中添加盐酸克仑特罗等禁止在饲料和动物饮用水中使用的药品，或者销售明知是添加有该类药品的饲料，情节严重的，属于"其他严重扰乱市场秩序的非法经营行为"，以非法经营罪追究刑事责任。

③ 使用盐酸克仑特罗等禁止在饲料和动物饮用水中使用的药品或者含有该类药品的饲料养殖供人食用的动物，或者销售明知是使用该类药品或者含有该类药品的饲料养殖的供人食用的动物的，以生产、销售有毒、有害食品罪追究刑事责任。

④ 明知是使用盐酸克仑特罗等禁止在饲料和动物饮用水中使用的药品或者含有该类药品的饲料养殖的供人食用的动物，而提供屠宰等加工服务，或者销售其制品的，以生产、销售有毒、有害食品罪追究刑事责任。

综上，"孙建亮案"就是对上述《非法使用药品案件解释》的准确适用。

（七）刑事政策在刑事司法中的适用

1. 刑事政策在刑法适用中的作用

正如有学者指出的，刑法的适用并非一种形式法治论主张的在刑法条文范围内进行的演绎推理活动，刑法的适用虽然是一种法律活动，但适用的后果却超越了法律意义的指涉范围，必然会对社会产生一定的影响。同时，刑法的适用是在社会之中进行的，也会受社会环境的影响。因此，刑法与社会的交互作用使得在适用刑法的时候，不仅需要考虑法律效果，还需要兼顾社会效果，以实现合法性与合理性的统一。但是，如欲真正实现法律效果与社会效果的有机协调，单纯的刑法条文并不能满足上述功能需求，因此，就需要在刑事司法活动中引入刑事政策的考量。① 上述最高人民检察院的三个指导性案例，就深刻体现了刑事政策在刑事司法中的作用。

刑事政策是一定社会对犯罪反应的集中体现，是刑事立法与刑事司法的灵魂，它对于一个国家的刑事法治建设具有重要意义。刑事政策可分为基本刑事政策与具体刑事政策，前者是全局性的、根本性的和长期性的刑事政策；后者是局部性的、个别性的和阶段性的刑事政策。我国目前所实行的基本刑事政策是在继承惩办与宽大相结合基础上发展而成的宽严相济的刑事政策。宽严相济之"宽"，来自惩办与宽大相结合的"宽大"，其确切含义应当是轻缓。刑罚的轻缓，可以分为两种情形：一是该轻而轻，二是该重而轻。前者是刑法公正的必然要求，后者是指虽然罪行较重，

---

① 参见阴建峰：《论法律效果与社会效果的统一——以贯彻宽严相济刑事政策为中心》，载《河南社会科学》2011 年第 2 期。

但具有从宽处罚的情节,体现了对犯罪人的感化理念。宽严相济之"严",是指严格和严厉,严格是指严密法网,疏而不漏;严厉是指刑罚严厉,该重则重。宽严相济之"济",是指救济、协调与结合之意。在宽严相济刑事政策中,该宽则宽,该严则严,对"宽""严"要加以区分,并互相衔接,形成良性互动,以避免宽严皆误。应当承认,如何恰当地把握刑法适用的宽严程度以及如何做到宽严互补,兼顾刑法的法律效果与社会效果,确实是一门刑罚的艺术。[①]

2. 刑事政策在食品安全犯罪中的适用

具体刑事政策是对基本刑事政策的体现和具体化,是处理某一特定的犯罪类型及刑事活动的具有指导意义的方针和策略,[②] 如对轻微犯罪的少年犯适用的教育、感化、挽救的方针、认罪认罚从宽处罚、刑事和解等。为了纠正历史上惩办与宽大相结合过分强调惩办的不良影响,尤其是为了革除"严打"的弊病,目前,对宽严相济的刑事政策主要侧重于"宽"的一面,强调刑罚的轻缓化,而忽视了"严"的一面,这在某种程度上背离了"济"的要求。不仅有罪刑失衡之虞,削弱刑法积极的一般预防功能,更会使刑法逐渐丧失对社会环境的敏感性和回应性。因此,对于一些恶性犯罪,尤其对社会某一时期集中爆发的具有严重危害性的犯罪行为,必须从严治理。指导性案例所涉及的事关全民健康的食品安全问题就属于这种类型,在刑法的适用中,需要强调宽严相济"严"的一面。

正如《惩办"地沟油"犯罪通知》第3条强调的,要准确把握宽严相济的刑事政策在食品安全领域的适用,在对"地沟油"犯罪定罪量刑时,对于具有累犯、前科、共同犯罪的主犯、集团犯罪的首要分子等情节,以及犯罪数额巨大、情节恶劣、危害严重,群众反映强烈,给国家和人民利益造成重大损失的犯罪分子,依法严惩,罪当判处死刑的,要坚决依法判处死刑。对在同一条生产、销售链上的犯罪分子,要在法定刑幅度内体现严惩源头犯罪的精神,确保生产环节与销售环节量刑的整体平衡。对于明知是"地沟油"而非法销售的公司、企业,要依法从严追究有关单位和直接责任人员的责任。要严格把握适用缓刑、免予刑事处罚的条件。对依法必须适用缓刑的,一般同时宣告禁止令,禁止其在缓刑考验期内从事与食品生产、销售

[①] 参见陈兴良主编:《宽严相济刑事政策研究》,中国人民大学出版社2007年版,第9—13页。

[②] 参见马克昌:《论宽严相济刑事政策的定位》,载《中国法学》2007年第4期。

等有关的活动。上述指导性案例的判决就鲜明地体现了针对食品安全犯罪"严格""严厉"的具体刑事政策的态度。

3. 刑事政策在刑法适用中的注意事项

以在食品安全领域的刑法适用为例,在贯彻宽严相济的刑事政策之时,还要注意以下几个方面的问题:

首先,要坚持刑法的谦抑性。由于刑法的处罚措施最为严厉,其他法律的实施都需要刑法作最后的保障,刑法便在法律体系中处于保障法的地位,只有当其他法律不足以抑止违法行为时,才能适用刑法,这就决定了必须适当控制刑法的处罚范围。又由于刑法所规定的刑罚方法在具有积极作用的同时具有消极作用,故必须适当控制刑法的处罚程度。因此,刑法需要秉持谦抑性,即刑法应依据一定的规则控制处罚范围与处罚程度,凡是适用其他法律足以抑止某种违法行为、足以保护合法权益时,就不要将其规定为犯罪;凡是适用较轻的制裁方法足以抑止某种犯罪行为、足以保护合法权益时,就不要规定较重的制裁方法。[①] 在"柳立国案"的审判中,就涉及刑法的谦抑性问题。在"柳立国案"之前我国几乎没有专门针对生产、销售"地沟油"的刑事处罚,而"柳立国案"的裁判依据也是在审理过程中颁布的《惩办"地沟油"犯罪通知》《会议纪要》和《食品案件解释》。辩方以此为基础,对案件的法律适用提出了质疑,本部分开头已经对此进行了详细分析。这里需要强调的是,刑法并非解决社会问题的排头兵,在食品安全领域也是如此,只有当行为符合刑法规定的犯罪构成时才能定罪处罚,不能将普通违法行为作为犯罪行为处理,更不能"因事立法",进行事后追溯处罚。

其次,在"严"的同时也不能忽视"宽"。"严"并不是一味地追求严格、严厉,更不是退回到"从快从重地惩办",而是在区分"宽""严"不同情形的基础上的平衡和统一。在对食品安全犯罪进行从严打击的同时,仍然需要受罪刑法定和罪刑均衡原则的约束,在统筹兼顾犯罪数额、犯罪分子主观恶性及其犯罪手段、犯罪行为的危害程度的基础上依法定罪处刑。对于具有自首、立功、从犯等法定情节的犯罪分子,应当依法从宽处理。

再次,刑事司法只能以具体刑事政策为指导,不能以基本刑事政策作为处罚依据。宽严相济的基本刑事政策的作用在于界定刑事司法的价值目标和指引刑事司法

[①] 参见张明楷:《论刑法的谦抑性》,载《法商研究(中南政法学院学报)》1995年第4期。

的方向。但是,由于基本刑事政策内容较为宏观和抽象,缺乏具体的适用条件和适用后果,因此不宜以宽严相济的基本刑事政策作为直接依据;否则,刑事司法有沦为"泛政策化"之虞。在宽严相济的基本刑事政策的指引下,应当基于具体的刑事政策指导刑事司法活动,实现刑事政策的司法化。具体的方式是,由最高司法机关通过刑事政策解释,针对某一特定情形,明确什么是宽严相济的刑事政策以及实施该刑事政策的具体要求,从而把宽严相济的刑事政策变为具体的实施细则,以此作为各司法机关贯彻落实宽严相济的刑事政策的行动指南。[①] 在食品安全领域,上述《严惩"地沟油"犯罪通知》和2011年5月27日最高人民法院《关于进一步加大力度,依法严惩危害食品安全及相关职务犯罪的通知》即是体现"严惩"态度的具体刑事政策,是在食品安全领域适用刑法时具有约束性的意见。

最后,在法律效果的范围内兼顾社会效果,在合法性的范围内兼顾合理性。"法律效果与社会效果的有机统一""合法性与合理性的有机统一",是一种值得期许的价值追求。但是,刑法的适用是一种专业的法律活动,而非普通的社会活动,必须在法律自身的语境、逻辑之中进行。因此,刑法的适用是自治的。但是,刑法的适用并不是自足的:刑法的创制、修订以社会环境的变迁为前提和指向;刑法的适用需要及时回应社会的需求;刑法适用的后果存在于社会之中,需要兼顾对社会的影响。因此,刑法的适用既需要保持自身自治性,也不能忽视对社会的回应性,两者兼顾的基础即自由裁量权。在法官适用刑法的过程中,不能机械地服从,而要"思考地服从",在法律的限度内合理运用法律权力。社会效果的考量是自由裁量的重要因素,法官在行使自由裁量权时只有充分考虑法律适用的社会效果,才能使秩序、自由、正义、效益等法的基本价值得以实现,并使法律适用的结果为社会公众所认同。这是刑事司法统合法律效果和社会效果的主要途径,不能为了追求实现社会效果去搞法外裁判、政策裁判。

因此,对法律的适用而言,法律效果是社会效果的前提和基础,没有法律效果就谈不上社会效果;社会效果则是法律效果的社会现实效应,是检验法律效果的基本标准。在法律适用过程中,既不能只强调法律效果而罔顾社会效果,也不能片面追求社会效果而置法律规范于不顾。也就是说,当确因法律滞后或者缺陷致使两者的有机统一无法实现时,法官不能以社会效果为由,违反法律解释的基本规则,进

[①] 参见姜涛:《宽严相济刑事政策实施的基本原理》,法律出版社2013年版,第309页。

行"法官造法",而只能在维护法律效果的基础上,灵活运用各种法律制度内资源,最大限度地满足社会的期待,尽量缩小法律效果与社会效果之间的距离。至于两者间沟壑的弥合,只能由立法者通过完善立法的方式来实现。①

第二节 利用未公开信息交易罪

一、指导性案例

检例 24 号:马乐利用未公开信息交易案(以下简称"马乐案")

1. 基本案情

2011年3月9日至2013年5月30日,马乐担任博时基金管理有限公司旗下博时精选股票证券投资基金经理,全权负责投资基金投资股票市场,掌握了博时精选股票证券投资基金交易的标的股票、交易时点和交易数量等未公开信息。马乐在任职期间利用其掌控的上述未公开信息,操作自己控制的"金某""严某进""严某雯"三个股票账户,通过临时购买的不记名神州行电话卡下单,从事相关证券交易活动,先于、同期或稍晚于其管理的博时精选基金账户,买卖相同股票76只,累计成交金额10.5亿余元,非法获利19120246.98元。

2. 诉讼过程

2013年6月21日,中国证监会决定对马乐涉嫌利用未公开信息交易行为立案稽查,交深圳证监局办理。2013年7月17日,马乐到广东省深圳市公安局投案。2014年1月2日,深圳市人民检察院向深圳市中级人民法院提起公诉,指控被告人马乐构成利用未公开信息交易罪,情节特别严重。2014年3月24日,深圳市中级人民法院作出一审判决,认定马乐构成利用未公开信息交易罪,鉴于《刑法》第180条第4款未对利用未公开信息交易罪情节特别严重作出相关规定,马乐属于犯罪情节严重,同时考虑其具有自首、退赃、认罪态度良好、罚金能全额缴纳等可以从轻处罚情节,因此判处其有期徒刑3年,缓刑5年,并处罚金1884万元,同时对其违法所得1883万余元予以追缴。

---

① 参见阴建峰:《论法律效果与社会效果的统一——以贯彻宽严相济刑事政策为中心》,载《河南社会科学》2011年第2期。

深圳市人民检察院于2014年4月4日向广东省高级人民法院提出抗诉，认为被告人马乐的行为应当认定为犯罪情节特别严重，依照"情节特别严重"的量刑档次处罚；马乐的行为不属于退赃，应当认定为司法机关追赃；一审判决适用法律错误，量刑明显不当，应当依法改判。2014年8月28日，广东省人民检察院向广东省高级人民法院发出支持刑事抗诉意见书，认为一审判决认定情节错误，导致量刑不当，应当依法纠正。

广东省高级人民法院于2014年10月20日作出终审裁定，认为《刑法》第180条第4款并未对利用未公开信息交易罪规定有"情节特别严重"情形，马乐的行为属"情节严重"，应在该量刑幅度内判处刑罚，抗诉机关提出马乐的行为应认定为"情节特别严重"缺乏法律依据，因此驳回抗诉，维持原判。

广东省人民检察院认为终审裁定理解法律规定错误，导致认定情节错误，适用缓刑不当，于2014年11月27日提请最高人民检察院抗诉。2014年12月8日，最高人民检察院按照审判监督程序向最高人民法院提出抗诉。

2015年7月8日，最高人民法院第一巡回法庭公开开庭审理本案。2015年12月11日最高人民法院作出终审判决，维持广东省高级人民法院刑事裁定和深圳市中级人民法院刑事判决中对马乐的定罪部分；撤销广东省高级人民法院刑事裁定和深圳市中级人民法院刑事判决中对原审被告人马乐的量刑及追缴违法所得部分；原审被告人马乐犯利用未公开信息交易罪，判处有期徒刑3年，并处罚金1913万元；违法所得19120246.98元依法予以追缴，上缴国库。

3. 抗诉理由与辩护理由

（1）抗诉理由

最高人民检察院审查认为，原审被告人马乐利用因职务便利获取的未公开信息，违反规定从事相关证券交易活动，累计成交额10.5亿余元，非法获利1883万余元，属于利用未公开信息交易罪"情节特别严重"的情形。本案终审裁定以《刑法》第180条第4款并未对利用未公开信息交易罪规定有"情节特别严重"为由，对此情形不作认定，降格评价被告人的犯罪行为，属于适用法律确有错误，导致量刑不当。理由如下：

第一，《刑法》第180条第4款属于援引法定刑的情形，应当引用第1款处罚的全部规定。按照立法精神，《刑法》第180条第4款中的"情节严重"是入罪标准，在处罚上应当依照本条第1款的全部罚则处罚，即区分情形依照第1款规定的"情节严重"和"情节特别严重"两个量刑档次处罚。首先,援引的重要作用就是减少法条重复表述,只需就该罪的基本构成要件作出表述,法定刑全部援引即可;如果法定刑不是全部援引,才需要对不同量刑档次作出明确表述,规定独立的罚则。刑法分则多个条文都存在此种情形,这是业已形成共识的立法技术问题。其次,《刑法》第180条第4款"情节严重"的规定是入罪标准,作此规定是为了避免"情节不严重"也入罪,而非量刑档次的限缩。最后,从立法和司法解释先例来看,《刑法》第285条第3款也存在相同的文字表述,2011年最高人民法院、最高人民检察院《关于办理危害计算机信息系统安全刑事案件应用法律若干问题的解释》(以下简称《计算机信息系统安全案件解释》)第3条明确规定了《刑法》第285条第3款包含"情节严重""情节特别严重"两个量刑档次。司法解释的这一规定,表明了最高司法机关对援引法定刑立法例的一贯理解。

第二,利用未公开信息交易罪和内幕交易、泄露内幕信息罪的违法与责任程度相当,法定刑亦应相当。内幕交易、泄露内幕信息罪和利用未公开信息交易罪,都属于特定人员利用未公开的可能对证券、期货市场交易价格产生影响的信息从事交易活动的犯罪。两罪的主要差别在于信息范围不同,而其通过信息的未公开性和价格影响性获利的本质相同,均严重破坏了金融管理秩序,损害了公众投资者利益。《刑法》将两罪放在第180条中分款予以规定,亦是对两罪违法和责任程度相当的确认。因此,从社会危害性理解,两罪的法定刑也应相当。

第三,马乐的行为应当认定为"情节特别严重",对其适用缓刑明显不当。2010年最高人民检察院、公安部《关于公安机关管辖的刑事案件立案追诉标准的规定(二)》(以下简称《追诉标准规定(二)》)对内幕交易、泄露内幕信息罪和利用未公开信息交易罪"情节严重"规定了相同的追诉标准,2012年最高人民法院、最高人民检察院《关于办理内幕交易、泄露内幕信息刑事案件具体应用法律若干问题的解释》(以下简称《内幕交易、泄露内幕信息案件解释》)将成交额250万元以上、获利75万元以上等情形认定为内幕交易、泄露内幕信息罪"情节特别严重"。如前所述,利用未公开信息交易罪"情节特别严重"的,也应当依照第1款的规定,遵循相同的标准。马乐利用未公开信息进行交易活动,累计成交额10.5亿余元,从中非法获利1883万余元,显然属于"情节特别严重",应当在"五年以上十年以下有期徒刑"的幅度内量刑。其虽有自首情节,但适用缓刑无法体现罪责刑相适应,无法实现惩罚和预防犯罪的目的,量刑明显不当。

第四，本案所涉法律问题的正确理解和适用，对司法实践和维护我国金融市场的健康发展具有重要意义。自《刑法修正案（七）》增设利用未公开信息交易罪以来，司法机关对该罪是否存在"情节特别严重"、是否有两个量刑档次长期存在分歧，亟须统一认识。正确理解和适用本案所涉法律问题，对明确同类案件的处理、同类从业人员犯罪的处罚具有重要指导作用，对于加大打击"老鼠仓"等严重破坏金融管理秩序的行为，维护社会主义市场经济秩序，保障资本市场健康发展具有重要意义。

（2）辩护理由

第一，利用未公开信息交易罪是情节犯，"情节严重"是入罪标准，同时也是量刑依据，该罪只有一个量刑标准即情节严重。"情节严重"和"情节特别严重"是并列关系，把"情节严重"理解为包含情节严重和情节特别严重两档，会造成刑法语义的混乱。该罪立案追诉标准只规定了情节严重，而没有规定情节特别严重，相关司法解释也没有规定该罪有情节特别严重的情形。

第二，在对《刑法》第180条第4款是否包含同条第1款的"情节特别严重"存在争议的情况下，应该采纳有利于被告人的解释。

第三，利用未公开信息交易罪和内幕交易、泄露内幕信息罪在信息范围和危害程度等方面存在重大差异。内幕交易对股票市场价格必然造成直接重大影响，利用未公开信息交易对股票价格影响小，信息重要性低，可能不会造成危害，只有一个量刑档次符合罪责刑相适应原则。

第四，司法实践中，没有一个判决认定该罪有情节特别严重，如果支持抗诉，可能导致原先已经产生既判效力的判决都存在错误判决的后果，会动摇判决的稳定性。[①]

4. 判决结果及理由

（1）判决结果

被告人马乐犯利用未公开信息交易罪，判处有期徒刑3年，并处罚金1913万元，违法所得19120246.98元依法予以追缴，上缴国库。

[①] 参见孙谦：《援引法定刑的刑法解释——以马乐利用未公开信息交易案为例》，载《法学研究》2016年第1期。

（2）判决理由

《刑法》第 180 条第 4 款援引法定刑的情形，应当是对第 1 款全部法定刑的引用，即利用未公开信息交易罪应有"情节严重"和"情节特别严重"两种情形和两个量刑档次。理由是：

第一，从立法目的上理解，由于我国基金、证券、期货等领域中，利用未公开信息交易行为比较多发，行为人利用公众投入的巨额资金作后盾，以提前买入或者提前卖出的手段获得巨额非法利益，将风险与损失转嫁给其他投资者，不仅对其任职单位的财产利益造成损害，而且严重破坏了公开、公正、公平的证券市场原则，严重损害客户投资者或处于信息弱势的散户利益，严重损害金融行业信誉，影响投资者对金融机构的信任，进而对资产管理和基金、证券、期货市场的健康发展产生严重影响。为此，《刑法修正案（七）》新增利用未公开信息交易罪，并将该罪与内幕交易、泄露内幕信息罪规定在同一法条中，说明两罪的违法与责任程度相当。因此，利用未公开信息交易罪也应当适用"情节特别严重"。

第二，从法条文义理解，首先，《刑法》第 180 条第 4 款中的"情节严重"是入罪条款。《追诉标准规定（二）》对利用未公开信息交易罪规定了追诉的情节标准，说明该罪需达到"情节严重"才能被追诉。利用未公开信息交易罪属情节犯，立法要明确其情节犯属性，就必须借助"情节严重"的表述，以避免"情节不严重"的行为入罪。其次，本条款中"情节严重"并不兼具量刑条款的性质。刑法条文中大量存在"情节严重"兼具定罪条款和量刑条款性质的情形，但无一例外均在其后列明了具体的法定刑。《刑法》第 180 条第 4 款中"情节严重"之后，并未列明具体的法定刑，而是参照内幕交易、泄露内幕信息罪的法定刑，因此本款中的"情节严重"仅具有定罪条款的性质，而不具有量刑条款的性质。

第三，从立法技术上理解，援引法定刑是指对某一犯罪并不规定独立的法定刑，而是援引其他犯罪的法定刑作为该犯罪的法定刑。《刑法》第 180 条第 4 款援引法定刑的目的是为了避免法条文字表述重复，并不属于法律规定不明确的情形。

综上，《刑法》第 180 条第 4 款虽然没有明确表述"情节特别严重"，但是根据本条款设立的立法目的、法条文义及立法技术，应当包含"情节特别严重"的情形和量刑档次。法条没有重复表述不等同于法律没有明确规定。在法律已有明确规定的情况下，应当适用该法律规定，而不再适用有利于被告人的原则。

基于上述对《刑法》第 180 条第 4 款援引法定刑的理解，在明确利用未公开信息交易罪有"情节严重"和"情节特别严重"两种情形和两个量刑档次的前提下，本案应对马乐的行为是否属于情节特别严重予以评价。目前虽然没有关于利用未公开信息交易罪"情节特别严重"认定标准的专门规定，但鉴于刑法规定利用未公开信息交易罪是参照内幕交易、泄露内幕信息罪的规定处罚，《内幕交易、泄露内幕信息案件解释》将成交额 250 万元以上、获利 75 万元以上等情形认定为内幕交易、泄露内幕信息罪"情节特别严重"的标准，利用未公开信息交易罪也应当遵循相同的标准。马乐利用未公开信息进行交易活动，累计成交额达 10.5 亿余元，非法获利达 1912 万余元，已远远超过上述标准，且在案发时属全国查获的该类犯罪数额最大者，参照《内幕交易、泄露内幕信息案件解释》，马乐的犯罪情节应当属于"情节特别严重"。

综上，最高人民检察院对《刑法》第 180 条第 4 款援引法定刑的理解及原审被告人马乐的行为属于犯罪情节特别严重的抗诉意见正确，应予采纳；辩护人的辩护意见不能成立，不予采纳。原审裁判因对《刑法》第 180 条第 4 款援引法定刑的理解错误，导致降格认定了马乐的犯罪情节，进而对马乐判处缓刑确属不当，应予纠正。

最高人民法院认为，原审被告人马乐作为基金管理公司从业人员，利用因职务便利获取的未公开信息，违反规定，从事与该信息相关证券交易活动的行为已构成利用未公开信息交易罪。马乐利用未公开信息交易股票 76 只，累计成交额 10.5 亿余元，非法获利 1912 万余元，属于情节特别严重，应当依法惩处。鉴于马乐主动从境外回国投案自首；在未受控制的情况下，将股票兑成现金存在涉案三个账户中并主动向中国证券监督管理委员会说明情况，退还了全部违法所得；认罪悔罪态度好；赃款未挥霍，原判罚金刑得已全部履行等情节，对马乐可予减轻处罚。

二、案件争点

《刑法》第 180 条第 4 款利用未公开信息交易罪中"情节严重的，依照第一款的规定处罚"是对于第 1 款"情节严重"部分法定刑的单独援引还是对于包括"情节严重"和"情节特别严重的"在内的全部法定刑的整体援引？

三、学理研究

（一）利用未公开信息交易罪概述

利用未公开信息交易罪，是证券交易所、期货交易所、证券公司、期货经纪公司、基金管理公司、商业银行、保险公司等金融机构的从业人员以及有关监管部门或者行业协会的工作人员，利用因职务便利获取的内幕信息以外的其他未公开信息，违反规定，从事与该信息相关的证券、期货交易活动，或者明示、暗示他人从事相关交易活动，情节严重的行为。本罪的对象是"内幕信息以外的其他未公开信息"。"其他未公开信息"，是指对证券、期货交易价格具有重要影响的、非公开的、内幕信息以外的信息，如本单位受托管理资金的交易信息、相关市场行情（如某机构或者个人大户下单方向和下单量的信息）、利率的变化、降低印花税以及外汇政策、金融政策的改变等信息。[1] 根据《追诉标准规定（二）》，具有下列情形之一的，公安机关应当予以追诉：（1）证券交易成交金额累计在50万元以上的；（2）期货交易占用保证金数额累计在30万元以上的；（3）获利或者避免损失数额累计在15万元以上的；（4）多次利用内幕信息以外的其他未公开信息进行交易活动的；（5）其他情节严重的情形。

（二）控辩审三方运用的法律解释方法

《刑法》第180条第4款规定，利用未公开信息交易，"情节严重的，依照第一款的规定处罚"。《刑法》第180条第1款内幕交易、泄露内幕信息罪的法律后果为，"情节严重的，处五年以下有期徒刑或者拘役，并处或者单处违法所得一倍以上五倍以下罚金；情节特别严重的，处五年以上十年以下有期徒刑，并处违法所得一倍以上五倍以下罚金"。那么，利用未公开信息罪的法定刑是只存在"情节严重的，处五年以下有期徒刑或者拘役，并处或者单处违法所得一倍以上五倍以下罚金"一档呢？还是存在"情节严重的，处五年以下有期徒刑或者拘役，并处或者单处违法所得一倍以上五倍以下罚金"和"情节特别严重的，处五年以上十年以下有期徒刑，并处违法所得一倍以上五倍以下罚金"两档呢？如果认为第180条第4款的"情节严重"包括第1款的"情节严重"和"情节特别严重"，会不会违背法律文字的基本含义？

---

[1] 参见高铭暄、马克昌主编：《刑法学》（第七版），北京大学出版社、高等教育出版社2016年版，第406页。

如果认为第180条第4款的"情节严重"仅指第1款的"情节严重",考虑到《内幕交易、泄露内幕信息案件解释》第7条将"证券交易成交额在250万元以上的"和"获利或者避免损失数额在75万元以上的"认定为"情节特别严重",行为人马乐累计成交金额10.5亿余元,非法获利19120246.98元,远远超过了上述金额,按照第180条第1款"情节严重的,处五年以下有期徒刑或者拘役,并处或者单处违法所得一倍以上五倍以下罚金"量刑会不会造成罪责刑不相适应?这就涉及如何进行法律解释的问题。

法律解释是重要的法学技艺。法律由规范组成,适用者对于规范的理解是适用规范的前提。历史上曾有统治者认为成文法典已经足够完备和明确,以至于法官无须再对法律进行解释,[①]但上述禁令因为没有实施的可能性而逐渐被束之高阁。与之相对,法官释法的正当性和必要性日益为各国法律所认可,[②]法解释学成为法教义学的别名。法律之所以需要解释,首先因为立法文字本身具有不确定性和模糊性,其次因为生活的变动不居与立法的相对稳定之间的矛盾,最后因为立法的简洁性与生活的复杂性之间的冲突。

首先,"法律经常利用的日常用语与数理逻辑及科学语言不同,它并不是外延明确的概念,毋宁是多少具有弹性的表达方式,后者的可能意义在一定的波段宽度之间摇摆不定,端视该当的情况、指涉的事物、言说的脉络、在句中的位置以及用语的强调,而可能有不同的意涵"[③]。从概念内涵的角度讲,在法规范中,除却数字足够清楚和明确以外,其余构成要件——无论是规范性要素还是描述性要素——都存在解释的空间。毋庸置疑,规范性要素的内涵由前置规范、法律规定、社会价值、风俗文化等共同填充;而描述性要素的边界也需要综合考虑规范保护目的、日常语义、法律后果等才能确定。从概念外延的角度讲,概念存在着"核心范围"和"边缘范围"[④],个案中的特殊对象是否应被涵摄到概念之下,即"边缘范围"的划定需要依靠解释来完成。举例来讲,在判断"武器"的外延时,刀具无疑处于概念的"核心范围",属于典型的武器,但硫酸是否属于武器,学者们的意见不一:支持者

[①] 如《拿破仑法典》第5条规定,当法官审理面前的具体案件时,不得确立一般的行为规则。
[②] 《瑞士民法典》第1条规定:"本法典管理它的条款字面或精神规定范围内的一切法律问题。如本法典无可适用之规定,法官得依习惯法决定之,如依习惯法亦无法解决,法官可依其他作为立法者所确立的规则决定之。"这条法律赋予了法官解释法律的权利,后为各国法律所仿效。
[③] 〔德〕卡尔·拉伦茨:《法学方法论》,陈爱娥译,商务印书馆2003年版,第193页。
[④] 同上书,第229页。

认为存在所谓"化学武器"的概念,加之硫酸带给人的伤害并不亚于刀具,基于后果的考量硫酸可以被认为是武器;① 反对者认为,"'武器'并非空白概念,可以依当时的语言理解来任意填补,因此应依立法当时的理解来解释。将此概念转而应用于非机械性的攻击工具,事实上已经是一种被禁止的类推适用"②。概念的不确定性和模糊性甚至使得学者放弃了只有是否之分的概念,转向存在程度之分的类型。③

其次,日常生活的易变性与法律的相对稳定性之间的矛盾在于,日常生活产生自生自发的社会秩序,法律是对于自生自发秩序的确认。④ 在这个意义上,日常生活决定法律的内容。日常生活具有易变性,现代社会更是如此。受国家政策、经济形势、价值观念等多重因素的影响,自生自发的秩序也在不断改变:计划经济时代破坏经济秩序的"投机倒把"行为在市场经济时代不再被视为犯罪;信息时代的到来使得信息保护和网络安全成为国家安全、社会发展和公民生活所必需……根据自发秩序对于法律的决定作用,日常生活的变动应当带来立法的改变,但稳定性是法所追求的重要价值,因为法律对于社会生活起调整作用,朝令夕改会让民众无所适从,"治大国而数变其法,则民苦之,是以有道之君贵静,不重变法"⑤,因此就出现了社会生活的变动性与法律的相对稳定性之间的矛盾。法律解释在两者之间发挥着协调作用:文义的延展或者限缩带来了适用范围的调整,在一定程度上缓解了生活之"变"与法律之"不变"的矛盾,使得法律更能适应社会发展的需要。

最后,法律解释还可以在一定程度上弥合立法的简洁性与现实的复杂性之间的矛盾。法律是对于先在类型的描述,⑥ 构成要件是立法者将所欲规制的行为模式固定下来的结果。立法的简洁性固然使得规范易于理解,且具有简约的形式之美,但"理论是灰色的,生活之树常青",面对纷繁复杂的生活事实,立法者不可能面面俱

---

① 参见〔德〕克劳斯·罗克辛:《德国刑法学总论》(第1卷),王世洲译,法律出版社2005年版,第85页。
② 〔德〕卡尔·拉伦茨:《法学方法论》,陈爱娥译,商务印书馆2003年版,第203—204页。
③ 参见〔德〕阿图尔·考夫曼:《类推与事物本质——兼论类型理论》,吴从周译,学林文化事业有限公司1999年版,第33、42页。
④ 参见邓正来:《法律与立法二元观:哈耶克法律理论研究》,上海三联书店2000年版,第5页。
⑤ 《韩非子·解老》。
⑥ 参见〔德〕阿图尔·考夫曼:《类推与事物本质——兼论类型理论》,吴从周译,学林文化事业有限公司1999年版,第33页。

到地规定,"描述只能不断地接近类型而无法掌握其最终的精确性"①;即使规定足够周延,不断变动的生活关系也会不断带来新的问题。面对简单的立法规定与复杂多变的生活事实,适用者首先需要运用解释技术来判断案件是否属于构成要件的涵摄范围,如果答案否定,适用者即需要进行法的续造。因此法律解释与法的续造在本质上并无不同,两者都使得形式上法律的适用范围在一定程度上得以扩张或者限缩,增强了立法的稳定性和社会适应性。

法律解释的过程是理解性的,而非说明性的。② 适用者与法规范之间并非认识主体与认识对象的关系:适用者的任务不仅仅是发现规范,其对于规范的期待在一定意义上塑造了规范;规范也不仅仅是适用者认识的客体,它可以改变适用者对于规范的认识。具体说来,适用者基于案件事实,根据社会通行价值观念和自身的价值判断,对于规范提出一种意义期待,这种先于规范的认识即为"先见","先见"对于规范起着塑造作用,它使得适用者看到的规范不同于原始规范;同时,规范本身也对于适用者的"先见"起检验作用,促使其不断更新以符合规范的要求,如此过程,即为"诠释学循环"。观察上述过程可以得知,价值判断充斥于循环的整个过程,这也说明法律解释并非是"客观地"发现隐藏的规范意义,毋宁是价值发现、检验和确认的过程。

依照解释方法的不同,法律解释可分为文义解释、历史解释、体系解释、目的解释与合宪性解释。③

文义解释又称文理解释,是根据条文字面意思进行直接的理解,从字面探求法律所使用文字语言的正确意义。文义解释是解释的基础,通说认为文字可能含义就是解释的界限,超越文字可能含义的就演变成为类推。④ 有些情形下文义解释的结论并不唯一,还需结合其他解释方法才能确定。

---

① 参见〔德〕阿图尔·考夫曼:《类推与事物本质——兼论类型理论》,吴从周译,学林文化事业有限公司1999年版,第42页。
② 同上书,"中文版序言"第3页。考夫曼认为,自然学科是说明性的,而人文社会学科是理解性的。二者的区别主要在于理解过程中诠释主体的角色。对于说明性的自然科学来说,认识主体并不进入认识过程中,认识是"纯客观的";而对于理解视角而言,这种"主体—客体"模式一开始就不适合,因为理解者并不处于诠释状态之外,而是包含于其中作为共同形成之因素。文本与理解者的相互作用,即构成了"诠释学循环"。
③ 参见林钰雄:《新刑法总则》,元照出版有限公司2014年版,第48页。
④ 参见〔德〕克劳斯·罗克辛:《德国刑法学总论》(第1卷),王世洲译,法律出版社2005年版,第85页。

历史解释又称为立法沿革解释、主观解释，是指解释法律条文时以立法过程之相关资料探求立法者的真意，立法或修法的立法理由是其中最为重要的参考资料。① 关于刑法解释的目标是实现立法者的意志还是探求规范性的法律意义，主观解释论者和客观解释论者展开了长久的论战，客观解释论是目前的主流理论。② 客观解释对于主观解释的批评是：第一，有意思能力的立法者并不存在；第二，历史的法律内容无法充分满足当代的生活需要，所以需要探究"法律的客观意义"加以补充；第三，只有依据宪法在法律文件中公布的思想才是法律（立法者的意思并不是法律）；第四，法律规范者和外行人会对法律的文义产生信赖，对于文义的忽略会损及法安定性。但是主观解释并不认同上述批评，主观解释的支持者海克（Heck）对上述批评给予了回应：首先，"立法者意思"并不是心理学的意思，也不是在立法时共同参与人员的主观期待与意图，而是一种"规范意思"，是隐藏在观念背后的、在法律共同体中不同作用的、现实的利益衡量，是一种历史的利益探究。③ 其次，法官的工作不仅仅是对于制定法的简单包摄，还包括符合利益的法的续造。④ 再次，将解释范围限定在字义的范围没有根据。立法者在法律公布时，并未禁止法官使用历史数据作解释。⑤ 最后，文字具有不确定性，不能完整地反映立法思想；外行人的法律信赖是从生活知识、法律感觉及间接的法律事件的相关消息而来，而非从法律的解释而来。⑥ 事实上，客观解释虽然号称"客观"，但因为规范本身不会开口说话，解释者名义上探究的是规范的真意，实际上得出的是解释者自己对于规范的理解，在这个意义上，客观解释是解释者的"主观解释"。更严重的是，主观解释论对立法者原意的追寻在客观上为解释提供了界限（不能逾越立法者的意思），而客观解释论本身对于解释的范围却没有任何限定，结合风险社会的背景和刑事司法的扩张态势，客观解释存在较大的入罪风险。

体系解释又称系统解释，一般来讲是要把解释的对象置于上下文、法律部门或

---

① 参见林钰雄：《新刑法总则》，中国人民大学出版社 2009 年版，第 37 页。
② 参见林山田：《刑法通论》（增订十版），北京大学出版社 2012 年版，第 85 页。类似观点，参见张明楷：《刑法学》（第五版），法律出版社 2016 年版，第 29 页。
③ 参见吴从周：《概念法学、利益法学与价值法学：探索一部民法方法论的演变史》，中国法制出版社 2011 年版，第 273 页。
④ 同上书，第 274—275 页。
⑤ 同上书，第 279—280 页。
⑥ 同上书，第 280 页。

者整个法律秩序中阐释解释对象的含义,避免断章取义、片段化地理解解释对象。① 这种从形式逻辑的意义上对于体系的理解被称为外部体系;与之相对,还存在内部体系(实质性体系),它主要涉及法秩序的内在意义关联、目的的融贯,要求法律概念及规则的解释不能违背规范意旨,要将评价性的法律原则进行具体化解释并与相关规则相协调,尤其注重不同规范之间的抵触与不一致的现象,在结合整个法秩序相关规范时,实现价值体系及实质目的统一性。② 内部体系的内容包含两个部分,一是不同程度被具体化的法律原则构建出来的原则体系,最高层的原则(如法治国原则、社会国原则、尊重人性尊严的原则及自主决定与个人负责的原则)只是一般法律思想,各最高层原则之下包含一系列使得其意义得以具体化的下位原则,二者的关系不是单向的,而是对流的:上位原则需要借助下位原则才能具体化,下位原则的意义阐明需要借助上位原则。二是功能性的概念,即具有目的论特质的概念,在有疑义时应回归隐含其中的评价,即回归相应的法律原则。③ 不同于追求形式上无矛盾的外部体系,内部体系探求规范背后的原则和概念的实质意义,因此内部体系解释与目的解释密不可分。

目的解释是指依照法律的规范目的来解释法律的根本意旨。④ 目的的实质是价值,目的解释方法是刑法走向实质化的产物,它一方面有利于弥补法律的漏洞,但同时也潜藏着扩大处罚范围的危险。以规范的保护目的是保护某类法益为由,解释者很容易地就将具有相同的法益侵害性和社会危害性的行为解释进构成要件中,动摇罪刑法定和刑法谦抑性原则。因此要从教义学内部和合宪性外部对于目的解释的适用予以适当规制。⑤ 在教义学内部,要积极发挥其他方法的作用,文义解释、历史解释具有解释的优先地位;另外,从内部批判与后果考察上对目的进行内部控制,考察手段与目的实现之间是否符合比例原则。在合宪性的外部,应当符合宪法的文本内容和基本价值,这也是合宪性解释的题中之义,即适用者应该优先选择最为合乎宪法规定及其所宣示的基本价值的解释可能。

在"马乐案"中,综合最高人民检察院的抗诉意见、律师的辩护意见、最高人

---

① 参见杨铜铜:《体系解释的思维依据》,载《法律方法》2017年第2期。
② 同上。
③ 参见〔德〕卡尔·拉伦茨:《法学方法论》,陈爱娥译,商务印书馆2003年版,第348—356页。
④ 参见林钰雄:《新刑法总则》,中国人民大学出版社2009年版,第38页。
⑤ 参见劳东燕:《刑法中目的解释的方法论反思》,载《政法论坛》2014年第3期。

民法院的判决理由可以看出,控辩审三方均运用了多种重合的解释方法,得出的结论却恰恰相反,这一方面证明了解释结论的多样性,另一方面证明了价值判断对于刑法解释的决定作用。具体来讲:

控方运用了文义解释、体系解释、目的解释三种解释方法。(1)根据文义解释,"情节严重"是入罪条款,为犯罪构成要件,表明该罪情节犯的属性,具有限定处罚范围的作用,以避免"情节不严重"的行为也入罪,而非量刑档次的限缩;本条款中"情节严重"之后并未列明具体的法定刑,不兼具量刑条款的性质。(2)根据体系解释,《刑法》中存在与第180条第4款表述类似的条款,印证了援引法定刑为全部援引。如《刑法》第285条第3款规定,"情节严重的,依照前款的规定处罚",最高人民法院、最高人民检察院《计算机信息系统安全案件解释》第3条明确了本款包含有"情节严重"和"情节特别严重"两个量刑档次。另外,从刑法其他条文的反面例证看,法定刑设置存在细微差别时即无法援引。如《刑法》第180条第2款关于内幕交易、泄露内幕信息罪单位犯罪的规定,没有援引前款个人犯罪的法定刑,而是单独明确规定"处五年以下有期徒刑或者拘役"。这是因为第1款规定了情节严重和情节特别严重两个量刑档次,而第2款只有一个量刑档次,并且不对直接负责的主管人员和其他直接责任人员并处罚金。在这种情况下,为避免发生歧义,立法不会采用援引法定刑的方式,而是对相关法定刑作出明确表述。(3)根据目的解释,刑法将本罪与内幕交易、泄露内幕信息罪一并放在第180条中分款予以规定,就是由于两罪虽然信息范围不同,但是其通过信息的未公开性和价格影响性获利的本质相同,对公众投资者利益和金融管理秩序的实质危害性相当,行为人的主观恶性相当,应当适用相同的法定量刑幅度,具体量刑标准也应一致。如果只截取情节严重部分的法定刑进行援引,势必违反罪刑法定原则和罪刑相适应原则,无法实现惩罚和预防犯罪的目的。

辩方运用了文义解释和目的解释的解释方法。(1)根据文义解释,"情节严重"是入罪标准,同时也是量刑依据,该罪只有一个量刑标准即情节严重。"情节严重"和"情节特别严重"是并列关系,把"情节严重"理解为包含情节严重和情节特别严重两档,会造成刑法语义的混乱。(2)根据目的解释,利用未公开信息交易罪和内幕交易、泄露内幕信息罪在信息范围和危害程度等方面存在重大差异,内幕交易对股票市场价格必然造成直接重大影响,而利用未公开信息交易对股票价格影响小,信息重要性低,可能不会造成危害,只有一个量刑档次符合罪责刑相适应原则。

审判机关运用了文义解释和历史解释的方法,判决理由基本采纳了控方的意见。(1)根据文义解释,利用未公开信息交易罪属情节犯,立法要明确其情节犯属性,就必须借助"情节严重"的表述,以避免"情节不严重"的行为入罪;另外,本条款中"情节严重"并不兼具量刑条款的性质。(2)从立法目的上理解,由于我国基金、证券、期货等领域中,利用未公开信息交易行为比较多发,行为人利用公众投入的巨额资金作后盾,以提前买入或者提前卖出的手段获得巨额非法利益,将风险与损失转嫁到其他投资者,不仅对其任职单位的财产利益造成损害,而且严重破坏了公开、公正、公平的证券市场原则,严重损害客户投资者或处于信息弱势的散户利益,严重损害金融行业信誉,影响投资者对金融机构的信任,进而对资产管理和基金、证券、期货市场的健康发展产生严重影响。为此,《刑法修正案(七)》新增利用未公开信息交易罪,并将该罪与内幕交易、泄露内幕信息罪规定在同一法条中,说明两罪的违法与责任程度相当。

本书认为,根据文义解释可以得出,利用未公开信息交易罪是情节犯,只有情节严重的行为才可入罪,因此"情节严重"属于定罪条件。但是否仅属于定罪条件有待斟酌,换言之,"情节严重"是定罪条件不意味着要援引全部的法定刑,"情节严重"属于量刑条件也并不意味着要援引部分的法定刑,全部引用还是部分引用法定刑无法从文义得出。要引用全部法定刑没有必要否定"情节严重"同时也是量刑条件,因为相对于"情节特别严重"来讲,"情节严重"确实发挥了量刑的作用——后者的情节较前者为轻,所以配置较低的法定刑。在文义解释的部分,控方意见和判决理由还提到,"刑法条文中大量存在'情节严重'兼具定罪条款及量刑条款性质的情形,但无一例外均在其后列明了具体的法定刑,《刑法》第180条第4款中'情节严重'之后,并未列明具体的法定刑,而是参照内幕交易、泄露内幕信息罪的法定刑,因此本款中的'情节严重'仅具有定罪条款的性质,而不具有量刑条款的性质"。这段表述的问题在于:(1)逻辑错误,"A情形都伴随着B结果,B结果没有出现,所以A情形也不复存在"。在前半句中,A是B的充分不必要条件,而在后半句中,A变成了B的必要不充分条件。(2)未列明法定刑的原因是出现了法定刑援引的情形,与定罪条款还是量刑条款的判定没有因果关系。另外,控辩双方在进行目的解释、审判机关在进行历史解释时都对于行为的社会危害性进行了判断,尤其是审判机关从行为对于行为人所在单位的财产利益、对于证券市场原则、对于处于信息弱势的散户利益、对于金融行业信誉、对于资产管理和基金、证券、期货市场的健康发展等数方面证成行为的严重社会危害性,此种价值判断对于作出全部引用法定刑的判决结果起着决定作用。没有先在的价值判断,就没有后来的刑法解释。

(三)"存疑有利于被告人原则"在解释中的运用

本案中辩方与审判机关的另一个重要分歧是"存疑有利于被告人"原则是否适用于刑法解释。肯定意见的理由是:(1)刑法解释并不能解决所有问题,在法律适用上总会有难以解决的疑问;(2)刑法解释出现难以解决的问题,是因为法律规定不完善,这一后果应由国家承担,而不能转嫁给被告人;(3)刑法应当发挥好指引作用,当刑法规范的指引作用不明确时,对行为人科处刑罚是不正当的;(4)刑法和刑事诉讼法都有保障人权和保护社会的价值追求,当两者不能协调时,应当按照罪刑法定原则的要求,选择优先保障人权。也就是,在此种情况下,适用法律要有利于被告人,以防止司法擅权,侵犯人权。[①] 还有学者从价值观和方法论两个层面对于否定说予以反驳:在价值观层面,从刑法的功能来看,现代刑法不是价值中立的,而是以保障自由为出发点的;存疑有利于被告人原则是罪刑法定原则的下位原则——明确性原则和禁止类推原则的派生原则,可以维持法的安定性;"解释有利于被告原则"是为了防止歪曲法律,确立人权保障价值在刑事法中的第一顺位。在方法论层面,肯定说认为,在法律解释存疑时,不选择有利于被告人而采用有利于实现目的解释理论,是冲击罪刑法定的最大危险所在,不存在法益保护和人权保障的平衡。[②]

本书赞成否定说,认为"存疑有利于被告人"不能适用于刑法解释。原因是:第一,存疑的原因不完全是因为法律不完善,法律没有规定和对于规定存在解释分歧是两种不同的情形,不应当将后者的责任归咎于国家。除了法律规定不完善以外,文字本身的多义性、文字无法精准描述行为类型、社会通行价值观念的变迁、新行为类型的出现都会造成解释的分歧,解释自立法产生时即出现,并伴随着法律适用的整个过程。通过运用解释方法,适用者的任务是对已有的法律规范进行"释明",

---

[①] 参见叶良芳:《罪刑法定的司法实现——以刑法解释的正当性为中心》,载《刑法论丛》2012年第4卷;邱兴隆:《有利被告论探究——以实体刑法为视角》,载《中国法学》2004年第6期;时延安:《试论存疑有利于被告原则》,载《云南大学学报(法学版)》2003年第1期。

[②] 参见冀洋:《"存疑有利于被告人"的刑法解释规则之提倡》,载《法制与社会发展》2018年第4期。

它与法律完全没有规定的情形存在差异。从后果层面考量,如果将存疑的原因归咎于法律不完善,进而由国家承担不利后果,那么国家为了打击犯罪只能不断增加立法,但问题是立法根本不可能事无巨细地根据所有的案件制定出对应的法律。另外,这种诉诸立法的做法无疑剥夺了法官的释法权,是立法对于司法的僭越。第二,刑法指引作用的发挥更多的是通过实际判决而非规范宣示的方式得以发挥的,并且,如果解释的结论没有超出文义的可能范围,就不能说是超越了民众的可预测范围。第三,在价值观层面,自由保障价值与刑法解释中体现的具体价值并非处于同一层次,不利于被告人的解释也并不意味着对人权保障机能的违背。"法律,是在每一个法律共同体中相互对立且为求被承认的利益——物质的、国家的、宗教的及伦理的利益——彼此角力的结果。"① 刑法解释的整个过程都伴随着利益衡量和价值判断,利益衡量和价值判断是具体的、与规范相关的,至于对行为人产生的有利或者不利后果,则是利益衡量和价值判断的附随结果,与具体规范本身并无直接关联。因此如果说自由保障价值是指导性和原则性的价值的话,刑法解释中涉及道德价值则是具体和特定的价值,两者并非处于同一层次。如果遵循解释规则和顺序,即使得出的后果是不利于被告人的,只要解释结论处在可能的文义范围之内,就没有违反法的明确性原则。因为众所周知,"明确"只是相对的概念,以人民合理的预见可能性为标准。② 至于不利于行为人的解释结论是否属于类推,从本质上来讲,扩大解释与类推的界限根本无法区分,二者只是程度的差别。因此除了可以被涵摄到概念"核心范围"的情形,对于概念的轻微扩张都属于类推,正如考夫曼所言,"当我们说'解释可能及于可能的文义'时,其实我们已经在类推之中了,因为这种'可能的文义'既非本义亦非相当,而是一种类似"③。之所以如此,是因为通过涵摄得不出任何新的结论,对于规范适用范围的延展可以依靠类推来得出,"如果我们在科学上局限于逻辑上有说服力的推论,那么我们根本不会有任何进展。创造性的、崭新的知识几乎都不是以一种精确的逻辑推论来进行"④。第四,在方法论层面,肯定论者似乎将法律解释方法等同于目的解释,因而没有对于刑法解释方法作出适切评价。诸

---

① 吴从周:《概念法学、利益法学与价值法学:探索一部民法方法论的演变史》,中国法制出版社 2011 年版,第 258 页。
② 参见林钰雄:《新刑法总则》,元照出版有限公司 2014 年版,第 44 页。
③ 〔德〕阿图尔·考夫曼:《类推与事物本质——兼论类型理论》,吴从周译,学林文化事业有限公司 1999 年版,第 30 页。
④ 同上书,第 32 页。

种解释方法之间存在适用的先后顺序：文义解释—历史解释—体系解释—目的解释—合宪解释。目的解释之前需要经过文义解释、历史解释和体系解释；不符合上述解释的结果难以成为最终的解释结论。因此目的解释所代表的实质化趋势或许不可避免，但仍存在对其进行限制和约束的途径，刑法解释方法就是其中一种。如果将"存疑有利于被告人"的解释原则贯彻到解释方法之中，业已形成的解释方法顺序无疑会被破坏，对于目的解释的反对会使得"存疑有利于被告人"的解释原则横亘于目的解释之前，实质上架空了目的解释的方法。

（四）遵循先例与法的续造

值得注意的是，辩方采取了后果论证的方式："司法实践中，没有任何一个判决认定该罪有情节特别严重，如果支持抗诉，可能导致原先已经产生既判效力的判决都存在错误判决的后果，会动摇判决的稳定性"，此处涉及判决先例的意义。判决先例是指，就目前需重为判断之同一法律问题，法院针对另一实践已为决定之判例。①遵守先例有助于维持司法裁判的一致性及持续性，达成法安定性的目标。先例中具有拘束力的并非具体的裁判结果，而是其中被正确理解或者具体化的规范。先例享有"正确性推定"的效力，但法官不可以不加思索地适用，如果发现有可疑之处，应当自行作判断，如其确信判决先例中的解释并不正确，说理并不充分，出现规范情境变更或者法秩序演变的情形，则法官不仅有权力，而且有义务摒弃判决先例的见解。

刑事司法者有无法律续造的权限？囿于罪刑法定原则的铁律和对于刑事立法、司法中出现的实质化态势的警惕，一般认为刑事司法者并不具有续造法律的权限。但法律续造与法律解释无法截然分开：一方面，法律续造大都通过解释的方式来进行；另一方面，某些法律解释属于本质上的法的续造。拉伦茨将法的续造分为三种类型：一种是在文义范围之内的法的解释，法院对于法律规定的第一次解释构成对法规范的续造，因为在众多文字上可能的含义中，立法者选择其中一种作为恰当的含义，将原来的不确定性排除；第二种情形是超越此等界限，而仍在立法者原本的计划、目的范围之内的法的续造，性质上是漏洞填补，是法律内的法律续造；第三种情形是从整体法秩序的基本原则范围内的超越法律的法的续造。②之所以承认此种

---

① 参见〔德〕卡尔·拉伦茨：《法学方法论》，陈爱娥译，商务印书馆2003年版，第301页。
② 同上书，第246页。

超越实体法规范的续造亦属法的续造,原因是法并不等同于成文法律的总体。除了落实国家权力的实证规范以外,法还包括其他来自合宪法秩序的意义整体,因此,法官有"将隐含在立法者、法秩序或一般价值秩序中之一般性法条演绎出来"[①]之法的续造的权力。本书认为,刑事司法者只能在上述第一种意义上参与法的续造,即通过解释将规范意义作进一步阐明。这并非是对于立法权的僭越,而是法规范得以适用的必要条件。在"马乐案"中,当法院作出一种不同于之前裁判的解释之时,实际上就是在进行法的续造。

第三节 操纵证券市场罪

一、指导性案例

检例 39 号:朱炜明操纵证券市场案

1. 基本案情

被告人朱炜明,原系国开证券有限责任公司上海龙华西路证券营业部(以下简称"国开证券营业部")证券经纪人,上海电视台第一财经频道《谈股论金》节目(以下简称"《谈股论金》节目")特邀嘉宾。

2013 年 2 月 1 日至 2014 年 8 月 26 日,被告人朱炜明在任国开证券营业部证券经纪人期间,先后多次在其担任特邀嘉宾的《谈股论金》节目播出前,使用实际控制的三个证券账户买入多只股票,于当日或次日在《谈股论金》节目播出中,以特邀嘉宾身份对其先期买入的股票进行公开评价、预测及推介,并于节目首播后一至二个交易日内抛售相关股票,人为地影响前述股票的交易量和交易价格,获取利益。经查,其买入股票交易金额共计 2094.22 万余元,卖出股票交易金额共计 2169.70 万余元,非法获利 75.48 万余元。

2. 诉讼过程

2016 年 11 月 29 日,上海市公安局以朱炜明涉嫌操纵证券市场罪移送上海市人民检察院第一分院审查起诉。

审查起诉阶段,朱炜明辩称:(1)涉案账户系其父亲朱某实际控制,其本人并未

[①] 参见〔德〕卡尔·拉伦茨:《法学方法论》,陈爱娥译,商务印书馆 2003 年版,第 248 页。

建议和参与相关涉案股票的买卖；（2）节目播出时，已隐去股票名称和代码，仅展示K线图、描述股票特征及信息，不属于公开评价、预测、推介个股；（3）涉案账户资金系家庭共同财产，其本人并未从中受益。

检察机关审查认为，现有证据足以认定犯罪嫌疑人在媒体上公开进行了股票推介行为，并且涉案账户在公开推介前后进行了涉案股票反向操作。但是，犯罪嫌疑人与涉案账户的实际控制关系、公开推介是否构成"抢帽子"交易操纵中的"公开荐股"以及行为能否认定为"操纵证券市场"等问题，有待进一步查证。针对需要进一步查证的问题，上海市人民检察院第一分院分别于 2017 年 1 月 13 日、3 月 24 日两次将案件退回上海市公安局补充侦查，要求公安机关补充查证犯罪嫌疑人的淘宝、网银等 IP 地址、MAC 地址（硬件设备地址，用来定义网络设备的位置），并与涉案账户证券交易 IP 地址作筛选比对；将涉案账户资金出入与犯罪嫌疑人个人账户资金往来作关联比对；进一步对其父朱某在关键细节上作针对性询问，以核实朱炜明的辩解；由证券监管部门对本案犯罪嫌疑人的行为是否构成"公开荐股""操纵证券市场"提出认定意见。

经补充侦查，上海市公安局进一步收集了朱炜明父亲朱某等证人证言、中国证监会对朱炜明操纵证券市场行为性质的认定函、司法会计鉴定意见书等证据。中国证监会出具的认定函认定：2013 年 2 月 1 日至 2014 年 8 月 26 日，朱炜明在《谈股论金》节目中通过明示股票名称或描述股票特征的方法，对 15 只股票进行公开评价和预测。朱炜明通过其控制的三个证券账户在节目播出前一至二个交易日或当天买入推荐的股票，交易金额 2094.22 万余元，并于节目播出后一至二个交易日内卖出上述股票，交易金额 2169.70 万余元，获利 75.48 万余元。朱炜明所荐股票次日交易价量明显上涨，偏离行业板块和大盘走势。其行为构成操纵证券市场罪，扰乱了证券市场秩序，并造成了严重社会影响。

结合补充收集的证据，上海市人民检察院第一分院办案人员再次提讯朱炜明，并听取其辩护律师意见。朱炜明承认其在节目中公开荐股，称其明知所推荐股票价格在节目播出后会有所上升，故在公开荐股前建议其父朱某买入涉案 15 只股票，并在节目播出后随即卖出，以谋取利益。但对于指控其实际控制涉案账户买卖股票的事实予以否认。

针对其辩解，办案人员将相关证据向朱炜明及其辩护人出示，并一一阐明证据与朱炜明行为之间的证明关系。（1）账户登录、交易 IP 地址大量位于朱炜明所在的办公地点，与朱炜明出行等电脑数据轨迹一致。例如，2014年7月17日、18日，涉案的朱某证券账户登录、交易IP地址在重庆，与朱炜明的出行记录一致。（2）涉案三个账户之间与朱炜明个人账户资金往来频繁，初始资金有部分来自于朱炜明账户，转出资金中有部分转入朱炜明银行账户后由其消费，证明涉案账户资金由朱炜明控制。经过上述证据展示，朱炜明对自己实施"抢帽子"交易操纵他人证券账户买卖股票牟利的事实供认不讳。

2017年5月18日，上海市人民检察院第一分院以被告人朱炜明犯操纵证券市场罪向上海市第一中级人民法院提起公诉。7月20日，上海市第一中级人民法院公开开庭审理了本案。

法庭调查阶段，公诉人宣读起诉书指控被告人朱炜明违反从业禁止规定，以"抢帽子"交易的手段操纵证券市场谋取利益，其行为构成操纵证券市场罪。对以上指控的犯罪事实，公诉人出示了四组证据予以证明：

一是关于被告人朱炜明主体身份情况的证据。包括：（1）国开证券公司与朱炜明签订的劳动合同、委托代理合同等工作关系书证；（2）《谈股论金》节目编辑陈某等证人证言；（3）户籍资料、从业资格证书等书证；（4）被告人朱炜明的供述。证明：朱炜明于2013年2月至2014年8月担任国开证券营业部证券经纪人期间，先后多次受邀担任《谈股论金》节目特邀嘉宾。

二是关于涉案账户登录异常的证据。包括：（1）证人朱某等证人的证言；（2）朱炜明出入境及国内出行记录等书证；（3）司法会计鉴定意见书、搜查笔录等；（4）被告人朱炜明的供述。证明：2013年2月至2014年8月，"朱某""孙某""张某"三个涉案证券账户的实际控制人为朱炜明。

三是关于涉案账户交易异常的证据。包括：（1）证人陈某等证人的证言；（2）证监会行政处罚决定书及相关认定意见、调查报告等书证；（3）司法会计鉴定意见书；（4）节目视频拷贝光盘、QQ群聊天记录等视听资料、电子数据；（5）被告人朱炜明的供述。证明：朱炜明在节目中推荐的15只股票，均被其在节目播出前一至二个交易日或播出当天买入，并于节目播出后一至二个交易日内卖出。

四是关于涉案证券账户资金来源及获利的证据。包括：（1）证人朱某的证言；（2）证监会查询通知书等书证；（3）司法会计鉴定意见书等；（4）被告人朱炜明的供述。证明：朱炜明在公开推荐股票后，股票交易量、交易价格涨幅明显。"朱某""孙某""张某"三个证券账户交易初始资金大部分来自朱炜明，且与朱炜明个人账户资金往来频繁。上述账户在涉案期间累计交易金额4263.92万余元,获利75.48万余元。

3. 公诉意见与辩护意见

(1) 公诉意见

第一,关于本案定性。证券公司、证券咨询机构、专业中介机构及其工作人员,买卖或者持有相关证券,并对该证券或其发行人、上市公司公开作出评价、预测或者投资建议,以便通过期待的市场波动取得经济利益的行为是"抢帽子"交易操纵行为。根据《刑法》第182条第1款第4项的规定,属于"以其他方法操纵"证券市场,情节严重的,构成操纵证券市场罪。

第二,关于控制他人账户的认定。综合本案证据,可以认定朱炜明通过实际控制的"朱某""孙某""张某"三个证券账户在公开荐股前买入涉案15只股票,荐股后随即卖出谋取利益,涉案股票价量均因荐股有实际影响,朱炜明实际获利75万余元。

第三,关于公开荐股的认定。朱炜明在电视节目中,或明示股票名称,或介绍股票标识性信息、展示K线图等,投资者可以依据上述信息确定涉案股票名称,系在电视节目中对涉案股票公开作出评价、预测、推介,可以认定构成公开荐股。

第四,关于本案量刑建议。根据《刑法》第182条的规定,被告人朱炜明的行为构成操纵证券市场罪,依法应在5年以下有期徒刑至拘役之间量刑,并处违法所得一倍以上五倍以下罚金。建议对被告人朱炜明酌情判处3年以下有期徒刑,并处违法所得一倍以上的罚金。

(2) 辩护意见

被告人朱炜明及其辩护人对公诉意见没有异议,被告人当庭表示愿意退缴违法所得。辩护人提出,考虑被告人认罪态度好,建议从轻处罚。

4. 判决结果

法庭经审理,认定公诉人提交的证据能够相互印证,予以确认。综合考虑全案犯罪事实、情节,对朱炜明处以相应刑罚。2017年7月28日,上海市第一中级人民法院作出一审判决,以操纵证券市场罪判处被告人朱炜明有期徒刑11个月,并处罚金76万元,其违法所得予以没收。一审宣判后,被告人未上诉,判决已生效。

二、案件争点

"抢帽子"的行为是否属于操纵证券、期货市场罪中"以其他方法操纵证券、期货市场"的行为类型?

三、学理研究

(一)兜底条款的合理性及其适用规则

刑法中的兜底条款是基于堵截犯罪行为脱逸刑事法网的现实需要而对法条无法穷尽的情形进行概括规定的法律条文。[①] 兜底条款在现代刑法中大量存在,是一种立法者有意采取的立法技术。我国学者曾经对德国、日本、法国、美国、荷兰等19国刑法典进行专门研究,发现除了法国、美国以外,尽管在外国刑法典中受到较为严格的限制,但兜底条款仍然是世界各国刑法普遍存在的现象。[②] 在我国,无论是1979年《刑法》还是1997年《刑法》,兜底条款的设置也都具有普遍性。

毋庸讳言,兜底条款的设置极易加剧刑法实质化的态势,扩大犯罪圈,导致很多罪名沦为口袋罪。兜底条款的模糊性和不确定性是对于罪刑法定的明确性原则和禁止类推原则的直接威胁。尽管如此,兜底条款具有存在的合理性和必要性,原因是立法者不能事先预料所有的情形,为了防止遗漏具有处罚必要性的行为,调节法律的滞后性、单一性与生活的易变性、多样性之间的冲突,需要设置具有概括性的兜底条款,由适用者在司法实践中加以补充。尤其是风险社会的来临一方面带来了风险的多样性和不可预测性,立法更难达到准确和周延;另一方面,民众的安全保护需求也大大提高,在这个意义上,刑法的社会保护面向不可避免,兜底条款也成为备受立法者青睐的立法技术。

既然兜底条款的设置和适用不可避免,如何对于兜底条款的适用进行限制就显得尤为重要,否则刑法的人权保障机能将无法实现。具体来说,应当从以下两个方面对于兜底条款的适用予以限制:第一,能适用其他具体条款的,尽量不要适用兜底条款;只有适用具体条款明显不符合罪责刑相适应原则的要求时,才可以考虑适

---

① 参见刘宪权:《操纵证券、期货市场罪"兜底条款"解释规则的建构与应用——抢帽子交易刑法属性辨正》,载《中外法学》2013年第6期。

② 参见白建军:《坚硬的理论,弹性的规则——罪刑法定研究》,载《北京大学学报(哲学社会科学版)》2008年第6期。

用兜底条款。第二，应当以同质性特征作为兜底条款的适用条件。所谓同质性，是要求适用兜底条款认定的行为必须与同一条文明确规定的行为类型在法律性质方面具有相同或者类似的价值。① 强调同质性是体系解释的要求，即解释的对象置于上下文、法律部门或者整个法律秩序中阐释解释对象的含义，避免断章取义、片段化地理解解释对象。② 既然立法者将兜底条款与刑法明确规定的其他条款规定在同一法律条文中，设置相同的法定刑，那么应当推论，在立法者看来，两者在刑法的否定评价方面具有相同或者类似的价值。是否具有同质性应当重点考虑以下因素：行为造成的危害后果、行为本身的危险性程度、行为与危害结果发生的盖然性程度、行为与危害结果间是否介入其他因素以及介入因素对结果发生原因力的大小、行为在社会中发生的普遍程度等等。③

兜底条款的适用实际上是类推或者类比方法的适用。同质性要求事实上是在若干不同的现象中提取出一般性的规则或者原理，然后判断待决情形是否属于上述规则或者原理的涵摄范围。这是一个从特殊到一般，再从一般到特殊的过程，是先归纳再演绎的过程。而类推也是从被推论的事物中得出具有一定普遍性的特征，然后判断待决事物是否满足该特征。认为类推是从个体到个体的观点忽略了中间最重要的提取规范的步骤。"所谓类似推论之途径，根本不是从特殊到特殊，而是经由普遍到特殊的过程。亚里士多德早就在这个意义下将类似推论称为是一种归纳与演绎混合的推论。类推是一种演绎法与归纳法混合的形态。"④

（二）"抢帽子"行为是否属于"以其他方法操纵证券、期货市场"

"抢帽子"交易，又称"抢先交易"，是指证券机构、专业中介机构及其工作人员买卖或者持有相关的证券，并对该证券或者发行人、上市公司公开作出评价、预测或投资建议，以便通过市场波动取得经济利益的行为。⑤ 伴随着证券市场的发展，

---

① 参见何荣功：《刑法"兜底条款"的适用与"抢帽子"交易的定性》，载《法学》2011年第6期。
② 参见杨铜铜：《体系解释的思维依据》，载《法律方法》2017年第2期。
③ 参见何荣功：《刑法"兜底条款"的适用与"抢帽子"交易的定性》，载《法学》2011年第6期。
④ 〔德〕阿图尔·考夫曼：《类推与事物本质——兼论类型理论》，吴从周译，学林文化事业有限公司1999年版，第31—32页。
⑤ 参见何荣功：《刑法"兜底条款"的适用与"抢帽子"交易的定性》，载《法学》2011年第6期。

证券投资咨询机构及分析师利用专业优势及影响力,通过影响证券市场价格谋取不正当利益的事件时有发生,严重损害了公众投资者对于证券投资咨询机构的信任,扰乱了正常的市场交易秩序。① 2011年8月,中国第一例"抢帽子"案被以操纵证券、期货市场罪定罪,但司法实务中对于"抢帽子"交易是否属于操纵证券、期货市场罪中的"以其他方法操纵证券、期货市场"情形仍有争议,同时也引起了理论界的广泛讨论。

事实上,各国刑法对于"抢帽子"行为予以了普遍的规制。德国《证券交易法》规定,禁止以下影响本国或者欧盟成员国证券交易、金融工具价格的市场操纵:(1)发布对金融工具评估具有或者可能具有重要影响的虚假性、误导性信息;(2)从事对证券、金融工具交易市场供求关系进行信息误导、欺诈的发行或交易;(3)实施其他对本国或欧盟成员国证券交易价格具有潜在影响的欺诈行为。② 市场操纵犯罪的法定刑为5年以下监禁或者单处罚金。③ 关于其他欺诈性操纵行为的范围,德国《证券交易法》授权联邦财政部经参议院同意发布规定,联邦财政部可授权联邦金融监管局负责制定相关规章。德国联邦金融监管局制定的《市场操纵认定规章》明确将"抢帽子"交易规定为"其他欺诈性市场操纵行为":制作或传播虚假的金融分析报告或者投资建议,误导投资者对于市场形势产生错误判断的,构成其他诈欺性市场操纵。④ 德国经济刑法通过法律授权的方式明确了"抢帽子"交易的刑事责任,金融监管机构及时将"抢帽子"交易作为一种操纵市场的具体犯罪类型对经济刑法规范进行了有效填充,以确保刑事司法实践不会对"抢帽子"交易是否具有操纵市场犯罪的属性存在争议。"兜底"与"授权"并用的刑法规范既保证了刑法的相对稳定性,又可以适应快速变革的资本市场情势。与德国不同,美国《证券交易法》规定证券发行与交易过程中的欺诈属于非法行为,从反欺诈原则的层面规定了操纵证券

---

① 参见刘宪权:《操纵证券、期货市场罪"兜底条款"解释规则的建构与应用——抢帽子交易刑法属性辨正》,载《中外法学》2013年第6期。

② Wertpapierhandelsgesetz—WpHG 20 a Verbot. 转引自刘宪权:《操纵证券、期货市场罪"兜底条款"解释规则的建构与应用——抢帽子交易刑法属性辨正》,载《中外法学》2013年第6期。

③ WpHG 38 Strafvorschriften(2). 转引自刘宪权:《操纵证券、期货市场罪"兜底条款"解释规则的建构与应用——抢帽子交易刑法属性辨正》,载《中外法学》2013年第6期。

④ Maktmanipulations—konkretisierungs verordung—MakonV 4 Sontige Tauschungshandlungen(2). 转引自刘宪权:《操纵证券、期货市场罪"兜底条款"解释规则的建构与应用——抢帽子交易刑法属性辨正》,载《中外法学》2013年第6期。

市场的违法性;① 同时,美国《证券交易法》第9条明确禁止操纵证券价格行为。证券经纪人、承销商或其他任何人基于拉升或者打压证券交易价格的目的发布信息诱使投资者买卖相关证券的,构成证券市场操纵;② 构成犯罪的,单处20年以下监禁,或者单处500万美元以下罚金,或者两者并处。③ 期货交易方面,美国《商品交易法》第6条(C)款第1项中增设了虚假信息型操纵:明知相关信息系虚假、误导性、不准确的报告,或者不计后果地漠视相关信息属于虚假、误导性、不准确的报告,仍然通过传递或者促成此类虚假信息传递的手段实质性地影响州际期货交易的价格以及市场反应,同时从事相关期货交易的,构成期货市场操纵。④ 德国与美国的经济刑法都以市场操纵犯罪规制"抢帽子"交易行为,为我国在宏观上把握"抢帽子"交易的属性定位、在微观上解释"抢帽子"交易的构成要素提供了有益的参考。

那么,"抢帽子"交易是否属于"以其他方法操纵证券、期货"呢?理论上存在肯定和否定两种意见,否定意见的理由是:(1)刑法并未对"抢帽子"交易作出明确规定,根据罪刑法定原则,不应该认定为犯罪,兜底条款从严格意义上来讲与罪刑法定原则相互冲突。(2)虽然证监会制定的《证券市场操纵行为认定指引(试行)》规定了"抢帽子"型操纵,但此规定属于证监会的内部规定,并未向社会公布实施,因而不具有法律效力。而且行政法上的违法与刑法上的犯罪有着本质上的不同,行政法上的违法行为不能自动上升到刑法层面,即使证监会认定该行为违法,也不能作为刑事处罚的依据。(3)《刑法》第182条第1款前三项所规定的行为属于通过交易行为影响市场供求关系,进而影响股价从中得利,因而行为人通过发布咨询报告诱使投资者购买证券影响供求关系的行为就不能被包含于此法条规定的操纵市场行为中,不属于刑法所规定的操纵市场行为。从体系解释的角度看,行为人的

---

① U.S.C.78j(b)(2007).转引自刘宪权:《操纵证券、期货市场罪"兜底条款"解释规则的建构与应用——抢帽子交易刑法属性辨正》,载《中外法学》2013年第6期。

② U.S.C.78i(a)(2007).转引自刘宪权:《操纵证券、期货市场罪"兜底条款"解释规则的建构与应用——抢帽子交易刑法属性辨正》,载《中外法学》2013年第6期。

③ U.S.C.78ff(a)(2007).转引自刘宪权:《操纵证券、期货市场罪"兜底条款"解释规则的建构与应用——抢帽子交易刑法属性辨正》,载《中外法学》2013年第6期。

④ Wall Street Reform and Consumer Protection Act 753.转引自刘宪权:《操纵证券、期货市场罪"兜底条款"解释规则的建构与应用——抢帽子交易刑法属性辨正》,载《中外法学》2013年第6期。

行为与《刑法》第 182 条第 1 款前三项的规定不具有同质性,不属于操纵市场的行为。① 肯定意见的理由是:(1) 兜底条款之所以被广泛运用主要是"由于立法者无法穷尽并预测一切可能的情形,于是借助于兜底条款立法技术,意图达到法律涵盖范围的最大化"。兜底条款并不违反罪刑法定原则。(2) 行为人的犯罪手法实质上还是符合《刑法》第 182 条操纵市场罪的规定,是对某一只股票的操纵或者施加人为影响,让股票产生上升的趋势,在别人盲目跟进的时候,行为人迅速卖出的行为本身就是抢先交易的行为。至于刑法和行政法之间的界限,根据最高人民检察院和公安部关于经济犯罪案件追诉标准的规定,操纵证券市场交易金额达 50 万元以上即可追诉,这就是两者的界限。(3)"抢帽子"交易与《刑法》第 182 条第 1 款前三项之规定具有同质性,即都具有欺诈性,行为样态相似,社会危害性严重。②

总结肯定意见和否定意见可知,双方的争议焦点在于:(1) 兜底条款的适用是否违反罪刑法定原则;(2)"抢帽子"交易与第 182 条第 1 款前三项之规定所对应的情形相比是否具有同质性。就第一个问题,本书认为,兜底条款并不违背罪刑法定原则,原因是法的明确性是一个相对的标准,法律规范不可能做到绝对明确,否则就意味着社会生活适应力的丧失;另外,对于兜底条款适用所施加的同质性要求可以大大降低兜底条款的不确定性。就第二个问题,本书认为答案是肯定的。操纵证券、期货市场罪明文规定的情形有三种:(1) 单独或者合谋,集中资金优势、持股或者持仓优势或者利用信息联合优势联合或者连续买卖,操纵证券、期货交易价格或者证券、期货交易量的(即"联合买卖"或"连续买卖");(2) 与他人串通,以事先约定的时间、价格和方式相互进行证券、期货交易,影响证券、期货交易价格或者证券、期货交易量的(即"相对委托");(3) 在自己实际控制的账户之间进行证券交易,或者以自己为交易对象,自买自卖期货合约,影响证券、期货交易价格或者证券、期货交易量的(即"洗售")。这三种行为样态本质上都是通过扭曲市场真实供求关系的交易行为,人为地控制证券、期货交易价格或者交易量。③ "抢帽子"交易正是通过发布咨询信息影响证券期货交易价格,进而从中牟利,所以它与明示

---

① 参见何荣功:《刑法"兜底条款"的适用与"抢帽子"交易的定性》,载《法学》2011 年第 6 期。
② 同上。
③ 参见刘宪权:《操纵证券、期货市场罪"兜底条款"解释规则的建构与应用——抢帽子交易刑法属性辨正》,载《中外法学》2013 年第 6 期。

的操纵证券、期货市场交易的三种行为具有本质上的一致性。有学者认为,首先,"抢帽子"交易中的"交易"并不直接与相关证券、期货合约的交易价格或者交易量发生操纵与被操纵的因果关系,因而"抢帽子"交易中的"交易"是证券期货投资咨询意见公开之前的建仓行为与公开之后的平仓行为。其次,"抢帽子"交易者买卖行为的量通常不会达到相关证券、期货合约同期成交量的显著比例,其买卖行为对证券、期货合约交易价格变动的关联度亦不显著。最后,"抢帽子"交易中的发布证券、期货投资咨询意见的行为并非直接作用于证券交易价格或者交易量,而是通过公布咨询意见影响资本市场投资者的交易行为,进而引发相关证券、期货交易价格或交易量达到一定水平。① 因而,"抢帽子"交易与第 182 条第 1 款前 3 项之规定所对应的情形不具有同质性。本书认为上述观点值得商榷,原因是,首先,交易行为固然是指先前的建仓和后来的平仓行为,但发布咨询信息才是行为人得以通过建仓和平仓操作牟利的关键,交易得以进行的关键在于发布信息而不在于建仓和平仓行为。所以应当对于交易作包括发布资讯信息在内的整体理解,如果因为发布资讯信息使得证券价格发生变动,进而使得行为人从中牟利,就可认定交易构成了对于证券价格的操纵。其次,"抢帽子"交易者的买卖行为与证券、期货合约交易价格变动的关联度是需要证明的事实,不能想当然地认为有关联或者无关联。最后,尽管"抢帽子"交易中的发布证券期货投资咨询意见的行为并非直接作用于证券交易价格或者交易量,但是通过公布咨询意见影响资本市场投资者的交易行为,进而引发相关证券期货交易价格或交易量达到一定水平,亦可以证明两者之间具有条件上的因果关系。②

(三)经济刑法的二次性特征

经济刑法是二次性的法律,这意味着只有在民法、行政法上被评价为违法的行为才有可能被作为犯罪处理。经济刑法的二次性是由刑法的保障性和谦抑性决定的。刑法是对于前置规范所保护的法益进行的第二次保护,是对于严重违反前置规范的行为的制裁。因此如果行为未被评价为民事或者行政违法,刑法不能"僭越",以刑事制裁的手段调整之。正如学者所言,"前置性法律的完备程度和执法效果,对于刑

---

① 参见刘宪权:《操纵证券、期货市场罪"兜底条款"解释规则的建构与应用——抢帽子交易刑法属性辨正》,载《中外法学》2013 年第 6 期。
② 同上。

事立法至关重要。刑法'事先性'的观点从刑法立法的事先预设性强调刑法对前置法的脱离，是对刑事立法经验法则的背离"①。

值得注意的是，修订前的《证券法》第77条并没有将"抢帽子"交易纳入操纵证券市场行为的范畴，导致其是否可以构成犯罪面临很大争议。尽管证监会在《证券市场操纵行为认定指引（试行）》中认定"抢帽子"交易操纵属于《证券法》第77条第1款第4项的"其他操纵证券市场的手段"，但一方面，《证券市场操纵行为认定指引（试行）》只是证监会的内部规定，不具有法律的普遍约束力；另一方面，此种"双兜底"情形（行政法和刑法均适用兜底条款）使得行为人无法预测自己的行为可能招致的后果，有悖于刑法的明确性原则。②

2020年3月1日，修订后的《证券法》正式施行。相对于旧法，修订后的《证券法》进一步扩充了操纵证券市场的行为，"抢帽子"交易被正式纳入行政法规制的范畴。修订后的《证券法》第55条第1款规定："禁止任何人以下列手段操纵证券市场，影响或者意图影响证券交易价格或者证券交易量：（一）单独或者通过合谋，集中资金优势、持股优势或者利用信息优势联合或者连续买卖；（二）与他人串通，以事先约定的时间、价格和方式相互进行证券交易；（三）在自己实际控制的账户之间进行证券交易；（四）不以成交为目的，频繁或者大量申报并撤销申报；（五）利用虚假或者不确定的重大信息，诱导投资者进行证券交易；（六）对证券、发行人公开作出评价、预测或者投资建议，并进行反向证券交易；（七）利用在其他相关市场的活动操纵证券市场；（八）操纵证券市场的其他手段。"根据上述第6项的规定，"抢帽子"交易属于操纵证券市场的行为，证券管理部门可以责令依法处理其非法持有的证券，没收违法所得，并处以违法所得1倍以上10倍以下的罚款；没有违法所得或者违法所得不足100万元的，处以100万元以上1000万元以下的罚款。构成犯罪的，依法追究刑事责任。据此，"抢帽子"交易入罪不违反刑法调整的二次性原则。

（四）区分金融管理秩序类犯罪和金融交易秩序类犯罪

操纵证券、期货市场罪属于金融犯罪。关于金融犯罪的保护法益，以往的通说

---

① 杨兴培、田然：《刑法介入刑民交叉案件的条件——以犯罪的二次性违法理论为切入点》，载《人民检察》2015年第15期。
② 参见蔡道通：《经济犯罪"兜底条款"的限制解释》，载《国家检察官学院学报》2016年第3期。

是金融管理秩序说,即金融犯罪侵犯了国家对于金融交易的管理和控制。金融诈骗罪作为诈骗罪在金融领域的表现形式,也属于破坏金融管理秩序的一种形态。[1] 有学者认为,金融交易秩序是金融管理秩序的一部分,没有缺乏管理的交易秩序。"一方面,金融秩序是金融自由的结果,因而具有自发性的特征;另一方面,金融秩序又是国家调控的结果,因而具有国家管理的性质。所以从本质上讲,所有的金融犯罪都直接或间接地表现为对国家金融管理秩序的侵害与威胁。"[2] 近来,金融管理秩序和金融交易秩序的区分成为学界的有力说,金融交易秩序成为独立于金融管理秩序的独立法益。[3] 该说认为,在计划经济时期以及计划经济向市场经济的转型时期,由于市场经济不发达,资本市场发展迟缓,强调金融管理秩序具有必然性;但伴随着市场经济的发展和资本市场的扩大,控制思维反而会对经济发展起到反作用。尤其是党的十八大指出,"经济体制改革的核心是处理好政府和市场的关系,必须更加尊重市场规律,更好发挥政府作用",这也充分说明国家应当发挥"守夜人"的角色,让"看不见的手"发挥主要作用,金融犯罪的治理模式也应当由金融管理本位主义转向金融交易本位主义。[4] 有的学者主张用"监管"代替"管理",原因是"管理"具有倾斜保护银行等公有主体的特征,违背了金融市场平等保护的原则。[5] 另外,还有的学者对于"秩序"作为法益的正当性提出质疑,认为法益概念自起源时起就被确认为一种利益,即使是"超个人法益"也通过强调利益归属来体现利益的实质。经济秩序是经济主体取得、变更、实现或调整利益的前置性条件。[6] 也就是说,秩序本身并不能作为法益存在,违反秩序的行为并不一定侵害法益。本书认为,"秩序"

---

[1] 参见高铭暄、马克昌主编:《刑法学》(第七版),北京大学出版社、高等教育出版社2016年版,第366页。

[2] 曲新久:《金融与金融犯罪》,中信出版社2003年版,第64页。

[3] 参见刘远:《我国治理金融犯罪的政策抉择与模式转换》,载《中国刑事法杂志》2010年第7期;魏昌东:《中国金融刑法法益之理论辨正与定位革新》,载《法学评论》2017年第6期;钱小平:《中国金融刑法立法的应然转向:从"秩序法益观"到"利益法益观"》,载《政治与法律》2017年第5期。

[4] 参见刘远:《我国治理金融犯罪的政策抉择与模式转换》,载《中国刑事法杂志》2010年第7期。

[5] 参见钱小平:《中国金融刑法立法的应然转向:从"秩序法益观"到"利益法益观"》,载《政治与法律》2017年第5期。

[6] 参见魏昌东:《中国金融刑法法益之理论辨正与定位革新》,载《法学评论》2017年第6期。

意味着稳定性和连续性，是超越于各方而形成的有序状态。因此秩序本身具有独立的价值，可以作为利益存在；再加上立法中已有诸如"金融管理秩序""公司、企业的管理秩序"等表述，秩序应当作为独立的法益存在。

  本书认为应当坚持金融管理秩序与金融交易秩序区分说，原因有以下几点：第一，金融管理秩序与金融交易秩序分别与社会的外部规则和内部规则相对应。[①] 哈耶克将社会秩序分为外部秩序和自发秩序，与之相应的规则是外部规则和内部规则。不同于建构主义和唯理主义的外部规则，内部规则是在人们的实践过程中自然形成的、非人工设计的规则，私法（哈耶克将调整公民之间关系的法称为"私法"，刑法在哈耶克看来也属于私法）的任务就是要将内部规则以法律的形式确定下来。在哈耶克看来，内部规则才是最核心的规则，外部规则的作用只是为了保障内部规则的顺利运行而绝不能侵入内部规则的领域。同时，针对近代以来普遍出现的公法侵入私法的局面，哈耶克深刻地指出："公法对于私法的渗透和取代……是一个多世纪以来两个占支配地位的原因所导致的结果：一方面，社会正义或分配正义观念日益替代正当的个人行为规则，而另一方面，日益把规定内部规则的权力置于受政府之命的机构之手中。"[②] 如果将哈耶克的内部规则与外部规则运用到金融刑法领域，可以发现金融交易秩序属于内部规则，而金融管理秩序属于典型的外部规则。金融交易规则与金融市场的产生、成长相伴随，是将金融活动样态固定化的产物；为了保证金融交易的良好有序，防止过度市场化带来的混乱失序，政府要对金融交易活动进行必要的外部约束，以防范金融风险，这就产生了金融管理秩序。[③] 正如外部规则的存在是为保障内部规则，金融管理秩序的存在也是为了保障金融交易秩序的良好运行。第二，金融交易秩序是作为一次法的金融法的保护法益。相对于直接调整金融秩序的金融法，金融刑法属于二次法。这意味着金融刑法应当对于金融法保护的利益给予确认。金融交易秩序作为金融法的保护对象，应当作为法益在刑法中被保护。要保障各方平等参与的权利，取消金融市场的不合理门槛。第三，经济犯罪多为法定犯，对于人们法感情的动摇弱于自然犯。加之经济犯罪的范围会随着经济形势和刑事政策的改变而不断变化，因此我们对于犯罪的认定更要趋于谦抑、审慎。认为

  [①] 参见刘远：《金融欺诈犯罪立法原理与完善》，法律出版社2010年版，第8页。
  [②] 转引自邓正来：《法律与立法二元观：哈耶克法律理论研究》，上海三联书店2000年版，第50—51页。
  [③] 参见刘远：《金融欺诈犯罪立法原理与完善》，法律出版社2010年版，第8页。

一旦违反了管理秩序就构成犯罪的观点不仅违反了刑法的谦抑性要求，而且不符合经济刑法的普遍规律。

将金融犯罪区分为侵犯金融管理秩序的犯罪和侵犯金融交易秩序的犯罪，将使得《刑法》第三章第四节和第五节的犯罪被重新界定和解释。① 首先，第五节"金融诈骗罪"属于侵犯金融交易秩序的犯罪，因而可与其他侵犯交易秩序的犯罪归为一类，再无独立存在的必要。其次，第四节"破坏金融管理秩序罪"中的罪名应当重新划分，在认定内幕交易、泄露内幕信息罪等实质为破坏交易秩序的犯罪时应作实质性考量，仅违反金融管理秩序不能被认定为犯罪。至于违法发放贷款、违规出具金融票证等金融机构内部成员违反行业纪律和操作规程的行为，因为主体并不属于金融市场中的交易主体，因而（至少）不能被划归为金融犯罪的范畴。

第四节　集资诈骗罪

一、指导性案例

检例 40 号：周辉集资诈骗案

1. 基本案情

2011 年 2 月 21 日，被告人周辉注册成立浙江省衢州市中宝投资咨询有限公司（以下简称"中宝投资咨询公司"）并担任法定代表人，并于 2013 年 3 月 11 日，变更为浙江省衢州市中宝投资有限公司（以下简称"中宝投资公司"）。2011 年 3 月，周辉委托李寅甲制作网址为 www.zbicc.com 的"中宝投资"网站并上线运营，借款人（发标人）在上述网站平台注册、交纳会费并经周辉审核后，即可在平台发布各种招标信息，吸引投资。投资人在平台注册成为会员后即可投标，并通过银行汇款、支付宝、财付通等方式将投资款汇至周辉先后公布在网站的 8 个个人账户或第三方支付平台账户。借款人直接从周辉处取得所融资金。周辉还建立投资人 QQ 群用以发布投标信息、解答咨询等。

运行前期，周辉通过上述平台为 13 个借款人提供总金额约 170 余万元的融资服

---

① 参见刘远：《我国治理金融犯罪的政策抉择与模式转换》，载《中国刑事法杂志》2010 年第 7 期。

务，但因部分借款人未能还清借款造成亏损。此后，周辉除用本人真实身份信息注册两个会员名（zbicc、tension）外，自2011年5月至2013年12月陆续虚构34个借款人（发标人），并利用上述虚假身份大量发布"抵押标""宝石标"等，以支付投资人约20%的年化收益率及额外奖励等为诱饵，向社会不特定公众非法募集资金，所集资金全部由周辉掌控和支配，主要用于归还前期投资人的本金及支付收益，购买房产、高档车辆及首饰等。周辉还将购买的高档轿车，包装成借款人（发标人）提供的抵押物以吸引后续投资。2011年5月23日至案发，周辉通过"中宝投资"网站先后向全国1586名不特定对象非法集资共计10.3亿余元，除支付本息及回报6.91亿余元，尚有3.56亿余元没有归还。案发后，侦查机关还从周辉控制的银行账户内扣押现金1.8亿余元，实际无法归还的金额约1.75亿余元。

2. 诉讼过程

2014年7月15日，浙江省衢州市公安局以周辉涉嫌集资诈骗罪移送衢州市人民检察院审查起诉。

2015年1月19日，浙江省衢州市人民检察院以周辉犯集资诈骗罪向浙江省衢州市中级人民法院提起公诉。6月25日，衢州市中级人民法院公开开庭审理本案。

法庭调查阶段，公诉人宣读起诉书指控被告人周辉以高息为诱饵，虚构借款人和借款用途，利用网络P2P形式，面向社会公众吸收资金，主要用于个人肆意挥霍，其行为构成集资诈骗罪。对于指控的犯罪事实，公诉人出示了四组证据予以证明：一是被告人周辉的立案情况及基本信息；二是中宝投资公司的发标、招投标情况及相关证人证言；三是集资情况的证据，包括银行交易清单、司法会计鉴定意见书等；四是集资款的去向，包括购买车辆、房产等物证及相关证人证言。

法庭经审理，认为公诉人出示的证据能够相互印证，予以确认；对周辉及其辩护人提出的不构成集资诈骗罪及本案属于单位犯罪的辩解、辩护意见，不予采纳。综合考虑犯罪事实和量刑情节，2015年8月14日，浙江省衢州市中级人民法院作出一审判决，以集资诈骗罪判处被告人周辉有期徒刑15年，并处罚金50万元。继续追缴违法所得，返还各集资参与人。

一审宣判后，浙江省衢州市人民检察院认为一审判决量刑过轻，并于2015年8月24日向浙江省高级人民法院提出抗诉。被告人周辉不服一审判决，提出上诉。其上诉理由是量刑畸重，应判处缓刑。

本案二审期间，2015年8月29日，第十二届全国人大常委会第十六次会议审议通过了《刑法修正案（九）》，删去《刑法》第 199 条关于犯集资诈骗罪"数额特别巨大并且给国家和人民利益造成特别重大损失的，处无期徒刑或者死刑，并处没收财产"的规定。《刑法修正案（九）》于 2015 年 11 月 1 日起施行。

浙江省高级人民法院经审理后认为，《刑法修正案（九）》取消了集资诈骗罪死刑的规定，根据从旧兼从轻原则，一审法院判处周辉有期徒刑 15 年符合修订后的法律规定。上诉人周辉具有集资诈骗的主观故意及客观行为，原审定性准确。2016 年 4 月 29 日，二审法院作出裁定，维持原判。终审判决作出后，周辉及其父亲不服判决提出申诉，浙江省高级人民法院受理申诉并经审查后，认为原判事实清楚，证据确实充分，定性准确，量刑适当，于 2017 年 12 月 22 日驳回申诉，维持原裁判。

3. 起诉意见与辩护意见

（1）起诉意见。被告人周辉注册网络借贷信息平台，早期从事少量融资信息服务。在公司亏损、经营难以为继的情况下，虚构借款人和借款标的，以欺诈方式面向不特定投资人吸收资金，自建资金池。在公安机关立案查处时，虽暂可通过"拆东墙补西墙"的方式偿还部分旧债维持周转，但根据其所募资金主要用于还本付息和个人肆意挥霍，未投入生产经营，不可能产生利润回报的事实，可以判断其后续资金缺口势必不断扩大，无法归还所募全部资金，故可以认定其具有非法占有的目的，应以集资诈骗罪对其定罪处罚。

（2）辩护意见。一是周辉行为系单位行为而非个人行为；二是周辉一直在偿还集资款，主观上不具有非法占有集资款的故意；三是周辉利用互联网从事 P2P 借贷融资，不构成集资诈骗罪，构成非法吸收公众存款罪。

（3）公诉人答辩意见。第一，中宝投资公司是由被告人周辉控制的一人公司，不具有经营实体，不具备单位意志，集资款未纳入公司财务进行核算，而是由周辉一人掌控和支配，因此周辉的行为不构成单位犯罪。第二，周辉本人主观上认识到资金不足，少量投资赚取的收益不足以支付许诺的高额回报，没有将集资款用于生产经营活动，而是主要用于个人肆意挥霍，其主观上对集资款具有非法占有的目的。第三，P2P 网络借贷，是指个人利用中介机构的网络平台，将自己的资金出借给资金短缺者的商业模式。根据中国银行业监管委员会、工业和信息化部、公安部、国家互联网信息办公室制定的《网络借贷信息中介机构业务活动管理暂行办法》等监管规定，P2P 作为新兴金融业态，必须明确其信息中介性质，平台本身不得提供担保，不得归集资金搞资金池，不得非法吸收公众资金。周辉吸收资金建资金池，不属于合法的 P2P 网络借贷。非法吸收公众存款罪与集资诈骗罪的区别，关键在于行为人对吸收的资金是否具有非法占有的目的。利用网络平台发布虚假的高利借款标的募集资金，采取借新还旧的手段，短期内募集大量资金，不用于生产经营活动，或者用于生产经营活动与筹集资金规模明显不成比例，致使集资款不能返还的，是典型的利用网络中介平台实施集资诈骗行为。本案中，周辉采用编造虚假借款人、虚假投标项目等欺骗手段集资，所融资金未投入生产经营，大量集资款被其个人肆意挥霍，具有明显的非法占有目的，其行为构成集资诈骗罪。

4. 抗诉与上诉理由

（1）衢州市人民检察院的抗诉理由。被告人周辉累计非法集资 10.3 亿余元，尚有 1.75 亿余元无法归还，显属"集资诈骗数额特别巨大，并且给人民利益造成特别重大损失"，而且周辉不具有从轻、减轻处罚的情节，一审判处周辉有期徒刑 15 年，量刑明显不当。

（2）被告人周辉及其辩护人的上诉理由。《刑法修正案（九）》已明确废除《刑法》第 199 条；周辉归案后能如实供述罪行，且取得部分被害人谅解，衢州市人民检察院抗诉理由不能成立，一审对周辉量刑畸重；周辉系正常经营，且案发时资金链没有断裂，周辉也没有逃避返还资金义务；主观不具有非法占有目的，其行为不构成集资诈骗罪；本案是单位犯罪，要求依法改判。

5. 判决结果及理由

在一审中，衢州市中级人民法院结合案件事实及相关法律规定作出如下判决：被告人周辉犯集资诈骗罪，判处有期徒刑 15 年，并处罚金 50 万元；对被告人周辉的犯罪所得继续追缴，返还各被集资人。

在二审中，关于抗诉、上诉理由及辩护意见，浙江省高级人民法院认为：（1）在案证据证实，周辉在没有明确投资项目的情况下，采用虚构事实、隐瞒真相的方法，向不特定多数人非法募集资金，所募资金极少用于经营，在明知收益无法支持其承诺的高息及回报情况下，仍继续发布大量虚假投资项目非法集资，并将大量集资款用于个人挥霍及随意处置，导致巨额集资款无法归还，具有集资诈骗的主观故意及客观行为，原审以集资诈骗罪定性准确。相关上诉、辩护理由于法无据，不予采信。（2）中宝投资咨询公司及变更后的中宝投资公司均为一人公司，公司增资后即抽逃出资，公司没有经营任何实体，所有资金进出均由周辉控制。公司不具备法人意志和财产独立性，是周辉实施犯罪的工具，依据相关法律的规定，周辉的行为不构成单位犯罪。(3)《刑法修正案(九)》已明确废除《刑法》第 199 条关于集资诈骗罪相关量刑的规定,根据从旧兼从轻原则,二审法院不可能再继续适用前述法条,且一审法院判处周辉有期徒刑 15 年属在法律规定的量刑幅度以内。故衢州市人民检察院相关抗诉意见不能成立,不予采纳。原判认定的事实清楚,证据确实、充分。被告人周辉以非法占有为目的,虚构事实、隐瞒真相,向不特定社会公众非法集资,且数额特别巨大,其行为已构成集资诈骗罪。衢州市人民检察院和出庭检察员抗诉认为原判量刑畸轻,要求适用《刑法》第 199 条对周辉量刑的意见,和周辉及其辩护人提出周辉的行为不构成集资诈骗罪以及要求从轻改判的理由,均不能成立,不予采纳。出庭检察员提出的原判定性准确以及驳回周辉就定性所提异议的意见成立,予以采纳。原判定罪和适用法律正确,量刑适当,审判程序合法。依照《刑法》第 192 条、第 312 条、第 67 条第 1 款、第 52 条、第 53 条、第 64 条,《刑事诉讼法》第 225 条第 1 款第 1 项之规定,裁定驳回衢州市人民检察院的抗诉,驳回被告人周辉的上诉,维持原判。

二、案件争点

(1)集资诈骗罪中"非法占有目的"的认定。
(2)集资诈骗罪与非法吸收公众存款罪的区别。
(3)本案中集资行为属于单位行为还是个人行为?

三、学理研究

(一)集资诈骗罪概述

《刑法》第 193 条规定:"以非法占有为目的,使用诈骗方法非法集资,数额较大的,构成集资诈骗罪。"本罪的主体为一般主体,既可以是已满 16 周岁的自然人,也可以是单位;主观方面,本罪是故意犯,并且要求以非法占有为目的。本罪侵犯的客体是公私财产的所有权。通说认为,集资诈骗罪扰乱了国家正常的金融管理秩序,同时侵犯了公私财产的所有权。[1] 按照本书关于侵犯金融管理秩序和侵犯金融交易秩序的划分,[2] 集资诈骗罪属于侵犯金融交易秩序的犯罪,因此金融管理秩序不应

---

[1] 参见高铭暄、马克昌主编:《刑法学》(第七版),北京大学出版社、高等教育出版社 2016 年版,第 414 页。
[2] 参见本章第三节"操纵证券市场罪"第三(四)部分。

当成为本罪的客体。客观方面为使用诈骗方法非法集资的行为。首先，行为人实施了非法集资行为，即未经有权机关批准，向社会公众募集资金。实践中常见的非法集资方式有：（1）通过发行有价证券的方式非法集资；（2）通过发行会员证（会员卡、优惠卡）的方式非法集资；（3）通过发行债务凭证的方式非法集资；（4）通过发行受益凭证的方式非法集资；（5）通过发行彩票的方式非法集资；（6）通过签订商品销售等经济合同的方式非法集资；（7）通过将物业、地产等份化，出让其处分权的方式非法集资；（8）通过开发果园或庄园的形式非法集资；（9）通过传销的方式非法集资；（10）采用秘密串联的方式非法集资；（11）采用民间"会""社"形式非法集资；（12）以地下银行、地下钱庄形式非法集资。① 其次，行为人使用了诈骗方法。诈骗方法，就是指欺骗行为，具体表现为向受骗者表示虚假的事项，或者传递不真实的资讯，使得受骗者陷入或者继续维持（或强化）处分财产的认识错误。就集资诈骗而言，只要某种行为足以使对方陷入了"出资就有回报"的认识错误进而导致对方出资，那么这种行为就属于集资诈骗罪的诈骗方法。至于行为人是就事实进行欺骗，还是就价值进行欺骗，均不影响欺骗行为的性质。② 本罪是数额犯，要求数额较大才能成立本罪。根据2010年最高人民法院《关于审理非法集资刑事案件具体应用法律若干问题的解释》（以下简称《集资案件解释》），个人进行集资诈骗，数额在10万元以上的，应当认定为"数额较大"；单位进行集资诈骗，数额在50万元以上的，应当认定为"数额较大"。集资诈骗的数额以行为人实际骗取的数额计算，案发前已归还的数额应予扣除。行为人为实施集资诈骗活动而支付的广告费、中介费、手续费、回扣，或者用于行贿、赠与等费用，不予扣除。行为人为实施集资诈骗活动而支付的利息，除本金未归还可予折抵本金外，应当计入诈骗数额。

（二）集资诈骗罪"非法占有目的"的认定

关于集资诈骗罪，实践中面临的最大问题是如何认定行为人具有非法占有目的。2001年最高人民法院《全国法院审理金融犯罪案件工作座谈会纪要》（以下简称《纪要》）中指出，"金融诈骗犯罪都是以非法占有为目的的犯罪。在司法实践中，认定是否具有非法占有目的，应当坚持主客观相一致的原则，既要避免单纯根据损失结果客观归罪，也不能仅凭被告人自己的供述，而应当根据案件具体情况具体分析。

---

① 参见赵秉志主编：《金融诈骗罪新论》，人民法院出版社2001年版，第86—99页。
② 参见张明楷：《刑法学》（第五版），法律出版社2016年版，第796页。

根据司法实践，对于行为人通过诈骗的方法非法获取资金，造成数额较大资金不能归还，并具有下列情形之一的，可以认定为具有非法占有的目的：（1）明知没有归还能力而大量骗取资金的；（2）非法获取资金后逃跑的；（3）肆意挥霍骗取资金的；（4）使用骗取的资金进行违法犯罪活动的；（5）抽逃、转移资金、隐匿财产，以逃避返还资金的；（6）隐匿、销毁账目，或者搞假破产、假倒闭，以逃避返还资金的；（7）其他非法占有资金、拒不归还的行为。但是，在处理具体案件的时候，对于有证据证明行为人不具有非法占有的目的的，不能单纯以财产不能归还就按照金融诈骗罪处罚"；同时指出，"在处理具体案件时要注意以下两点：一是不能仅凭较大数额的非法集资款不能返还的结果，推定行为人具有非法占有的目的；二是行为人将大部分资金用于投资或生产经营活动，而将少量资金用于个人消费或挥霍的，不应仅以此便认定具有非法占有的目的。"《集资案件解释》第4条第2款对于非法占有目的认定作了进一步修正："使用诈骗方法非法集资，具有下列情形之一的，可以认定为'以非法占有为目的'：（一）集资后不用于生产经营活动或者用于生产经营活动与筹集资金规模明显不成比例，致使集资款不能返还的；（二）肆意挥霍集资款，致使集资款不能返还的；（三）携带集资款逃匿的；（四）将集资款用于违法犯罪活动的；（五）抽逃、转移资金、隐匿财产，逃避返还资金的；（六）隐匿、销毁账目，或者搞假破产、假倒闭，逃避返还资金的；（七）拒不交代资金去向，逃避返还资金的；（八）其他可以认定非法占有目的的情形。"

尽管《非法集资案件解释》和《纪要》再三强调非法占有目的的认定要坚持主客观相一致的原则，对于实践中可能出现的各种情形进行了详细的列举，但遗憾的是仍然存在较多问题。具体来讲：

第一，资金不能返还的结果与非法占有目的之间并非对应关系，以客观结果证明主观目的容易造成客观归罪。《非法集资案件解释》第4条第1款"用于生产经营的资金与集资规模不成比例，致使集资款不能归还"是实践中判断非法占有目的的主要依据。一旦在资不抵债的非法融资案件审计过程中出现无法查证投入经营的集资款数额，或者投入的数额与集资款总额不成比例，司法机关就不再考虑案件的其他状况，不对行为人不能归还集资款的原因作进一步的分析论证，即认为具有非法占有目的。特别是在行为人将集资款用于还本付息和支付融资中间人高额佣金的情况下，辩护人普遍倾向以不具有非法占有的主观故意抗辩，而公检法则会比较一致地认为行为人根本不考虑经营项目能否盈利，不考虑能否偿还集资款并支付高额利息，因而具有非法占有目的。① 一方面，这种仅仅依据不能返还的结果来推定行为人具有非法占有目的的做法并不周延，因为无法返还集资款的原因有很多，不是每种情形都具有非法占有目的。另一方面，基于无法归还结果的反推必然会陷入客观归罪的泥沼。② 按照主客观相统一的原则，行为人的行为在客观上造成了法益侵害结果，且在主观上具有可谴责性时，才能对行为人进行归责。在集资诈骗罪中，只有查明了行为人在客观上利用了欺骗方法，主观上具有非法占有目的时，才能对行为人以集资诈骗罪处刑。然而，司法解释事实上已经人为地将非法占有目的从该罪的构成要件中加以排除，只要行为符合客观要件即可，这是客观归罪思想的典型结论。③

第二，非法占有目的的认定缺乏"反推"机制。④ 客观上讲，主观目的深藏于行为人内心不易辨识，因此采取推定方法认定非法占有目的是必要的。推定是利用基础事实与推定事实之间的常态性关联，通过证明前者而推定后者的存在，有利于提高诉讼效率。从诉讼主体的角度看，推定更加有利于控方，因为它意味着控方只要证明基础事实存在即可，无须达到"排除合理怀疑"的证明标准。刑事司法以公正为目标。为了实现控辩平衡，应当在制度上建立"反推"机制，允许辩方通过列举"反向事实"证明行为人不具有非法占有目的。这样可以给辩方提供新的辩护思路，使辩方可以跳出基础事实，从其他角度证明行为人不具有非法占有目的。并且，现行的司法解释和规范性文件的表述也为非法占有目的的反推机制预留了空间。2017年最高人民检察院公诉厅《关于办理涉互联网金融犯罪案件有关问题座谈会纪要》第14条指出，"犯罪嫌疑人存在下列情形之一的，原则上可以认定具有非法占有目的……"《集资案件解释》第4条规定，"使用诈骗方法非法集资，具有下列情形之一的，可以认定为'以非法占有为目的'……"既然二者都使用了"可以认定"而非"应当认定"的表述，那么如果辩方能够以司法解释规定以外的事实证明行为人不具有非法占有目的，法官同样可以认定行为人不具有非法占有的目的，这也在实质上赋予了法官更大的裁量权。需要注意的是，本书所认定的反推机制，是在现有

---

① 参见刘娜、杨涛斌：《论集资诈骗罪"非法占有目的"认定之分歧——以司法实践为视角》，载《中国检察官》2017年第12期。

② 同上。

③ 参见姚万勤：《集资诈骗罪中"非法占有目的"的理性回归——以吴英案为例的讨论》，载《四川师范大学学报（社会科学版）》2014年第1期。

④ 参见胡启忠：《集资诈骗罪"非法占有目的"目的认定标准的局限与完善》，载《法治研究》2015年第5期。

的认定非法占有目的的基础事实之外，寻找行为人不具有非法占有目的的事实。如果辩方试图证明基础事实不存在或者有瑕疵，不能认定为反推。目前，学者提出的反推事实主要包括意外事件、不可抗力和行为人的特殊目的等。[①]

第三，对于市场经济的普遍做法及其正当性缺乏考虑。在非法融资类案件中，当开始融资时，行为人非法占有的故意外化并不明显，但随着实践的推移，当资金链断裂不足以支付先前的融资款时，为了进行掩盖，集资发起人一般会向存款者承诺提高利息或者提供其他形式的高额回报，以期获取更多投资用于归还前期贷款。对于这种情况，辩护人更倾向于认为这是经营者在现实的企业运营模式之下的必然选择，不应当认为其具有非法占有目的，否则就犯了"以法律人思维代替经济人思维"的错误；而公安机关、检察院和法院普遍倾向于认为行为人明知无法归还仍继续借款，具有非法占有的主观故意。

对于非法占有目的的司法认定体现了刑法依赖思维在经济领域内的持续作用。刑法依赖表现为立法上的犯罪化和司法上的严厉化。立法上的犯罪化，是通过扩大犯罪圈，或者对现有法律进行扩张解释，将更多行为纳入刑法规制的范畴。司法解释在我国发挥着"准立法"的作用，金融刑事立法经过司法解释细化以后打击面过宽，经济违法违规行为广泛地为司法解释所吸纳，这种趋势在集资诈骗罪非法占有目的的认定中表现得尤为明显。司法上的严厉化主要是指在司法领域对犯罪行为判处较重的刑罚。在我国，严厉化主要体现为在法定的量刑范围内从严惩处，这种从严惩处的刑事政策体现在类罪的认定上，就是实践中多遵循各种文件的要求，严惩某类犯罪。关于集资诈骗等非法集资类犯罪的非规范性文件频繁出台，体现了国家对于该类犯罪打击的决心和态度。这种防控扩大化的趋势，一方面体现出国家对于经济犯罪问题的关注程度高，另一方面也体现了对于经济犯罪的防控更多地倚重刑罚的威慑作用。这一趋势的发展，归根到底是过度依赖刑法、迷信刑罚的惩罚效果的表现。

鉴于司法解释在认定非法占有目的的方法上体现的种种弊端，学界也对该问题进行了积极的探索，如白建军教授的"三点一线法"、刘宪权教授的"主客观结合法"、高铭暄教授等的"综合排除法"、古加锦教授的"九种联系法"、胡启忠教授的

[①] 参见胡启忠：《集资诈骗罪"非法占有目的"目的认定标准的局限与完善》，载《法治研究》2015年第5期。

"反推标准法"等等。①（1）"三点一线法"是结合行为人申请贷款的还款能力、贷款使用过程中是否积极创造还款能力、贷款逾期后行为人是否具有恶意拒绝还款的事实以及整个过程中行为人是否一直以真实身份出现等客观情形来判断的一种方法。②（2）"主客观结合法"是指对集资款"无法返还"的原因应作主客观分析，如果是客观原因如扩大再生产而投入大量资金导致暂时无法收回成本或因经营管理不善而破产导致的"无法返还"，就不应当认定为"非法占有目的"；如果是基于肆意挥霍、携款潜逃等主观原因造成的，应认定为具有非法占有目的。③（3）"综合排除法"是指在认定主观心理态度时，必须立足于其实施的具体客观行为，并综合运用各种犯罪事实，运用严谨的逻辑论证来排除其他的可能性，即达到相应的程度才可以认定存在非法占有的目的。④（4）"九种联系法"是指以认定行为人具有金融诈骗罪的非法或者挪用目的的各种基础事实及其与推定事实之间的九种联系情况进行分析。这九种联系分别是：其一，查明行为人是否通过实施金融诈骗罪的法定行为而排除被害人对其财物的控制并将其财物转归行为人自己控制；其二，查明行为人在与被害人进行金融交易行为时是否存在可能的还款能力；其三，查明行为人是否将被害人的资金用于双方约定的用途；其四，查明行为人是否将被害人的资金用于个人消费、还债等个人用途；其五，查明行为人是否将被害人的资金用于高风险的投资、违法犯罪活动等使资金处于极其不利的用途；其六，查明行为人是否具有随意低价处置被害人的财物等违反市场经济规律的行为；其七，查明行为人是否具有转移财产、隐匿财产、拒不交代资金的真实去向等使资金无法收回的行为；其八，查明行为人是否存在逃匿行为及其逃匿的原因；其九，查明行为人是否属于有能力归还而不归还。⑤（5）"反推标准法"是指要建立反映商事规律、符合商事特性的思维方式与"非法占有"目的认定的标准体系。在思维方式上坚持商事思维，关照商事特性；在认定标准上，改变唯正推、缺反推的旧体系，建立起正推与反推标准相辅相成的新

---

① 参见胡启忠：《集资诈骗罪"非法占有目的"认定标准的局限与完善》，载《法治研究》2015年第5期。
② 参见白建军：《贷款诈骗罪》，载《金融法苑》1999年第5期。
③ 参见刘宪权：《刑法严惩非法集资行为之反思》，载《法商研究》2012年第4期。
④ 参见高铭暄、孙道萃：《论诈骗犯罪主观目的的认定》，载《法治研究》2012年第2期。
⑤ 参见古加锦：《如何认定金融诈骗罪的非法占有目的》，载《法律适用》2013年第11期。

体系。① 上述标准可以给我们带来如下启示：第一，要坚持多方面、多角度地认定"非法占有目的"。第二，正视主观构成要件要素的推定性质，建立反推和排除机制。第三，尊重商事规律，正视商事特性，在法律专业思维中加入商事思维的考量，不要让法律成为商业发展的桎梏。第四，严格贯彻责任主义原则。如果行为人在非法集资之前或者在非法集资过程中就已经产生了非法占有的目的，在其集资以后不归还欠款，可以认定行为人主观上具有非法占有目的；但是在行为人非法集资之前，其主观上并没有非法占有目的，只是由于其他客观原因（如经营不善，决策失误等原因）造成行为人不能及时还本付息的，应当按照普通的民事纠纷予以处理。如此，刑法才能最大限度地发挥其功能、实现其价值，才能在法益保护和人权保障之间取得平衡。②

那么，本案中的行为人是否具有非法占有目的呢？法院和检察院都给出了肯定答复，最高人民检察院也肯定了上述结论，在其"指导意义"中写明："对非法占有目的的认定，应当围绕融资项目真实性、资金去向、归还能力等事实、证据进行综合判断。行为人将所吸收资金大部分未用于生产经营活动，或名义上投入生产经营，但又通过各种方式抽逃转移资金，或供其个人肆意挥霍，归还本息主要通过借新还旧来实现，造成数额巨大的募集资金无法归还的，可以认定具有非法占有的目的。"但本书认为，凭借现有证据证明行为人具有非法占有目的存在商榷余地：首先，行为人成立的是一个融资中介机构，经营内容是吸引投资并且提供融资服务。因为运行前期部分借款人未能还款造成公司亏损，行为人才开始在平台上注册会员，虚构借款人，以吸引更多投资，目的是还清之前的欠款。这说明行为人并非没有将所吸收资金投入经营活动。其次，行为人将集资款用于个人挥霍的比例并未列明，因此现有证据并不足以支撑"行为人将所吸收资金主要用于个人恣意挥霍"的结论。最后，对于辩方提出的"周辉一直在偿还集资款，主观上不具有非法占有集资款的故意"，审判机关并没有作出回应。事实上如果能够证明行为人确实具有偿还欠款的行为，那么不能肯定行为人具有非法占有目的。以上三点，并不能排除"行为人不具有非法占有目的"的合理怀疑。因此司法机关仍需加强证据搜集和法律论证，以支

---

① 参见胡启忠：《集资诈骗罪"非法占有目的"认定标准的局限与完善》，载《法治研究》2015年第5期。
② 参见姚万勤：《集资诈骗罪中"非法占有目的"的理论回归——以吴英案为例的探讨》，载《四川师范大学学报（社会科学版）》2014年第1期。

持现有的判决结论。

(三) 集资诈骗罪与非法吸收公众存款罪的区分

非法吸收公众存款罪,是指非法吸收公众存款或者变相吸收公众存款,扰乱金融秩序的行为。其客观行为表现为:一是非法吸收公众存款,即未经主管机关批准,面向社会公众吸收资金,出具凭证,承诺在一定期限内还本付息的行为;二是变相吸收公众存款,即未经主管机关批准,不以吸收公众存款的名义,向社会不特定对象吸收资金,但承诺履行的义务与吸收公众存款罪相同,即都是还本付息的活动。[①]《集资案件解释》第1条规定:"违反国家金融管理法律规定,向社会公众(包括单位和个人)吸收资金的行为,同时具备下列四个条件的,除刑法另有规定的以外,应当认定为刑法第一百七十六条规定的'非法吸收公众存款或者变相吸收公众存款':(一)未经有关部门批准或者借用合法经营的形式吸收资金;(二)通过媒体、推介会、传单、手机短信等途径向社会公开宣传;(三)承诺在一定期限内以货币、实物、股权等方式还本付息或者给付回报;(四)向社会公众即社会不特定对象吸收资金。未向社会公开宣传,在亲友或者单位内部针对特定对象吸收资金的,不属于非法吸收或者变相吸收公众存款。"《集资案件解释》第2条对于非法吸收公众存款的行为样态作了详细列举:"实施下列行为之一,符合本解释第一条第一款规定的条件的,应当依照刑法第一百七十六条的规定,以非法吸收公众存款罪定罪处罚:(一)不具有房产销售的真实内容或者不以房产销售为主要目的,以返本销售、售后包租、约定回购、销售房产份额等方式非法吸收资金的;(二)以转让林权并代为管护等方式非法吸收资金的;(三)以代种植(养殖)、租种植(养殖)、联合种植(养殖)等方式非法吸收资金的;(四)不具有销售商品、提供服务的真实内容或者不以销售商品、提供服务为主要目的,以商品回购、寄存代售等方式非法吸收资金的;(五)不具有发行股票、债券的真实内容,以虚假转让股权、发售虚构基金等方式非法吸收资金的;(六)不具有募集基金的真实内容,以假借境外基金、发售虚构基金等方式非法吸收资金的;(七)不具有销售保险的真实内容,以假冒保险公司、伪造保险单据等方式非法吸收资金的;(八)以投资入股的方式非法吸收资金的;(九)以委托理财的方式非法吸收资金的;(十)利用民间'会'、'社'等组织非法吸收资金的;(十一)其他非法吸收资金的行为。"

---

① 参见张明楷:《刑法学》(第五版),法律出版社2016年版,第778页。

关于非法吸收公众存款罪与集资诈骗罪的区别，通说认为可以从主观和客观两方面进行区分：在客观层面上，非法吸收公众存款罪不以行为人使用了诈骗方法作为犯罪构成条件，而集资诈骗罪只有使用了虚构事实、隐瞒真相等诈骗方法才能构成；主观层面上，非法吸收公众存款罪的犯罪目的是企图通过吸收公众存款的方式进行营利，在主观上不具有非法占有的目的。[①] 司法解释以是否具有非法占有目的作为两罪的区分界线：根据前述《纪要》，"集资诈骗罪和欺诈发行股票、债券罪、非法吸收公众存款罪在客观上均表现为向社会公众非法募集基金，区别的关键在于行为人是否具有非法占有的目的。对于以非法占有目的而非法集资，或者在非法集资过程中产生了非法占有他人资金的故意，均构成集资诈骗罪"。

本书认为，除了上述区别以外，两罪还可以从保护法益上进行区分：非法吸收公众存款罪侵犯的是金融管理秩序，而集资诈骗罪侵犯的是金融交易秩序。按照哈耶克对于规则的区分，[②] 非法吸收公众存款罪违背的是发源于国家强制力的外部规则，外部规则更多的是出于行政管理的需要而设立；而集资诈骗罪违背的是根源于自生自发秩序的内部规则，内部规则是在商业交往过程中发展出来的为人们所普遍遵守的规则。具体来讲，银行是依法成立的经营货币信贷业务的金融机构，是商品货币经济发展到一定阶段的产物，可分为中央银行、商业银行、投资银行、政策性银行和世界银行等若干类型。商业银行是最主要的金融机构，它通过存款、贷款、汇兑、储蓄等业务承担信用中介职能。商业银行的主要业务范围有吸收公众存款、发放贷款以及办理票据贴现等。银行的存在方便了社会资金的筹措与融通：一方面它以吸收存款的方式，把社会上闲置的货币资金和小额货币结余集中起来，然后以贷款的行为借给需要补充货币的人使用，充当着贷款人与借款人的中介；另一方面，银行为商品生产者和商人办理货币的收付、结算等业务，它又充当着支付中介。非法吸收公众存款罪具有"无资质、公开宣传、承诺回报、对象不特定"的特征。通过与商业银行的职能对比可以发现，非法吸收公众存款的行为人实际上履行的是商业银行的职能，国家出于保护金融安全、管控金融风险的需要，对这种个人承担资金汇集与融通的行为必然加以制止。因此非法吸收公众存款罪侵犯的是金融管理秩

[①] 参见周道鸾、张军主编：《刑法罪名精释》（第四版），人民法院出版社2013年版，第283—384页。

[②] 参见邓正来：《法律与立法二元观：哈耶克法律理论研究》，上海三联书店2000年版，第50—51页。

序；而集资诈骗罪违反了交易过程中"不得欺诈"的规则，这个规则的正当性和有效性足以为金融市场的参与者所认识，这时刑法实际上是对于这一内部规则的确认。内部规则与外部规则的区分极其重要，哈耶克对于"社会规则一元观"提出了强烈的批判："最能揭示我们这个时代的支配地位的趋势，即公法对于私法的渗透和取代；它乃是一个多世纪以来两个占支配地位的因素所导致的结果：一方面，社会正义或分配正义观念日益替代正当的个人行为规则，而另一方面，日益把规定内部规则的权力置于受政府之命的机构之手中。在很大程度上讲，正是把这两种根本不同的任务归于同一个立法机构当中，几乎完全摧毁了作为一种普遍行为规则的法律和作为指导政府在特定情势之中如何行事的命令的法律之间的区别。"[①]

既然非法吸收公众存款罪是破坏金融管理秩序的犯罪，那么原则上讲，满足"非法性""公开性""利诱性""社会性"四个条件的，即可以认定为"非法吸收或者变相吸收公众存款"。实践中，中小企业因为生产经营需要进行融资并将集资款主要用于生产经营的，应当怎样处理？《集资案件解释》第3条以及2010年最高人民法院刑二庭《宽严相济在经济犯罪和职务犯罪案件审判中的具体贯彻》专门对于上述问题进行了规定。《集资案件解释》第3条指出，"非法吸收或者变相吸收公众存款，主要用于正常的生产经营活动，能够及时清退所收资金，可以免予刑事处罚；情节显著轻微的，不作为犯罪处理"。《宽严相济在经济犯罪和职务犯罪案件审判中的具体贯彻》指出，"要准确把握非法集资罪与非罪的界限。资金主要用于生产经营及相关活动，行为人有还款意愿，能够及时清退集资款项，情节轻微，社会危害不大的，可以免于刑事处罚或者不作为犯罪处理"。

本书认为，上述规定是值得肯定的。一方面，它综合考虑了集资款的用途、非法集资的社会效果等因素，只有将资金用于生产经营、能够及时清退集资款、情节轻微、社会危害不大的非法集资，才能免于处罚或者不作为犯罪处理。这体现了刑法适用的原则性与灵活性的统一，对于少数社会危害性小的犯罪，刑法可以"网开一面"。另一方面，它也体现了宽严相济的刑事政策。虽然打击金融犯罪、防范和化解金融风险一直是刑事司法工作的重中之重，但刑罚要"用在刀刃上"，集中力量打击社会危害性大、情节严重的非法集资犯罪。另外，它也提示司法人员，要从有利

[①] 转引自邓正来：《法律与立法二元观：哈耶克法律理论研究》，上海三联书店2000年版，第50—51页。

于促进企业生存发展、有利于保障员工生计、有利于维护社会稳定和谐的高度，依法妥善处理非法集资案件，可定可不定的，原则上不按犯罪来处理。

（四）本案中系自然人犯罪还是单位犯罪

单位犯罪，是指公司、企业、事业单位、机关、团体为本单位谋取非法利益或者以单位名义为本单位全体成员或多数成员谋取非法利益，由单位的决策机构按照单位的决策程序决定，由直接责任人员具体实施，且刑法明文规定单位应受刑罚处罚的犯罪。单位犯罪具有以下特点：（1）单位犯罪是公司、企业、事业单位、机关、团体犯罪，即是单位本身犯罪，而不是单位各个成员的犯罪之集合，不是指单位中的所有成员共同犯罪。（2）单位犯罪是由单位的决策机构按照单位的决策程序决定，由直接责任人员实施的。也就是说，单位犯罪是在单位整体意志支配下实施的。单位意志不是单位内部某个成员的意志，也不是各个成员意志的简单相加，而是单位内部成员在相互联系、相互作用、协调一致的条件下形成的意志，即单位的整体意志。因此单位犯罪中实际上存在两类主体：一是单位主体，二是单位内部的自然人主体。二者密切联系、不可分割。如果没有单位本身作为主体，其中的某些自然人便是独立的自然人主体；如果没有单位内部的自然人主体，也不可能有单位犯罪。基于上述理由，盗用、冒用单位名义实施犯罪，违法所得由实施犯罪的个人私分的，或者单位内部成员未经单位决策机构批准、同意或认可而实施犯罪的，或者单位内部成员实施与其职务活动无关的犯罪行为的，都不属于单位犯罪，应当依照刑法有关自然人犯罪的规定定罪处罚。（3）单位犯罪一般表现为为本单位谋取非法利益或者以单位名义为本单位全体成员或多数成员谋取非法利益。（4）单位犯罪以刑法明文规定单位应受刑罚处罚为前提。（5）单位犯罪的法律后果具有特殊性，即对于单位犯罪，除了处罚单位以外，还要对单位直接负责的主管人员和其他直接责任人员定罪量刑，此即双罚制或两罚制。①

根据《刑法》第192条的规定，单位可以作为集资诈骗罪的主体。但在本案中，辩护人关于集资行为系单位行为而非个人信息的辩解不能成立，原因是中宝投资公司是由行为人控制的一人公司，不具有经营实体，不具备单位意志，集资款未纳入公司财务进行核算，而是由行为人一人掌控和支配，因此行为人并非是为单位谋取利益，违法所得也没有归单位所有，不符合单位犯罪的定义和特征，应当按照自然人犯罪定罪处罚。

---

① 参见张明楷：《刑法学》（第五版），法律出版社2016年版，第135—137页。

第五节　组织、领导传销活动罪

一、指导性案例

（一）检例 41 号：叶经生等组织、领导传销活动案

1. 基本案情

被告人叶经生，原系上海宝乔网络科技有限公司（以下简称"宝乔公司"）总经理。被告人叶青松，原系宝乔公司浙江省区域总代理。

2011 年 6 月，被告人叶经生等人成立宝乔公司，先后开发"经销商管理系统网站""金乔网商城网站"（以下简称"金乔网"）。以网络为平台，或通过招商会、论坛等形式，宣传、推广金乔网的经营模式。

金乔网的经营模式是：（1）经上线经销商会员推荐并缴纳保证金成为经销商会员，无须购买商品，只需发展下线经销商，根据直接或者间接发展下线人数获得推荐奖金，晋升级别成为股权会员，享受股权分红；（2）经销商会员或消费者在金乔网经销商会员处购物消费满 120 元以上，向宝乔公司支付消费金额 10% 的现金，即可注册成为返利会员参与消费额双倍返利，可获一倍现金返利和一倍的金乔币（虚拟电子货币）返利；（3）金乔网在全国各地设立省、地区、县（市、区）三级区域运营中心，各运营中心设区域代理，由经销商会员负责本区域会员的发展和管理，享受区域范围内不同种类业绩一定比例的提成奖励。

2011 年 11 月，被告人叶青松经他人推荐加入金乔网，缴纳三份保证金并注册了三个经销商会员号。因发展会员积极，经金乔网审批成为浙江省区域总代理，负责金乔网在浙江省的推广和发展。

截至案发，金乔网注册会员 3 万余人，其中注册经销商会员 1.8 万余人。在全国各地发展省、地区、县三级区域代理 300 余家，涉案金额 1.5 亿余元。其中，叶青松直接或间接发展下线经销商会员 1886 人，收取浙江省区域会员保证金、参与返利的消费额 10% 现金、区域代理费等共计 3000 余万元，通过银行转汇给叶经生。叶青松通过抽取保证金推荐奖金、股权分红、消费返利等提成的方式非法获利 70 余万元。

2. 诉讼过程

2012年8月28日、2012年11月9日，浙江省松阳县公安局分别以叶青松、叶经生涉嫌组织、领导传销活动罪移送浙江省松阳县人民检察院审查起诉。因叶经生、叶青松系共同犯罪，松阳县人民检察院作并案处理。

2013年3月11日，浙江省松阳县人民检察院以被告人叶经生、叶青松犯组织、领导传销活动罪向松阳县人民法院提起公诉。松阳县人民法院公开开庭审理了本案。

法庭调查阶段，公诉人宣读起诉书，指控被告人叶经生、叶青松利用网络，以会员消费双倍返利为名，吸引不特定公众成为会员、经销商，组成一定层级，采取区域累计计酬方式，引诱参加者继续发展他人参与，骗取财物，扰乱经济社会秩序，其行为构成组织、领导传销活动罪。在共同犯罪中，被告人叶经生起主要作用，系主犯；被告人叶青松起辅助作用，系从犯。

针对起诉书指控的犯罪事实，被告人叶经生辩解认为，宝乔公司系依法成立，没有组织、领导传销的故意，金乔网模式是消费模式的创新。

公诉人针对涉及传销的关键问题对被告人叶经生进行讯问：

第一，针对成为金乔网会员是否要向金乔网缴纳费用，公诉人讯问：如何成为金乔网会员，获得推荐奖金、消费返利？被告人叶经生回答：注册成为金乔网会员，需缴纳诚信保证金7200元，成为会员后发展一个经销商就可以获得奖励1250元；参与返利，消费要达到120元以上，并向公司缴纳10%的消费款。公诉人这一讯问揭示了缴纳保证金、缴纳10%的消费款才有资格获得推荐奖励、返利，保证金及10%的消费款的实质就是入门费。金乔网的经营模式符合传销组织要求参加者以缴纳费用或者购买商品、服务等方式获得加入资格的组织特征。

第二，针对金乔网利润来源、计酬或返利的资金来源，公诉人讯问：除了收取的保证金和10%的消费款费用，金乔网还有无其他收入？被告人叶经生回答：收取的10%的消费款就足够天天返利了，金乔网的主要收入是保证金、10%的消费款，支出主要是天天返利及推荐奖、运营费用。公诉人讯问：公司收取消费款有多少，需返利多少？被告人叶经生回答：收到4000万左右，返利也要4000万，我们的经营模式不需要盈利。公诉人通过讯问，揭示了金乔网没有实质性的经营活动，其利润及资金的真实来源系后加入人员缴纳的费用。如果没有新的人员加入，根本不可能维持其"经营活动"的运转，这符合传销活动骗取财物的本质特征。

同时，公诉人向法庭出示了四组证据证明犯罪事实：

一是宝乔公司的工商登记、资金投入、人员组成、公司财务资料、网站功能等书证,证明:宝乔公司实际投入仅 300 万元,没有资金实力建立与其宣传匹配的电子商务系统。

二是宝乔公司内部人员证言及被告人的供述等证据,证明:公司缺乏售后服务人员、系统维护人员、市场推广及监管人员,员工主要从事虚假宣传,收取保证金及消费款,推荐佣金,发放返利。

三是宝乔公司银行明细、公司财务资料、款项开支情况等证据,证明:公司收入来源于会员缴纳的保证金、消费款;技术人员的证言等证据,证明:网站功能简单,不具备第三方支付功能,不能适应电子商务的需求。

四是金乔网网站系统的电子数据及鉴定意见,并由鉴定人出庭作证。鉴定人揭示网络数据库显示了金乔网会员加入时间、缴纳费用数额、会员之间的推荐(发展)关系、获利数额等信息。鉴定人当庭通过对上述信息的分析,指出数据库表格中的会员账号均列明了推荐人,按照推荐人关系排列,会员层级呈金字塔状,共有 68 层。每个结点有左右两个分支,左右分支均有新增单数,则可获得推荐奖金,奖金实行无限代计酬。证明:金乔网会员层级呈现金字塔状,上线会员可通过下线、下下线会员发展会员获得收益。

3. 公诉意见与辩护意见

(1)公诉意见。金乔网的人财物及主要活动目的,在于引诱消费者缴纳保证金、消费款,并从中非法牟利。其实质是借助公司的合法形式,打着电子商务旗号进行网络传销。被告人叶经生、叶青松利用网络,以会员消费双倍返利为名,吸引不特定公众成为会员、经销商,组成一定层级,采取区域累计计酬方式,引诱参加者继续发展他人参与,骗取财物,扰乱经济社会秩序,其行为构成组织、领导传销活动罪。

(2)辩护意见。金乔网没有入门费,所有的人员都可以在金乔网注册,不缴纳费用也可以成为金乔网的会员。金乔网没有设层级,经销商、会员、区域代理之间不存在层级关系,没有证据证实存在层级获利。金乔网没有拉人头,没有以发展人员的数量作为计酬或返利依据。直接推荐才有奖金,间接推荐没有奖金,没有骗取财物,不符合组织、领导传销活动罪的特征。

(3)公诉人答辩意见。金乔网缴纳保证金和消费款才能获得推荐佣金和返利的资格,本质系入门费。上线会员可以通过发展下线人员获取收益,并组成会员、股权会员、区域代理等层级，本质为设层级。以推荐的人数作为发放佣金的依据系直接以发展的人员数量作为计酬依据，区域业绩及返利资金主要取决于参加人数的多少，实质属于以发展人员的数量作为提成奖励及返利的依据，本质为拉人头。金乔网缺乏实质的经营活动，不产生利润，以后期收到的保证金、消费款支付前期的推荐佣金、返利，与所有的传销活动一样，人员不可能无限增加，资金链必然断裂。传销组织人员不断增加的过程实际也是风险不断积累和放大的过程。金乔网所谓经营活动本质是从被发展人员缴纳的费用中非法牟利，具有骗取财物的特征。

法庭经审理，认定检察机关出示的证据能够相互印证，予以确认。被告人及其辩护人提出的不构成组织、领导传销活动罪的辩解、辩护意见不能成立。

4. 判决结果

2013年8月23日，浙江省松阳县人民法院作出一审判决，以组织、领导传销活动罪判处被告人叶经生有期徒刑7年，并处罚金150万元；以组织、领导传销活动罪判处被告人叶青松有期徒刑3年，并处罚金30万元。扣押和冻结的涉案财物予以没收，继续追缴二被告人的违法所得。

二被告人不服一审判决，提出上诉。叶经生的上诉理由是其行为不构成组织、领导传销活动罪；叶青松的上诉理由是量刑过重。浙江省丽水市中级人民法院经审理，认定原判事实清楚，证据确实、充分，定罪准确，量刑适当，审判程序合法，驳回上诉，维持原判。

二、案件争点

金乔网的运营模式是否符合组织、领导传销活动罪的特征？

三、学理研究

（一）组织、领导传销活动罪的历史沿革

组织、领导传销活动罪虽然是《刑法修正案（七）》新增的罪名，但并不意味着在此之前该种行为不是违法行为。事实上，此前我国行政法规就明文禁止传销活动，后经由司法解释，最后进入立法之中。因此，组织、领导传销活动罪的设立存在一个演变的过程。[①] 正确地对这一立法过程进行梳理，对于把握组织、领导传销活动罪

---

① 参见陈兴良：《组织、领导传销活动罪：性质与界限》，载《政法论坛》2016年第2期。

的性质具有重要的参考意义。

对于传销活动的禁止，始于 1998 年 4 月 18 日国务院《关于禁止传销经营活动的通知》（以下简称《通知》）。鉴于传销活动在社会生活中出现的负面作用，国务院发文对于传销活动予以明确禁止。《通知》第 2 条指出："自本通知发布之日起，禁止任何形式的传销经营活动。此前已经批准登记从事传销经营的企业，应一律立即停止传销经营活动，认真做好传销人员的善后处理工作，自行清理债权债务，转变为其他经营方式，至迟应于 1998 年 10 月 31 日前到工商行政管理机关办理变更登记或注销登记。逾期不办理的，由工商行政管理机关吊销其营业执照。对未经批准登记擅自从事传销经营活动的，要立即取缔，并依法严肃查处。"这说明在《通知》发布之前，传销是被法律所允许的，而且从事传销经营的企业还可以进行登记。但《通知》并没有对传销进行定义，因而"传销"是指经营性传销还是诈骗性传销并不明确。

2000 年 8 月 13 日，国务院办公厅转发了工商局、公安部、人民银行《关于严厉打击传销和变相传销等非法经营活动的意见》（以下简称《意见一》），其中第 2 条规定："工商行政管理机关对下列传销或者变相传销行为，要采取有力措施，坚决予以取缔；对情节严重涉嫌犯罪的，要移送公安机关，按照司法程序对组织者依照《刑法》第 225 条的有关规定处理：（一）经营者通过发展人员、组织网络从事无店铺经营活动，参加者之间上线从下线的营销业绩中提取报酬的；（二）参加者通过交纳入门费或以认购商品（含服务，下同）等变相缴纳入门费的方式，取得加入、介绍或发展他人加入的资格，并以此获取回报的；（三）先参加者从发展的下线成员所缴纳费用中获取收益，且收益数额由其加入的先后顺序决定的；（四）组织者的收益主要来自参加者缴纳的入门费或者以认购商品等方式变相缴纳的费用的；（五）组织者利用后参加者所交付的部分费用支付先参加者的报酬维持运作的；（六）其他通过发展人员、组织网络或以高额回报为诱饵招揽人员从事变相传销活动的。"《意见一》明确规定，对于上述六种非法传销行为应当根据《刑法》第 225 条非法经营罪处理。按照《意见一》的规定，不仅团队计酬的经营型传销行为应以非法经营罪论处；而且拉人头、收取入门费的诈骗型传销行为也应以非法经营罪论处。虽然《意见一》属于国务院办公厅转发的部门规章，并不具有刑事立法效力，但在当时我国刑事法治还不健全的背景之下，《意见一》对于传销活动的定罪无疑具有重要的推动作用。①

2001年3月29日，最高人民法院《关于情节严重的传销或者变相传销行为如何定性问题的批复》（以下简称《批复》）指出，"对于1998年4月18日国务院《关于禁止传销经营活动的通知》发布以后，仍然从事传销或者变相传销活动，扰乱市场秩序，情节严重的，应当依照刑法第二百二十五条第（四）项的规定，以非法经营罪定罪处罚。实施上述犯罪，同时构成刑法规定的其他犯罪的，依照处罚较重的规定定罪处罚。"关于这一规定，有以下三点值得注意：第一，入罪的行为是从事传销或者变相传销活动，扰乱市场秩序，情节严重的行为。《批复》并没有区分传销的组织者或者经营者，只要参加传销活动并且具备情节严重的特征的，即可以构成犯罪。根据《通知》第3条，所谓变相传销，包括了假借专卖、代理、特许加盟经营、直销、连锁、网络销售等名义进行传销的；采取会员卡、储蓄卡、彩票、职业培训等手段进行传销和变相传销，骗取入会费、加盟费、许可费、培训费的；以及其他传销和变相传销的行为。因此，这里的变相传销是指不同于传统典型形式的传销行为。第二，对于传销行为，以非法经营罪定罪处罚。我国《刑法》第225条对于非法经营罪的规定，采取的是空白罪状的立法方式。其中第4项规定的是"其他严重扰乱市场秩序的非法经营行为"，这是一个兜底式的规定，为《批复》的入罪解释留下了很大余地。因此将刑法所没有规定的传销行为解释为非法经营行为，也就成为在不经过立法程序的前提下将传销行为入罪的最佳选择。第三，实施传销行为，同时构成刑法规定的其他犯罪的依照处罚较重的规定处罚。这一规定表明，在实施传销行为时，可能触犯其他罪名，对此应当从一重处断。在《批复》颁布以后，我国司法实践中对于从事传销活动的行为，一般都以非法经营罪论处，少数情况下涉及诈骗罪或者集资诈骗罪，而两者区分的界限，就在于是否存在实际的经营活动。②

2005年8月23日，国务院颁布了《禁止传销条例》。该条例第2条规定，传销是指组织者或者经营者发展成员，通过对被发展人员以直接或者间接发展的人员数量或者销售业绩为依据计算和给付报酬，或者要求被发展人员以交纳一定费用为条件取得加入资格等方式牟取非法利益，扰乱经济秩序，影响社会稳定的行为。第7条对于传销行为进行了具体列举："下列行为，属于传销行为：（一）组织者或者经

---

① 参见陈兴良：《组织、领导传销活动罪：性质与界限》，载《政法论坛》2016年第2期。
② 同上。

营者通过发展人员,要求被发展人员发展其他人员加入,对发展的人员以直接或者间接滚动发展的人员数量为依据计算和给付报酬(包括物质奖励和其他经济利益),牟取非法利益的;(二)组织者或者经营者通过发展人员,要求被发展人员交纳费用或者以认购商品等方式变相交纳费用,取得加入或者发展其他人员加入的资格,牟取非法利益的;(三)组织者或者经营者通过发展人员,要求被发展人员发展其他人员加入,形成上下线关系,并以下线的销售业绩为依据计算和给付上线报酬,牟取非法利益的。"在以上三种传销行为中,第一种属于拉人头,第二种属于收取入门费,第三种属于团队计酬。

如上所述,在《刑法修正案(七)》单独设立组织、领导传销活动罪的罪名之前,根据司法实践的规定,对具有经营内容的传销行为按照非法经营罪定罪处罚,由此来解决法律根据缺乏的状况。但为回应司法实践部门对于传销行为专门立法的需要,《刑法修正案(七)(草案)》第一稿对于传销犯罪作了如下规定:"在刑法第二百二十五条后增加一条,作为二百二十五条之一:'组织、领导实施传销犯罪行为的组织,情节严重的,处三年以下有期徒刑或者拘役,并处罚金;情节特别严重的,处三年以上七年以下有期徒刑,并处罚金。犯前款罪又有其他犯罪行为的,依照数罪并罚的规定处罚。传销犯罪行为依照法律、行政法规的规定确定。'"这一规定是将传销犯罪的组织行为规定为犯罪,对于实施具体传销犯罪活动的,还是以非法经营罪、诈骗罪或者集资诈骗罪定罪处罚:传销具有经营内容的,以非法经营罪论处;传销具有诈骗或者集资诈骗性质的,以诈骗罪或者集资诈骗罪论处,并实行数罪并罚。立法机关在论及这一规定的背景时指出:"国务院法制办、公安部、国家工商总局提出,当前以'拉人头'、收取'入门费'等方式组织传销的违法犯罪活动,严重扰乱社会秩序,影响社会稳定,危害严重。目前在司法实践中,对这类案件主要是根据实施传销行为的不同情况,分别按照非法经营罪、诈骗罪、集资诈骗罪等罪名追究刑事责任。为更有力地打击组织传销的犯罪,应当在刑法中对组织、领导实施传销组织的犯罪作出专门规定。经同有关部门研究,建议在刑法中增加组织、领导实施传销行为的组织的犯罪。对实施这类犯罪,又有其他犯罪行为的,实行数罪并罚。"[1] 因此,草案的上述规定是在原有司法解释将传销行为纳入非法经营罪规定的基础上,对组织、领导传销组织行为的特别规定。

---

[1] 陈兴良:《组织、领导传销活动罪:性质与界限》,载《政法论坛》2016年第2期。

由于第一稿的立法规定在审议过程中被认为过于笼统，第二稿中将该罪修改为"在刑法第二百二十四条后增加一条，作为第二百二十四条之一：'组织、领导以推销商品、提供服务等经营活动为名，要求参加者以缴纳费用或者购买商品、服务等方式获得加入资格，并按照一定顺序组成层级，直接或者间接以发展人员的数量作为计酬或者返利依据，引诱、胁迫参加者继续发展他人参加，骗取财物，扰乱经济社会秩序的传销活动的，处五年以下有期徒刑或者拘役，并处罚金；情节严重的，处五年以上有期徒刑，并处罚金'。"上述规定被立法者最终采纳。定稿将组织罪修改为诈骗性质的传销犯罪，而且将该条作为第 224 条之一（第 224 条是关于合同诈骗罪的规定），自此组织、领导传销活动罪的性质被确定为诈骗犯罪。

（二）组织、领导传销活动罪的构成要件

组织、领导传销活动罪，是指组织、领导以推销商品、提供服务等经营活动为名，要求参加者以缴纳费用或者购买商品、服务等方式获得加入资格，并依照一定顺序组成层级，直接或者间接以发展人员的数量作为计酬或者返利依据，引诱、胁迫参加者继续发展他人参加，骗取财物，扰乱经济社会秩序的传销活动的行为。①

1. 主体要件

本罪的主体是一般主体，但仅限于传销活动的组织者、领导者，即指在传销活动中担负策划、指挥、协调、布置等重要职责，或在传销活动实施中起到关键作用的人员。2013 年 11 月最高人民法院、最高人民检察院、公安部发布的《关于办理组织领导传销活动刑事案件适用法律若干问题的意见》（以下简称"意见二"）第 2 条对于传销活动的组织者和领导者进行了界定："下列人员可以认定为传销活动的组织者、领导者：（一）在传销活动中起发起、策划、操纵作用的人员；（二）在传销活动中承担管理、协调等职责的人员；（三）在传销活动中承担宣传、培训等职责的人员；（四）曾因组织、领导传销活动受过刑事处罚，或者一年内因组织、领导传销活动受过行政处罚，又直接或者间接发展参与传销活动人员十五人以上且层级在三级以上的人员；（五）其他对传销活动的实施、传销组织的建立起关键作用的人员。以单位名义实施组织、领导传销活动犯罪的，对于受单位指派，仅从事劳务性工作的人员，一般不予追究刑事责任。"需要注意的是，即使一般参与行为不可能成立组织、领导传销活动罪，但是这并不意味着参与行为不成立任何犯罪。就诈骗型传销

---

① 参见张明楷：《刑法学》（第五版），法律出版社 2016 年版，第 836 页。

活动而言，参与人员的行为仍然可能成立集资诈骗罪等犯罪。

2. 主观方面

组织、领导传销活动罪是故意犯罪，这一点不存在争议。争议之处在于，行为人主观上还需具备非法占有目的还是非法牟利目的。① 非法牟利目的说认为，组织、领导传销活动罪的主观违法要素是以牟利为目的。例如有学者指出，"组织、领导传销活动罪的主观方面只能由故意构成，并且具有非法牟利的目的。行为人明知自己组织、领导传销活动为法律所禁止，却通过组织、领导传销活动，达到骗取钱财，牟取非法利益的目的。"② 非法占有目的说则认为，组织、领导传销活动罪的主观违法要素是以非法占有为目的的。③ 本书认为，成立本罪宜采非法占有目的说，要求组织、领导传销活动的行为人具有非法占有目的而非牟利目的。如前所述，该罪所打击的是不具有实际经营内容的诈骗型传销，本质上属于诈骗行为，非法占有目的是诈骗犯罪的主观要件。以牟利为目的的内涵比较模糊，亦可以适用于具有实际经营内容的经营型传销。为了明确处罚对象、实现主客观相统一，应当要求组织、领导传销活动罪的行为人具有非法占有目的。

3. 本罪客体

通说认为，组织、领导传销活动罪侵犯的客体是社会主义市场经济秩序。④ 但通过分析本罪的罪状、犯罪本质和社会危害性，本书认为，本罪侵犯的是包括公民财产权、市场经济秩序和社会秩序在内的复杂客体。首先，传销活动最本质的特征在于其诈骗性。"传销活动实际上是一种特殊的诈骗活动，其特殊性在于，传销组织实际上建立了一种诈骗机制……传销活动的参加者既是受害者又是违法者。"⑤ 受害人的财产权是该罪侵犯的直接客体。其次，成立该罪需要"扰乱经济和社会秩序"。仅仅骗取财物，没有扰乱经济秩序和社会秩序的，不构成该罪。再次，应该认识到，

---

① 参见陈兴良：《组织、领导传销活动罪：性质与界限》，载《政法论坛》2016年第2期。
② 周道鸾、张军主编：《刑法罪名精释》（第四版），人民法院出版社2013年版，第482页。
③ 参见王作富主编：《刑法分则实务研究》（第五版），中国方正出版社2013年版，第686页。
④ 高铭暄、马克昌主编：《刑法学》（第七版），北京大学出版社、高等教育出版社2016年版，第446页。
⑤ 全国人大常委会法制工作委员会刑法室编：《中华人民共和国刑法条文说明、立法理由及相关规定》，北京大学出版社2009年版，第454页。

传销具有多方面的社会危害性：它不仅给参与者造成巨大财产损失，而且由于参与人数众多，一旦资金链破裂或被查处，极其容易引发混乱、影响社会安定。最后，传销活动往往还打着各种"经营"的旗号，销售各种假冒伪劣产品，破坏了市场竞争、扰乱了相关行业的市场秩序。

4. 客观方面

本罪的客观方面体现为组织者以推销商品、提供服务等经营活动为名，要求参加者以缴纳费用或者购买商品、服务等方式获得加入资格，并依照一定顺序组成层级，直接或者间接以发展人员的数量作为计酬或者返利依据，引诱、胁迫参加者继续发展他人参加，骗取财物，扰乱经济社会秩序的传销活动的行为。应当注意以下两点：

第一，"入门费""设层级""拉人头"是认定为传销活动需要满足的三种行为样态。所谓"入门费"，是指要求参加者以缴纳一定费用或者购买商品、服务等方式获得加入资格。"入门费"的方式多种多样，但实质都是需要加入者缴纳费用或者以远远高于实际价值的价格购买商品。"设层级"是将参与者按照一定顺序组成层级，以实现"上级"对"下级"的有序管理。一般来讲，在传销活动中采取的是"五级三进制"的传销策略。所谓"五级三进制"，即是在组织里的人有五个等级，E、D、C、B、A 五个级别从低到高依次排列，初加入者为 E 级，最高是 A 级，按照五级三进制的理论，加入者在短时间内即可以积累大量财富，代价是朋友、亲人被带进传销组织。实际上很少有人能做到 A 级，甚至做到 C 级都非常困难。当参与者发现自己上当受骗的时候，组织、领导者已经卷钱逃跑了。[①]"拉人头"是以直接或者间接发展人员的数量作为计酬或者返利的依据。按"人头"计酬或者返利也是传销与直销的区别所在：直销是销"产品"，而传销是销"人头"，直销企业只要按销售产品进行计酬就不会涉嫌传销，如果通过销"人头"计算报酬，就是涉嫌传销。

第二，正确理解"骗取财物"的性质。《意见二》第 3 条对于"骗取财物"进行了界定："传销活动的组织者、领导者采取编造、歪曲国家政策，虚构、夸大经营、投资、服务项目及盈利前景，掩饰计酬、返利真实来源或者其他欺诈手段，实施刑法第二百二十四条之一规定的行为，从参与传销活动人员缴纳的费用或者购买商品、服务的费用中非法获利的，应当认定为骗取财物。"

---

① 参见贾宇：《论组织、领导传销活动罪》，载《人民检察》2010 年第 5 期。

关于"骗取财物"的性质,学界共有四种观点:[①] 第一种观点认为,组织、领导传销活动不以骗取财物为必要,所以"骗取财物"属于本罪可有可无的概念。这一观点实际上认为"骗取财物"并不是组织、领导传销活动罪的要素。但是,这种解释的合理性存在疑问。在分则条文明确规定了骗取财物的情况下,解释者既不能直接宣布其为多余的要素,也不能直接删除该要素;而且,否认"骗取财物"是组织、领导传销活动罪的要素意味着减少犯罪的成立要件,是对于行为人不利的解释,需要特别慎重。第二种观点认为,虽然《刑法修正案(七)》在界定传销时使用了"骗取财物"的表述,但是从实际发生的传销活动看,"骗取财物"并不是传销活动的唯一目的,因而不能将组织、领导传销活动罪的目的仅限于诈骗财物。这种观点也值得商榷。诚然,实践中组织、领导传销活动的犯罪分子可能同时具有其他目的,但是从立法来看,只有"骗取财物"被纳入了刑法评价的范围。基于罪刑法定原则,骗取财物之外的目的和动机不能作为入罪条件。主要的争论发生在第三种和第四种观点之间。第三种观点认为,骗取财物是传销活动的最本质特征。传销活动的一切最终目的都是为了骗取钱财。据此,只有行为人在客观上骗取了财物时,才能成立组织、领导传销活动罪。骗取财物并不仅仅是组织、领导传销活动行为的性质,而且是本罪独立的客观要素。第四种观点认为,骗取财物是对诈骗型传销组织(或者活动)的描述,亦即,只有当行为人组织、领导的传销活动具有"骗取财物"的性质时,才成立组织、领导传销活动罪(如果行为人组织、领导的是提供商品与服务的传销组织,则不可能成立本罪)。换言之,骗取财物是诈骗型传销组织的特征。这是因为传销组织许诺或者支付给参加者的回报,来自于参加者的"入门费";由于组织者、领导者需要给参加者一定的返利,所以要保证传销组织的生存,就必须不断成倍增加参加者。然而,由于参加者不可能无限量增加,所以资金链必然断裂,刚参加的人或者最低层级的参加者就必然成为受害者,这便具备"骗取财物"的特征。

上述第三种观点和第四种观点都承认"骗取财物"可以作为界分经营型传销和诈骗型传销的标准。两者的区别在于,是否承认"骗取财物"为独立的犯罪构成要素。本书认为答案是肯定的。原因一方面在于,骗取财物是进行传销活动的原因和动力。行为人组织、领导传销的根本目的,就是为了骗取财物;并且,骗取的财物可以诱使参与者继续"设层级""拉人头",不断扩大传销组织。《意见二》第1条对

[①] 参见张明楷:《刑法学》(第五版),法律出版社2016年版,第837页。

于传销组织的层级及人数进行了规定:"组织内部参与传销活动人员在三十人以上且层级在三级以上的,应当对组织者、领导者追究刑事责任"。层级、人数越多,骗取财物的数量越多,因此将骗取财物作为犯罪成立要素具有合理性。另一方面,骗取财物是诈骗类犯罪的共同要件。如前所述,具有实质经营内容的经营性传销不构成该罪,本罪打击的是根本不可能维持传销组织运转的"诈骗型传销",其本质是一种诈骗活动。刑法中的诈骗类犯罪(包括诈骗罪、贷款诈骗罪、合同诈骗罪)均将骗取财物作为独立的构成要件。因此,从体系解释的角度,宜将"骗取财物"构成要件化,以保证同类罪名适用和解释的统一性。

5. 追诉条件

《意见二》第1条对于该罪入罪标准进行了规定,"以推销商品、提供服务等经营活动为名,要求参加者以缴纳费用或者购买商品、服务等方式获得加入资格,并按照一定顺序组成层级,直接或者间接以发展人员的数量作为计酬或者返利依据,引诱、胁迫参加者继续发展他人参加,骗取财物,扰乱经济社会秩序的传销组织,其组织内部参与传销活动人员在30人以上且层级在3级以上的,应当对组织者、领导者追究刑事责任";"组织、领导多个传销组织,单个或者多个组织中的层级已达3级以上的,可将在各个组织中发展的人数合并计算";"组织者、领导者形式上脱离原传销组织后,继续从原传销组织获取报酬或者返利的,原传销组织在其脱离后发展人员的层级数和人数,应当计算为其发展的层级数和人数"。

本案中,金乔网缴纳保证金和消费款才能获得推荐佣金和返利的资格,本质系入门费;上线会员可以通过发展下线人员获取收益,并组成会员、股权会员、区域代理等层级,本质为设层级;以推荐的人数作为发放佣金的依据系直接以发展的人员数量作为计酬依据,区域业绩及返利资金主要取决于参加人数的多少,实质属于以发展人员的数量作为提成奖励及返利的依据,本质为拉人头。金乔网所谓经营活动本质是从被发展人员缴纳的费用中获利,具有骗取财物的特征,因此金乔网的经营模式本质上系传销行为。行为人叶经生、叶青松在传销活动中起发起、策划、操纵作用,为传销活动的组织者、领导者。二人主观上系故意,且具有非法占有目的。由于金乔网缺乏实质的经营活动,不产生利润,以后期收到的保证金、消费款支付前期的推荐佣金、返利,最后必然造成资金链断裂。截至案发,金乔网注册会员3万余人,其中注册经销商会员1.8万余人。在全国各地发展省、地区、县三级区域代理300余家,涉案金额1.5亿余元,严重扰乱了市场秩序,因此行为人叶经生、叶青松构成组织、领导传销活动罪。

第二章

侵犯公民人身权利、民主权利罪

第一节 绑 架 罪

一、指导性案例

检例 2 号：忻元龙绑架案

1. 基本案情

被告人忻元龙，2005 年 9 月 15 日因涉嫌绑架罪被刑事拘留，2005 年 9 月 27 日被逮捕。被告人忻元龙因经济拮据而产生绑架儿童勒索家长财物的意图，并多次到浙江省慈溪市进行踩点和物色被绑架人。2005 年 8 月 18 日上午，忻元龙驾驶自己的浙 B×××××通宝牌面包车从宁波市至慈溪市浒山街道团圈支路老年大学附近伺机作案。当日下午 1 时许，忻元龙见女孩杨某某（1996 年 6 月 1 日出生，浙江省慈溪市浒山东门小学三年级学生，因本案遇害，殁年 9 岁）背着书包独自一人经过，即以"陈老师找你"为由将杨某某骗上车，将其扣在一个塑料洗澡盆下，开车驶至宁波市东钱湖镇"钱湖人家"后山。当晚 10 时许，忻元龙从杨某某处骗得其父亲的手机号码和家中的电话号码后，又开车将杨某某带至宁波市北仑区新碶镇算山村防空洞附近，采用捂口、鼻的方式将杨某某杀害后掩埋。8 月 19 日，忻元龙乘火车到安徽省广德县购买了一部波导 1220 型手机，于 20 日凌晨 0 时许拨打杨某某家电话，称自己已经绑架杨某某，并要求杨某某的父亲于当月 25 日下午 6 时前带 60 万元赎金到浙江省湖州市长兴县交换其女儿。尔后，忻元龙又乘火车到安徽省芜湖市打勒索电话，因其将记录电话的纸条丢失，将被害人家的电话号码后四位 2353 误记为 7353，电话接通后听到接电话的人操宁波口音，而杨某某的父亲讲普通话，由此忻元龙怀疑是公安人员已介入，遂停止了勒索。2005 年 9 月 15 日忻元龙被公安机关抓获，忻元龙供述了绑架杀人经过，并带领公安人员指认了埋尸现场，公安机关起获了一具尸骨，从其浙 B×××××通宝牌面包车上提取了杨某某头发两根（经法医学 DNA 检验鉴定，是被害人杨某某的尸骨和头发）。公安机关从被告人忻元龙处扣押波导 1220 型手机一部。

2. 诉讼过程

被告人忻元龙绑架一案，由浙江省慈溪市公安局立案侦查，于 2005 年 11 月 21 日移送慈溪市人民检察院审查起诉。慈溪市人民检察院于同年 11 月 22 日告知了忻元龙有权委托辩护人等诉讼权利，也告知了被害人的近亲属有权委托诉讼代理人等诉讼权利。按照案件管辖的规定，同年 11 月 28 日，慈溪市人民检察院将案件报送宁波市人民检察院审查起诉。宁波市人民检察院依法讯问了被告人忻元龙，审查了全部案件材料。2006 年 1 月 4 日，宁波市人民检察院以忻元龙涉嫌绑架罪向宁波市中级人民法院提起公诉。

2006 年 1 月 17 日，宁波市中级人民法院依法组成合议庭，公开审理了本案。法庭审理认为：被告人忻元龙以勒索财物为目的，绑架并杀害他人，其行为已构成绑架罪，手段残忍、后果严重，依法应予严惩；检察机关指控的罪名成立。

2006 年 2 月 7 日，宁波市中级人民法院作出一审判决：被告人忻元龙犯绑架罪，判处死刑，剥夺政治权利终身，并处没收个人全部财产；被告人忻元龙赔偿附带民事诉讼原告人杨某凤、张某彬应得的被害人死亡赔偿金 317640 元、丧葬费 11380 元，合计 329020 元；供被告人忻元龙犯罪使用的浙 B×××××通宝牌面包车一辆及波导 1220 型手机一部，予以没收。

忻元龙对一审刑事部分的判决不服，向浙江省高级人民法院提出上诉。

2006 年 10 月 12 日，浙江省高级人民法院依法组成合议庭，公开审理了本案。法庭审理认为：被告人忻元龙以勒索财物为目的，绑架并杀害他人，其行为已构成绑架罪。犯罪情节特别严重，社会危害极大，依法应予严惩。但鉴于本案的具体情况，对忻元龙判处死刑，可不予立即执行。2007 年 4 月 28 日，浙江省高级人民法院作出二审判决：撤销浙江省宁波市中级人民法院（2006）甬刑初字第 16 号刑事附带民事判决中对忻元龙的量刑部分，维持判决的其余部分；被告人忻元龙犯绑架罪，判处死刑，缓期 2 年执行，剥夺政治权利终身。

被害人杨某某的父亲不服，于 2007 年 6 月 25 日向浙江省人民检察院申诉，请求提出抗诉。

浙江省人民检察院经审查认为，浙江省高级人民法院二审判决改判忻元龙死刑缓期2年执行确有错误,于2007年8月10日提请最高人民检察院按照审判监督程序提出抗诉。最高人民检察院派员到浙江专门核查了案件相关情况。最高人民检察院检察委员会两次审议了本案,认为被告人忻元龙绑架犯罪事实清楚,证据确实、充分,依法应当判处死刑立即执行,浙江省高级人民法院以"鉴于本案具体情况"为由改判忻元龙死刑缓期2年执行确有错误,应予纠正。理由如下:

第一,忻元龙绑架犯罪事实清楚,证据确实、充分。本案定案的物证、书证、证人证言、被告人供述、鉴定结论、现场勘查笔录等证据能够形成完整的证据体系。公安机关根据忻元龙的供述找到被害人杨某某尸骨,忻元龙供述的诸多隐蔽细节,如埋尸地点、尸体在土中的姿势、尸体未穿鞋袜、埋尸坑中没有书包、打错勒索电话的原因、打勒索电话的通话次数、通话内容、接电话人的口音等,得到了其他证据的印证。

第二,浙江省高级人民法院二审判决确有错误。二审改判是认为本案证据存在两个疑点。一是卖给忻元龙波导1220型手机的证人傅某某在证言中讲该手机的串号与公安人员扣押在案手机的串号不一致,手机的同一性存有疑问;二是证人宋某某和艾力买买提某某某证实,在案发当天看见一个中年妇女将一个与被害人特征相近的小女孩带走,不能排除有他人作案的可能。经审查,这两个疑点均能够排除。一是关于手机同一性问题。经审查,公安人员在询问傅某某时,傅某某将波导1220型手机原机主洪某某的身份证号码误记为手机的串号。宁波市人民检察院移送给宁波市中级人民法院的《随案移送物品文件清单》中写明波导1220型手机的串号是350974114389275,且洪某某将手机卖给傅某某的旧货交易凭证等证据,清楚地证明了从忻元龙身上扣押的手机即是索要赎金时使用的手机,且手机就在宁波市中级人民法院,手机同一性的疑点能够排除。二是关于是否存在中年妇女作案问题。案卷原有证据能够证实宋某某、艾力买买提某某某证言证明的"中年妇女带走小女孩"与本案无关。宋某某、艾力买买提某某某证言证明的中年妇女带走小女孩的地点在绑架现场东侧200米左右,与忻元龙绑架杨某某并非同一地点。艾力买买提某某某证言证明的是迪欧咖啡厅南边的电脑培训学校门口,不是忻元龙实施绑架的地点;宋某某证言证明的中年妇女带走小女孩的地点是迪欧咖啡厅南边的十字路口,而不是老年大学北围墙外的绑架现场,因为宋某某所在位置被建筑物阻挡,看不到老年大学北围墙外的绑架现场,此疑问也已经排除。此外,二人提到的小女孩的外貌特征等细节也与杨某某不符。

第三，忻元龙所犯罪行极其严重，对其应当判处死刑立即执行。一是忻元龙精心预谋犯罪、主观恶性极深。忻元龙为实施绑架犯罪进行了精心预谋，多次到慈溪市"踩点"，并选择了相对僻静无人的地方作为行车路线。忻元龙以"陈老师找你"为由将杨某某骗上车实施绑架，与慈溪市老年大学剑桥英语培训班负责人陈老师的姓氏相符。忻元龙居住在宁波市的鄞州区，选择在宁波市的慈溪市实施绑架，选择在宁波市的北仑区杀害被害人，之后又精心实施勒索赎金行为，赴安徽省广德县购买波导1220型手机，使用异地购买的手机卡，赴安徽省宣城市、芜湖市打勒索电话并要求被害人父亲到浙江省长兴县交付赎金。二是忻元龙犯罪后果极其严重、社会危害性极大。忻元龙实施绑架犯罪后，为使自己的罪行不被发现，在得到被害人家庭信息后，当天就将年仅9岁的杨某某杀害，并烧掉了杨某某的书包，扔掉了杨某某挣扎时脱落的鞋子，实施了毁灭罪证的行为。忻元龙归案后认罪态度差。开始不供述犯罪，并隐瞒作案所用手机的来源，后来虽供述犯罪，但编造他人参与共同作案。忻元龙的犯罪行为不仅剥夺了被害人的生命、给被害人家属造成了无法弥补的巨大痛苦，也严重影响了当地群众的安全感。三是二审改判忻元龙死刑缓期2年执行不被被害人家属和当地群众接受。被害人家属强烈要求判处忻元龙死刑立即执行，当地群众对二审改判忻元龙死刑缓期2年执行亦难以接受，要求司法机关严惩忻元龙。

2008年10月22日，最高人民检察院依照《刑事诉讼法》第205条第3款之规定，向最高人民法院提出抗诉。2009年3月18日，最高人民法院指令浙江省高级人民法院另行组成合议庭，对忻元龙案进行再审。

3. 判决结果

2009年5月14日，浙江省高级人民法院另行组成合议庭公开开庭审理本案。法庭审理认为：被告人忻元龙以勒索财物为目的，绑架并杀害他人，其行为已构成绑架罪，且犯罪手段残忍、情节恶劣，社会危害极大，无任何悔罪表现，依法应予严惩。检察机关要求纠正二审判决的意见能够成立。忻元龙及其辩护人要求维持二审判决的意见，理由不足，不予采纳。

2009年6月26日，浙江省高级人民法院依照《刑事诉讼法》第205条第2款、第206条、第189条第2项，《刑法》第239条第1款、第57条第1款、第64条之规定，作出判决：撤销浙江省高级人民法院（2006）浙刑一终字第146号刑事判决中对原审被告人忻元龙的量刑部分，维持该判决的其余部分和宁波市中级人民法院

（2006）甬刑初字第 16 号刑事附带民事判决：原审被告人忻元龙犯绑架罪，判处死刑，剥夺政治权利终身，并处没收个人全部财产，并依法报请最高人民法院核准。

最高人民法院复核认为：被告人忻元龙以勒索财物为目的，绑架并杀害他人的行为已构成绑架罪。其犯罪手段残忍，情节恶劣，后果严重，无法定从轻处罚情节。浙江省高级人民法院再审判决认定的事实清楚，证据确实、充分，定罪准确，量刑适当，审判程序合法。

2009 年 11 月 13 日，最高人民法院依照《刑事诉讼法》第 199 条和最高人民法院《关于复核死刑案件若干问题的规定》第 2 条第 1 款之规定，作出裁定：核准浙江省高级人民法院（2009）浙刑再字第 3 号以原审被告人忻元龙犯绑架罪，判处死刑，剥夺政治权利终身，并处没收个人全部财产的刑事判决。

2009 年 12 月 11 日，被告人忻元龙被依法执行死刑。

4. 裁判要旨

对于死刑案件的抗诉，要正确把握适用死刑的条件，严格证明标准，依法履行刑事审判法律监督职责。

二、案件争点

（1）绑架罪的认定。

（2）绑架罪的死刑适用。

（3）死刑案件的证明标准。

（4）刑事审判的法律监督。

三、学理研究

在最高人民检察院颁布的指导性案例中，忻元龙绑架案不仅案情叙述详尽，而且说理极为透彻。忻元龙绑架案是最高人民检察院抗诉的案件，抗诉的主要理由涉及死刑案件的证据认定问题。本案被告人忻元龙一审被判处死刑立即执行，但二审法院认为本案在证据上存在疑点，因此以"本案的具体情况"为由改判忻元龙死刑缓期 2 年执行。对于二审法院的改判，最高人民检察院向最高人民法院提出了抗诉，最高人民法院对本案作出了再审的处理。二审法院经过重审，又判处被告人忻元龙死刑立即执行。本书认为，从本案的介绍来看，被告人忻元龙以勒索财物为目的，绑架并杀害他人，其行为构成绑架罪。且其犯罪手段残忍，情节恶劣，后果严重，无法定从轻处罚情节,依法应予以严惩。检察机关依法履行法律监督职责,对显失公正的死刑案件判决进行抗诉,理由正当充分,浙江省高级人民法院再审判决与最高人民法院死刑复核裁定正确。本案涉及绑架罪的认定、绑架罪的死刑适用、死刑案件的证明标准以及刑事审判的法律监督等诸多理论争点,以下一一进行分析阐述。

(一)绑架罪的认定

1. 绑架罪概念和特征

绑架罪,是指利用他人对人质安危的忧虑,以勒索财物或满足其他不法要求为目的,使用暴力、胁迫等手段劫持或以实力控制他人的行为。① 我国《刑法》第239条规定:"以勒索财物为目的绑架他人的,或者绑架他人作为人质的,处十年以上有期徒刑或者无期徒刑,并处罚金或者没收财产;情节较轻的,处五年以上十年以下有期徒刑,并处罚金。犯前款罪,杀害被绑架人的,或者故意伤害被绑架人,致人重伤、死亡的,处无期徒刑或者死刑,并处没收财产。以勒索财物为目的偷盗婴幼儿的,依照前两款的规定处罚。"

从构成要件来看,绑架罪的特征如下:

(1)本罪侵犯的客体是复杂客体,包括他人的人身自由权利、健康、生命权利及公私财产所有权利。绑架罪的犯罪对象系"双重被害人"。一方是被劫持的、失去了人身自由的被绑架者(或被偷盗的婴幼儿),可称之为"现实被害人";另一方是对被绑架者的安危极度担忧、在绑架者看来能够满足其不法目的的相关人员,通常为被绑架者的亲属、朋友、上司或其隶属组织的成员,可称之为"实质被害人"。② 绑架罪侵害了双重被害人,意味着侵犯了双重的社会关系。

(2)客观方面表现为使用暴力、胁迫或者其他的方法,绑架他人的行为。"暴力",是指行为人直接对被害人进行捆绑、堵嘴、蒙眼、装麻袋等人身强制或者对害人进行伤害、殴打等人身攻击手段;"胁迫",是指对被害人实行精神强制,或者对被害人及其家属以实施暴力相威胁;"其他方法",是指除暴力、胁迫以外的方法,

---

① 参见陈兴良主编:《刑法学》,复旦大学出版社2003年版,第373页。
② 参见刘远、周海洋:《绑架罪新论》,载《山东警察学院学报》2005年第3期。

如利用药物、醉酒等方法使被害人处于昏迷状态等。① 这三种犯罪手段的共同特征，是使被害人处于不能反抗、不敢反抗或者不知反抗的境地，将被害人非法绑架离开其住所或者所在地，并置于行为人的直接控制之下，使其失去行动自由的行为。法律只要求行为人具有绑架他人其中一种手段就构成本罪。②

（3）犯罪主体为一般主体。关于已满14周岁不满16周岁的人对本罪是否应负刑事责任的问题，有学者认为，绑架罪是一种严重的暴力犯罪，已满14周岁的人应成为绑架罪的主体。③ 有学者认为，"已满14周岁不满16周岁的人实施绑架行为，不以犯罪论处。故意杀害被绑架人的，应认定为故意杀人罪（不得认定为绑架罪）。"④ 本书同意后一种观点。这是因为，我国《刑法》第17条第2款规定的八种犯罪，是指具体犯罪行为而不是具体罪名。按照罪刑法定原则和《刑法》第17条第2款的规定，已满14周岁不满16周岁的人，如果仅参加了绑架的行为，但未参与杀害、伤害被绑架人，没有实施《刑法》第17条第2款规定的故意杀人、故意伤害致人重伤或者死亡行为，该未成年人对这种绑架行为不负刑事责任。但如果在绑架过程中实施了杀害或者伤害（致人重伤或者死亡）被绑架人的，则应按故意杀人罪、故意伤害罪追究其刑事责任。⑤

（4）主观方面由直接故意构成，并且具有勒索财物或者扣押人质的目的。"以勒索财物为目的绑架他人"，是指采用暴力、胁迫或者麻醉等方法，强行将他人劫持，以杀害、杀伤或者不归还人质相要挟，勒令与人质有关的亲友，在一定期限内交出一定财物，以钱赎人。这里的"财物"应从广义上理解，不局限于钱财，也包括其他财产利益。⑥ "绑架他人作为人质"，是指行为人为了满足其他不法要求的目的，将他人劫持或控制在能够支配的范围内。满足其他不法要求的目的，可以包括出于政治目的、恐怖活动目的、泄愤报复目的以及逃避、抗拒追捕，要挟政府提供某种待

---

① 参见周道鸾、张军主编：《刑法罪名精释》（第四版），人民法院出版社2013年版，第542页。
② 同上书，第542—543页。
③ 参见张建军：《降低绑架罪主体年龄之建言》，载《人民检察》2002年第6期。
④ 张明楷：《刑法学》（第五版），法律出版社2016年版，第890页。
⑤ 参见陈兴良、周光权：《刑法学的现代展开》，中国人民大学出版社2006年版，第561—563页。
⑥ 参见周道鸾、张军主编：《刑法罪名精释》（第四版），人民法院出版社2013年版，第543页。

遇、在某地区撤兵或释放同伙罪犯等。①

从本案来看，被告人忻元龙实施了绑架并杀害被绑架人的行为；既侵犯了被害人杨某某的生命权，也引起了杨某某父母等人对杨某某的安危的极度担忧，侵犯了双重的社会关系；被告人忻元龙具有完全刑事责任能力；对于绑架并杀害被绑架人具有直接故意。因此，符合绑架罪的犯罪构成。

2. 对绑架罪中"杀害被绑架人"的理解

绑架罪中的"杀害被绑架人"如何定性？一直是理论界和实务界争论不休的话题。目前学界主要存在以下观点：

（1）一是加重结果说。如钱叶六教授认为，杀害被绑架人限于故意杀害被绑架人既遂，即是一种加重结果，而非加重情节。有必要将杀害被绑架人作为加重结果来加以理解，即只要行为人没有杀死被绑架人就不会被判处死刑。《刑法》第 239 条规定适用死刑的情节之一"杀害被绑架人"宜解释为一种加重结果，即这里的"杀害"是指"杀死"。倘若绑架人故意杀害被绑架人但未将被害人杀死的，就不能适用死刑。②

（2）二是加重情节说。如周铭川博士认为，由于《刑法》第 239 条第 2 款仅将"杀害"与"故意伤害致人重伤、死亡"并列规定为绑架罪的加重情节，所以对于未被规定为加重情节的故意伤害或杀人致人轻伤、过失致人重伤或死亡、故意杀人预备等情形，都不需要另外定罪，而应将其视为包括一罪的一部分，作为绑架罪基本犯的酌定从重处罚情节。③

（3）三是包容加重犯说。如王志祥教授认为，"杀害被绑架人"属于包容加重犯，是将杀害行为包容于绑架行为并加重法定刑，对绑架后杀人未遂或中止的，应适用"杀害被绑架人"的法定刑并同时适用刑法总则对未完成形态从宽处罚的规定。④

---

① 参见陈兴良、周光权：《刑法学的现代展开》，中国人民大学出版社 2006 年版，第 559—563 页。
② 参见钱叶六：《杀害被绑架人应解释为加重结果》，载《人民司法·案例》2007 年第 12 期；钱叶六：《绑架罪司法认定中的几个疑难问题探究——从陈某绑架、抢劫案开始谈起》，载《云南大学学报（法学版）》2007 年第 3 期。
③ 参见周铭川：《绑架罪情节加重犯研究》，载《上海交通大学学报（哲学社会科学版）》2017 年第 2 期。
④ 参见王志祥：《绑架罪中"杀害被绑架人"新论》，载《法商研究》2008 年第 2 期。

(4) 四是结合说。如张明楷教授认为，如果加重结果不是由基本行为造成，则不能认定为结果加重犯。绑架罪的基本行为是不可能包含故意杀人行为的，因此，在绑架行为之外故意杀害被绑架人的，不能认定为结果加重犯。绑架并杀害被绑架人的，不是结果加重犯，也不是情节加重，不应理解为包容犯，而是结合犯。如果能够认定绑架行为的暴力、胁迫行为致人死亡，则可以称为结果加重犯，但这种场合一般属于"过失致使被害人死亡"。①

对上述观点，有学者提出反驳。他们认为，在讨论结合犯问题时，需要对绑架杀人是否属于结合犯这一分歧或争议予以一番澄清。日本刑法理论在定义结合犯时虽未附加"规定为一个新罪"，但也并非能够推出结合犯可以是名为结合成而实为"还原"成被结合之罪的结论，毕竟对一种外来理论的理解和继受也要遵循概念的原本含义。绑架犯罪本来就是以"撕票"包括伤害和杀害为当然内容的犯罪，故绑架犯罪本来就是复行为犯，从而绑架犯罪不仅本来就不存在需要结合的问题，就连包容犯的问题也自不发生。②"包容加重说的观点可能导致量刑结果违背罪责刑相适应原则，因为绑架后故意杀人的罪责，无论如何都比绑架罪基本犯要重，其量刑不应低于绑架罪基本犯，若认定为绑架杀人的未遂、中止或预备并予以从轻、减轻处罚，其量刑完全可能低于绑架罪基本犯。"③

本书认为，之所以出现以上争论，是由于对"杀害被绑架人"的片面理解。传统的观点认为"杀害"就是"杀死"，因此，在分析"杀害被绑架人"时，疏漏了实践中被绑架人并未被杀死的情形。由于《刑法修正案（九）》已将"杀害被绑架人"

---

① 参见张明楷：《绑架罪中"杀害被绑架人"研究》，载《法学评论》2006年第3期。张明楷教授认为，我国刑法理论以往一直要求结合犯是将数个独立的犯罪确定为另一个新的独立犯罪，而这种要求可能是以日本刑法中最典型的结合犯（抢劫强盗强奸罪或抢劫强奸罪）为根据的，故我国《刑法》第239条所规定的绑架杀人似乎不属于结合犯，但由于日本刑法理论在定义结合犯时并未附加"规定为一个新罪"，且将甲罪与乙罪结合为丙罪还是结合为甲罪或乙罪的加重情形并无实质差异，故可将绑架杀人理解为结合犯。这样，就可以根据结合犯的原理来讨论绑架杀人之类的犯罪类型。于是，在处罚上，就绑架杀人而言，开始实施杀人行为的，是绑架杀人的着手；绑架既遂但杀人未遂的，属于结合犯的未遂；甲绑架他人后，乙仅参与实施杀人行为的，甲的行为属于绑架杀人的结合犯，而乙的行为仅成立故意杀人罪。参见张明楷：《刑法学》（第五版），法律出版社2016年版，第466—467页。

② 参见马婕、马荣春：《论一罪》，载《时代法学》2017年第4期。

③ 周铭川：《绑架罪情节加重犯研究》，载《上海交通大学学报（哲学社会科学版）》2017年第2期。

的法定刑从绝对确定的死刑修改为无期徒刑或死刑,并且与故意伤害致被绑架人重伤、死亡适用同一法定刑幅度,因此,应当根据新的规定对"杀害"的含义进行合理解释,不宜再认为"杀害"仅指"杀死"。立法者在将绑架杀人的法定刑从绝对确定的死刑修改为既可以判处死刑又可以判处无期徒刑时,并未局限于"杀害"的传统含义,而是包含杀人而未杀死的情形。① 正如有学者分析,将"杀害"理解为故意杀人致人重伤或死亡,与我国刑法分则规定犯罪是以既遂为模式并不矛盾,因为有原则必有例外,立法者在制定条文时,不可能始终按照刑法理论来立法,何况理论本身会有争议和发展,因此经常出现与理论通说不一致的立法。在刑法本身没有规定它所设立的犯罪甚至加重情节都是以既遂为模式的情况下,对刑法条文的解释必须符合罪责刑相适应原则。而如果仅将"杀害"理解为"杀死",认为立法者会对杀死与故意伤害致人重伤规定相同的法定刑,则明显违背罪责刑相适应原则。"杀害被绑架人"应理解为绑架过程中故意杀人并造成被绑架人重伤或死亡的情形,既包括故意杀人既遂,也包括故意杀人未遂和中止。②

因此,对绑架过程中"杀害被绑架人"的,在定罪量刑过程中,应根据具体案件的犯罪情节和后果进行具体的分析。在本案中,被告人忻元龙绑架并杀害被害人杨某某,将尸体掩埋,犯罪手段残忍,情节恶劣,后果严重,无法定从轻处罚情节,依法应适用死刑。

3. 罪间界限

在实践中,绑架罪与非法拘禁罪、敲诈勒索罪以及抢劫罪常易混淆,应准确把握各罪之间的界限,正确加以区分。

第一,绑架罪与非法拘禁罪的界限。绑架罪与非法拘禁罪实际上存在特殊与一般的关系,两者都是侵犯他人人身自由权利的犯罪,而且,绑架罪在客观上也必然表现为非法剥夺他人人身自由的行为,剥夺的方法与非法拘禁罪的方法没有质的区别,都可以是暴力、胁迫或其他方法;非法拘禁罪也可以由绑架方法构成;③ 两罪中将被害人绑架、劫持的空间特点也一样,既可以是就地不动,也可以是将被害人掳

---

① 参见周铭川:《绑架罪情节加重犯研究》,载《上海交通大学学报(哲学社会科学版)》2017年第2期。
② 同上。
③ 参见陈兴良、周光权:《刑法学的现代展开》,中国人民大学出版社2006年版,第564页。

离原所在地。① 绑架罪与非法拘禁罪的区别主要在于：一是犯罪目的不同。绑架罪的构成不仅要求有非法剥夺人身自由的行为，而且要求有勒索财物或满足行为人不法要求的目的以及与此相应的勒财或提出不法要求的实行行为；而非法拘禁罪仅要求行为人具有剥夺他人人身自由的目的。② 这里应注意，《刑法》第238条规定，为索取债务非法扣押、拘禁他人的，以非法拘禁罪论处。那么，如何区分以索取债务为目的的非法拘禁罪与以勒索财物为目的的绑架罪之间的界限呢？根据最高人民法院《关于对为索取法律不予保护的债务非法拘禁他人行为如何定罪问题的解释》，行为人为索取高利贷、赌债等法律不予保护的债务，非法扣押、拘禁他人的，依照《刑法》第238条的规定定罪处罚。按照司法解释，区分绑架罪与非法拘禁罪的重要标志就是行为人是否为索取债务而非法扣押、绑架他人：债务关系真实、现实存在的，不论债务是否合法，以非法拘禁罪定罪处罚。③ 但是，对于行为人与他人有债权债务关系而绑架、扣押人质的案件，也要认真考察行为人的真实意图，行为人绑架、扣押人质而目的不在于索取债务的，对行为人仍要以绑架罪定罪处罚。④ 二是犯罪对象不同。绑架罪具有双重被害人，这是绑架罪不同于非法拘禁罪、敲诈勒索罪及其他暴力犯罪的一个显著特征。绑架罪侵害了双重被害人，意味着侵犯了双重的社会关系：一方面是现实被害人的正常生活状态被破坏，即被绑架人或被偷盗婴幼儿的人身自由、健康甚至生命权现实地处于被侵犯状态；另一方面是实质被害人的正常生活状态被破坏，即绑架行为导致实质被害人对现实被害人安危的高度担忧，并不得不为此采取相应的行动。因此，一般情况下，绑架行为会使两个或两个以上的人遭受现实的直接侵害，而非法拘禁罪则仅使一人遭受直接侵害。⑤

第二，绑架罪与拐卖妇女、儿童罪的界限。这两种犯罪在犯罪手段上都使用了暴力、胁迫或者其他方法，但也有明显区别：一是犯罪目的不同。前者以勒索被绑架人的财物、扣押人质为目的，后者以出卖被绑架的妇女、儿童为目的。二是犯罪对象不同。前者绑架的对象是指包括妇女儿童在内的一切人，后者则仅指

---

① 参见肖中华：《绑架罪略论》，载《山东法学》1999年第5期。
② 同上。
③ 参见陈兴良、周光权：《刑法学的现代展开》，中国人民大学出版社2006年版，第564—565页。
④ 参见肖中华：《绑架罪略论》，载《山东法学》1999年第5期。
⑤ 参见刘远、周海洋：《绑架罪新论》，载《山东警察学院学报》2005年第3期。

妇女、儿童。①

第三，绑架罪与敲诈勒索罪的界限。以威胁方法实施绑架罪与敲诈勒索罪常易混淆，二者的区别是：一是犯罪客体不同。敲诈勒索罪的主要客体是公私财产所有权，次要客体是他人的人身权利或权益，行为人实施威胁的对象和取得财物的对象是同一个。而绑架罪的主要客体是他人的人身权利，行为人实施威胁绑架的对象和取得财物的对象是不同的人。② 二是客观方面不同。敲诈勒索罪的客观方面表现为以威胁或要挟的方法，向公私财物的所有人或持有人强索财物的行为。而绑架罪的客观方面是使用暴力、胁迫或者其他手段劫持他人的行为。③

第四，绑架罪与抢劫罪的界限。抢劫罪与绑架罪的区别在于：一是主观方面不同。前者以非法占有他人财物为目的，后者有的以勒索财物为目的，有的以扣押人质为目的。二是客观方面不同。前者当场使用暴力胁迫或者其他方法将财物劫走；而后者则以暴力、胁迫或者其他方法劫持他人，然后向被绑架人的亲属勒索财物或者向有关方面提出非法要求。④

（二）绑架罪的死刑适用

1. 绑架罪死刑的变革

我国刑法中绑架罪的死刑，经历了从绝对确定的死刑向相对确定的死刑的发展变化过程。所谓绝对确定的死刑，是指法定刑所包含的主刑类型只有死刑而没有其他主刑的情形。我国刑法原来规定了七种绝对确定的死刑，即劫持航空器罪，绑架罪，拐卖妇女、儿童罪，暴动越狱罪，聚众持械劫狱罪，贪污罪，受贿罪。这七种犯罪在"情节特别严重"或其他法定情形下，只能判处死刑。如，1997年《刑法》第239条规定："以勒索财物为目的绑架他人的，或者绑架他人作为人质的，处十年以上有期徒刑或者无期徒刑，并处罚金或者没收财产；致使被绑架人死亡或者杀害

---

① 参见周道鸾、张军主编：《刑法罪名精释》（第四版），人民法院出版社2013年版，第543页；高铭暄、马克昌主编：《刑法学》（第七版），北京大学出版社、高等教育出版社2016年版，第472页。

② 参见高铭暄、马克昌主编：《刑法学》（第七版），北京大学出版社、高等教育出版社2016年版，第469、516页。

③ 同上。

④ 参见周道鸾、张军主编：《刑法罪名精释》（第四版），人民法院出版社2013年版，第627页；高铭暄、马克昌主编：《刑法学》（第七版），北京大学出版社、高等教育出版社2016年版，第496页。

被绑架人的,处死刑,并处没收财产。以勒索财物为目的偷盗婴幼儿的,依照前款的规定处罚。"由此可见,在实施绑架犯罪的过程中,一旦行为人的行为具有"致使被绑架人死亡或者杀害被绑架人"的情形,法官在确定基准刑时就只能以死刑作为唯一的选择,而没有另行选择其他种类刑罚的余地,这就不可避免地导致死刑适用范围的扩大,并有悖于严格限制死刑适用的刑事政策。① 此外,"致使被绑架人死亡或者杀害被绑架人"这两种情形下的主观罪过形式截然不同:前者系行为人的行为过失引起的,而后者则系行为人故意实施的。这两种情形的社会危害性程度显然不可相提并论。不加区分、不加衡量地对这两种罪过形式截然不同的情形均配置绝对确定的死刑,是违背罪责刑相适应原则的。②

1997年《刑法》实施后,从实践中看,刑法对绑架罪设定的刑罚层次偏少,而且法定最低刑就是10年,不能完全适应处理情况复杂的绑架案件的需要。有鉴于此,《刑法修正案(七)》在原有规定的基础上对绑架罪增加规定了情节较轻情形的法定刑,即"情节较轻的,处五年以上十年以下有期徒刑,并处罚金"③。而绑架罪的绝对确定死刑的规定则在《刑法修正案(七)》中仍然得以原封不动地保留。在《刑法修正案(九)》征求意见的过程中,全国人大法律委员会经同公、检、法等有关部门研究,建议将"致使被绑架人死亡或者杀害被绑架人的,处死刑"修改为"故意伤害、杀害被绑架人,致人重伤、死亡的,处无期徒刑或者死刑"。这一建议在2015年6月24日提交第十二届全国人大常委会第十五次会议审议的《刑法修正案(九)(草案)》(二审稿)第14条中得以反映。④2015年8月29日通过的《刑法修正案(九)》(自2015年11月1日起施行)第239条第2款最终修改为:"犯前款罪,杀害被绑架人的,或者故意伤害被绑架人,致人重伤、死亡的,处无期徒刑或者死刑,并处没收财产。"至此,我国刑法中绑架罪绝对确定的死刑被修改为相对确定的死刑。

2. 死刑适用的条件

《刑法》第48条规定,死刑只适用于罪行极其严重的犯罪分子。据此,罪犯应

---

① 参见王志祥:《论绑架罪绝对确定死刑规定的修订》,载《政法论丛》2016年第3期。
② 同上。
③ 参见高铭暄:《中华人民共和国刑法的孕育诞生和发展完善》,北京大学出版社2012年版,第459—460页。
④ 参见王志祥:《论绑架罪绝对确定死刑规定的修订》,载《政法论丛》2016年第3期。

当判处死刑,是指犯罪分子的罪行极其严重。所谓罪行极其严重,通常解释为罪行对国家和人民利益危害特别严重。①

"罪行极其严重"是死刑适用的实质条件,包含三个方面的内容:一是被告人的行为触犯了刑法规定的可以判处死刑的罪名,且行为性质极其恶劣;二是被告人所犯罪行的情节特别严重,且造成了特别严重的社会危害后果;三是被告人的主观恶性和人身危险性极大。判断被告人的犯罪行为是否极其严重,应当根据刑法和司法解释的有关规定,并综合考虑上述主客观因素,严格认定。②

3. 对死缓的理解

《刑法》第48条第1款规定:"死刑只适用于罪行极其严重的犯罪分子。对于应当判处死刑的犯罪分子,如果不是必须立即执行的,可以判处死刑同时宣告缓期二年执行。"死缓适用必须具备以下条件:一是罪犯应当判处死刑。这是适用死缓的前提条件,也是适用死缓与适用无期徒刑区别之所在。二是不是必须立即执行。这是适用死缓的实质条件,也是适用死缓与适用死刑立即执行的区别所在。是否必须立即执行,对于适用死缓至关重要。但怎样认定"不是必须立即执行",法律并未具体规定。所谓"不是必须立即执行",指固然犯有死罪,但根据具体情况,不是一定要立即执行死刑。③ 这应当从罪行和刑事责任两方面考察,即:从罪行上看,不是必须立即执行的与必须立即执行的相比,后者罪行的社会危害性一般说来要比前者严重。从刑事责任上看,罪行最严重的,一般说来要负最严重的刑事责任。但如果罪犯具有法定的应当从轻或减轻处罚的情节,刑事责任就应适当减轻,这时就不再负最严重的刑事责任。与此相适应,所判死刑也就不是必须立即执行。以下几种情况,在认定应当判处死刑不是必须立即执行时,值得重视:(1)罪该判处死刑,但犯罪行为不是最严重地侵害国家或人民利益,人身危险性不是特别严重的;(2)罪该判处死刑,但犯罪分子犯罪后坦白交代、认罪悔改、投案自首或有立功表现的;(3)罪该判处死刑,但被害人有一定过错的;(4)罪该判处死刑,但在共同犯罪活动中不是起最主要作用的;(5)罪该判处死刑,但缺少直接证据,应当留有余地的;(6)罪该判处死刑,但从政治上、外交上等方面考虑,需要按照国家的特殊政策对待的;等等。④

---

① 参见马克昌:《论死刑缓期执行》,载《中国法学》1999年第2期。
② 同上。
③ 同上。
④ 同上。

此外，从对死刑控制来说，本书赞同有些学者的观点，"对《刑法》第48条第1款应采取以适用死缓为通例、以适用死刑立即执行为例外的解读方式；该款前句是划定'死刑圈'的标准，后句是进一步适用死刑立即执行的条件"①。普通死缓、死缓限制减刑与死刑立即执行应被视为死刑范畴内的三种准刑种。适用死刑时有必要采取"普通死缓—死缓限制减刑—死刑立即执行"的思考顺序，优先考虑普通死缓的适用。是否适用死缓限制减刑或死刑立即执行，取决于对行为人人身危险性的测定与评估。只有在判处死缓限制减刑仍无法实现特殊预防时，才允许适用死刑立即执行。②

（三）死刑案件的证明标准

"保留死刑，严格控制死刑"是我国的基本死刑政策。实践证明，这一政策是完全正确的，必须继续贯彻执行。要完整、准确地理解和执行宽严相济刑事政策，依法严厉打击严重刑事犯罪，对少数罪行极其严重的犯罪分子，坚决依法判处死刑。我国现在还不能废除死刑，但应逐步减少适用，凡是可杀可不杀的，一律不杀。死刑是剥夺人生命的一种刑罚，一旦错杀后果将无法挽回。因此，死刑案件必须采取最严格的证明标准。办理死刑案件，必须根据构建社会主义和谐社会和维护社会稳定的要求，严谨审慎，既要保证根据证据正确认定案件事实，杜绝冤错案的发生，又要保证定罪准确，量刑适当，做到少杀、慎杀。③

在本案中，涉及对死刑的证据认定问题。正如陈兴良教授指出："死刑的证据认定是一个关系到杀与不杀的重大问题，因此必须慎重对待。我国刑事诉讼法规定的证据标准是事实清楚、证据确实、充分。应该说，这一标准本身还是较为抽象的。尤其是在死刑案件中，如何认定证据确实、充分，就是一个需要关切的重大问题。"④值得注意的是，在司法实践中也存在着某种矫正性的表述，这就是所谓"两个基本"，即：基本事实清楚，基本证据确实、充分。刑事证据的"两个基本"并非法律规定，但却对司法实践具有重要指导意义。"两个基本"是在严打的刑事政策背景之

---

① 劳东燕：《死刑适用标准的体系化构造》，载《法学研究》2015年第1期。
② 同上。
③ 参见2007年3月9日《最高人民法院、最高人民检察院、公安部、司法部印发〈关于进一步严格依法办案确保办理死刑案件质量的意见〉的通知》。
④ 陈兴良：《忻元龙绑架案：死刑案件的证据认定——高检指导性案例的个案研究》，载《法学评论》2014年第5期。

下提出来的，是从快打击犯罪分子的应有之义。"两个基本"成为事实上的刑事案件证明标准以后，适用这一证明标准最大的问题在于如何界定这里的"基本"。这里的"基本"一词，在汉语中通常是指"主要"。因此，基本事实可以解读为主要事实，而基本证据可以解读为主要证据。但是，"两个基本"所体现的对刑事证明标准修正的思路也潜藏着向降低刑事证明标准方向发展的危险。这就体现在"基本事实清楚，基本证据确实、充分"的"两个基本"被曲解为"事实基本清楚，证据基本确实、充分"。①

随着死刑核准权收归最高人民法院行使，防止死刑冤案的发生，严格死刑案件的证明标准势在必行。在这种情况下，2010年最高人民法院、最高人民检察院、公安部、国家安全部、司法部联合颁布了《关于办理死刑案件审查判断证据若干问题的规定》（以下简称《死刑证据规定》），对办理死刑案件审查判断证据问题作了具体规定，这是我国司法当局在死刑证据标准具体化方面所作的努力之一。②《死刑证据规定》虽然不是立法机关制定的法律，但鉴于我国目前的权力格局，该规定具有事实上的规范效力。《死刑证据规定》第5条第2款对死刑证据标准作了具体规定，指出："证据确实、充分是指：（一）定罪量刑的事实都有证据证明；（二）每一个定案的证据均已经法定程序查证属实；（三）证据与证据之间、证据与案件事实之间不存在矛盾或者矛盾得以合理排除；（四）共同犯罪案件中，被告人的地位、作用均已查清；（五）根据证据认定案件事实的过程符合逻辑和经验规则，由证据得出的结论为唯一结论。"这一规定实际上也是对当时《刑事诉讼法》关于证据确实、充分这一抽象规定的解释，该解释不仅适用于死刑案件的证据审查判断，而且也适用于其他案件的证据审查判断。《死刑证据规则》还对死刑案件证明标准中的证据范围作了明确规定，其第5条第3款规定："办理死刑案件，对于以下事实的证明必须达到证据确实、充分：（一）被指控的犯罪事实的发生；（二）被告人实施了犯罪行为与被告人实施犯罪行为的时间、地点、手段、后果以及其他情节；（三）影响被告人定罪的身份情况；（四）被告人有刑事责任能力；（五）被告人的罪过；（六）是否共同犯罪及被告人在共同犯罪中的地位、作用；（七）对被告人从重处罚的事实。"也就是说，在以上关系到死刑案件是否能够认定以及是否应当适用死刑的定罪和量刑证据上，

---

① 陈兴良：《忻元龙绑架案：死刑案件的证据认定——高检指导性案例的个案研究》，载《法学评论》2014年第5期。

② 同上。

都应当做到证据确实、充分。有学者认为，以上规定，可以理解为对"两个基本"中的"基本证据"的界定，对于死刑案件的证据认定具有重要意义。①

2012年修订的《刑事诉讼法》吸收了上述规定，在我国刑事诉讼法中首次确立了排除合理怀疑的证据审查判断标准。修订后的《刑事诉讼法》第53条第2款规定："证据确实、充分，应当符合以下条件：（一）定罪量刑的事实都有证据证明；（二）据以定案的证据均经法定程序审查属实；（三）综合全案证据，对所认定事实已排除合理怀疑。"对此，我国学者指出："2012年《刑事诉讼法》对'事实清楚、证据确实、充分'的证明标准确立了较为具体的规则，特别是将'排除合理怀疑'的规则引入这一最高证明标准之中，标志着我国证明标准制度开始走向成熟。"② 由此可见，从死刑案件的证据标准开始，我国刑事证据标准得以明晰化。但这里涉及证据确实、充分的一般证明标准与排除合理怀疑的证明规则之间的关系问题。在证明标准问题上，不同国家之间存在着不同的表述。归纳起来，大体上可以分为两种类型，即客观标准与主观标准。英美法系国家适用的是排除合理怀疑的标准，较为倾向于客观效果，即采取的是一种客观化的证明标准。而大陆法系国家适用的是内心确信的标准，较为倾向于主观心理，即采取的是一种主观化的证明标准。③ 其实，这两者是同一证明标准互为表里的两种表述。因为，排除合理怀疑的怀疑主体也是人，因此，客观上的证据确实、充分必须被人所体认。同样，内心确信的根据也是客观存在的证据。因此，在证明标准问题上客观与主观应该是统一的：客观是被主观所认知的客体，而主观则是对客观所认知的结果。④ 从我国刑事诉讼法对证据确实、充分和排除合理怀疑的规定来看，是把排除合理怀疑当作检验证据是否确实、充分的一个考察要素看待的。因此，证据确实、充分和排除合理怀疑这两者不是一种并列关系，而是一种从属关系。其中，证据确实、充分是总的原则，而排除合理怀疑是具体规则。对于任何刑事案件来说，有罪判决都必须达到证据确实、充分的证明标准，而只有排除合理怀疑才能认为证据已经达到确实、充分；反之，只有证

---

① 参见陈兴良：《忻元龙绑架案：死刑案件的证据认定——高检指导性案例的个案研究》，载《法学评论》2014年第5期。
② 陈瑞华：《刑事证据法学》，北京大学出版社2012年版，第254页。
③ 参见卞建林主编：《刑事证明理论》，中国人民公安大学出版社2004年版，第237页。
④ 参见陈兴良：《忻元龙绑架案：死刑案件的证据认定——高检指导性案例的个案研究》，载《法学评论》2014年第5期。

据确实、充分才能认为合理怀疑已然排除。①

在本案中，忻元龙在一审被判处死刑立即执行，但二审却以"本案的具体情况"为由，改判死刑缓期执行。但在二审裁定中，对于这里的"具体情况"并没有加以说明。在浙江省人民检察院的抗诉书中，明确指出所谓"具体情况"是指本案以下两个证据存在疑问：一是卖给忻元龙波导1220型手机的证人傅某某在证言中讲该手机的串号与公安人员扣押在案手机的串号不一致，手机的同一性存有疑问；二是证人宋某某和艾力买买提某某某证实，在案发当天看见一个中年妇女将一个与被害人特征相近的小女孩带走，不能排除有他人作案的可能。以上第一个疑问，涉及物证的可靠性问题，用来勒索财物的手机是本案重要物证之一。但本案手机的来源，在案的证据还包括洪某某将手机卖给傅某某的旧货交易凭证等证据，而手机号码的差错只是缘于公安人员在询问傅某某时，傅某某将波导1220型手机原机主洪某某的身份证号码误记为手机的串号。如果以上情况属实，这一差错确实不影响对本案的定罪。但是，公安人员为什么当时没有发现这一差错？该证据进入司法程序以后，对于证据的瑕疵如何予以排除，这些问题在本案中都没有得到有效的解决。第二个疑问，涉及犯罪是否另有其人的问题，如果这个疑问不能排除，将在根本上动摇本案的定罪。② 对此，公诉方认为，宋某某和艾力买买提某某某有关在案发当天看见一个中年妇女将一个与被害人特征相近的小女孩带走的证言与本案无关，可以予以排除。除了以上证言所涉及的时间、地点等与本案发生的时间、地点存在差误以外，本案的定罪证据包括被告人指认埋尸现场，在现场公安机关起获了一具尸骨，以及从被告人所有的浙B×××××通宝牌面包车上提取的杨某某头发两根（经法医学DNA检验鉴定，是被害人杨某某的尸骨和头发）这两个客观证据。据此可以排除他人犯罪的可能性。第一个疑问确实属于细枝末节，对于定罪没有根本性的影响，而且也已经排除。第二个疑问对于案件的定性则具有重大的影响。因为，它涉及罪犯是否另有其人的问题。如果这个疑问不能排除，本案就难以认为证据已经达到确实、充分的程度。以忻元龙绑架案提供的资料为基础进行分析，陈兴良教授认为，检察机关的抗诉还是有道理的。因为这两个疑点都是可以排除的，排除这两个疑点以后，

---

① 参见陈兴良：《忻元龙绑架案：死刑案件的证据认定——高检指导性案例的个案研究》，载《法学评论》2014年第5期。
② 同上。

对于忻元龙定罪的证据还是确实、充分的。① 本书同意陈兴良教授的分析,认为这两个疑点并不影响定罪,检察机关的抗诉意见是合理的。

(四)刑事审判的法律监督问题

由本案可以发现,实践中,司法机关对于死刑案件如何排除合理怀疑,往往存在不同的意见。当然,这也是基于法院与检察院的不同立场。本案中,检察机关抗诉二审法院量刑不当,被告人忻元龙最终被判处死刑,罚当其罪。由此可见,检察机关在死刑二审案件中加强法律监督,对保证刑事审判结果的公正具有重大的理论和现实意义。结合上述案例,本书认为,检察机关在刑事审判的法律监督中应当把握好以下三个重点:②

第一,落实证据全面审查原则。检察机关对死刑二审案件进行全面审查有利于其拓宽发现问题的渠道,充分掌握案件信息,准确作出判断,从而全面履行法律赋予的监督职责。2006年最高人民法院和最高人民检察院联合发布的《关于死刑第二审案件开庭审理程序若干问题的规定(试行)》明确规定了检察机关全面审查的原则。具体而言,二审检察官既要审查一审判决认定事实是否清楚,证据是否确实、充分,又要审查其适用法律是否正确,量刑是否适当,审判活动是否合法。在对死刑案件有关证据进行书面审查的基础上,检察机关还应当按照前述规定的要求,将提审被告人、听取其上诉理由或者辩解作为必经程序,并在必要时询问证人、听取辩护人和被害人的意见,对鉴定意见有疑问的,应重新鉴定或者补充鉴定。此外,还要严格执行《关于办理刑事案件严格排除非法证据若干问题的规定》《死刑证据规定》对死刑案件证据审查、非法证据排除、缺陷证据补正的要求,切实加大对死刑案件事实、证据的把关力度,在注重对死刑案件证据体系完整性审查的同时,高度重视对死刑案件证据合法性的审查。③

第二,强化出庭和庭审对抗职能。对于死刑二审案件,代表国家出庭的检察员的任务不是单纯地指控犯罪,而是要更加客观地追求公平正义,"首推法律监督,必

---

① 参见陈兴良:《忻元龙绑架案:死刑案件的证据认定——高检指导性案例的个案研究》,载《法学评论》2014年第5期。
② 参见刘仁文、田淼:《论检察机关对死刑二审案件的法律监督》,载《中国刑事法杂志》2013年第11期。
③ 同上。

要时继续支持公诉"①已成为检察机关办理二审案件的普遍职责定位。为此，一是要做好出庭的准备工作。出庭检察员要按照最高人民检察院发布的《人民检察院办理死刑第二审案件工作规程（试行）》有关要求，做好出庭预案，突出针对性和预见性。对于疑难、复杂和社会高度关注的案件，应制作出庭临时处置方案，以应对庭审中可能出现的各种复杂情况。二是要明确检察监督意见。检察员应当根据案件审查的情况提出支持、改判、发回重审的意见，并详细阐明理由。三是要强化对抗功能。在法庭调查阶段，应围绕对上诉、抗诉意见具有重要影响的关键事实和证据进行论证；在法庭辩论阶段，应围绕控辩双方在事实、证据、法律适用和量刑方面的分歧焦点，依据事实和法律，客观公正地发表出庭意见。对于法庭审理活动违反法定程序、侵犯诉讼参与人合法权利，可能影响公正审判的，应当建议休庭，并在休庭后及时向检察长报告，依法提出纠正意见。②

第三，充分发挥检察工作一体化机制优势。死刑案件质量提高的关键在于证据能否及时收集、固定到位，因而侦查环节和一审审查起诉阶段很重要。为此，检察机关要落实和发挥检察工作一体化机制优势：一是要加大提前介入侦查引导取证工作的力度。二是要进一步强化基层检察公诉部门对死刑案件的实体责任，实现"重心下移"。三是要进一步加强捕、诉、技协作配合工作机制。侦查监督部门、公诉部门、检察技术部门要在正确履行各自法定职责的基础上，充分发挥各自职能优势，实现优势互补，形成合力。四是要坚持上、下级检察院公诉部门联动工作机制，探索建立上下级检察院公诉部门在必要时相互调配办案人员办理重大疑难死刑案件的工作机制。③

忻元龙绑架案是最高人民检察院颁布的指导性案例，从正面宣传检察机关抗诉获得法院改判的效果，本案的裁判要旨是"对于死刑案件的抗诉，要正确把握适用死刑的条件，严格证明标准，依法履行刑事审判法律监督职责"。④从对整个案件的分析以及司法实践来看，本书认为，在死刑案件的证据审查和法律监督上，必须严格把握证明标准，严格依法进行法律监督。既要防止法院在司法实践中对存疑的证

---

① 刘仁文、田淼：《论检察机关对死刑二审案件的法律监督》，载《中国刑事法杂志》2013年第11期。

② 同上。

③ 同上。

④ 参见陈兴良：《忻元龙绑架案：死刑案件的证据认定——高检指导性案例的个案研究》，载《法学评论》2014年第5期。

据不加严格审查和证明，简单地以"留有余地"的折中方式改判死缓结案，造成司法不公；也要防止法院因受到来自检察机关等部门的强势压力，最终未能对证据严格把关，以妥协的方式最终铸成大错。

第二节 故意杀人罪

一、指导性案例

检例18号：郭明先参加黑社会性质组织、故意杀人、故意伤害案

1. 基本案情

被告人郭明先，1997年9月因犯盗窃罪被判有期徒刑5年6个月，2001年12月刑满释放。

2003年5月7日，李泽荣（另案处理，已判刑）等人在四川省三台县"经典歌城"唱歌结账时与该歌城老板何某发生纠纷，被告人郭明先受李泽荣一方纠集，伙同李泽荣、王成鹏、王国军（另案处理，均已判刑）打砸"经典歌城"，郭明先持刀砍人，致何某重伤、顾客吴某某轻伤。

2008年1月1日，闵思金（另案处理，已判刑）与王某某在四川省三台县里程乡岩崖坪发生交通事故，双方因闵思金摩托车受损赔偿问题发生争执。王某某电话通知被害人兰某、李某某等人，闵思金电话召集郭明先及闵思勇、陈强（另案处理，均已判刑）等人。闵思勇与其朋友代某某、兰某某先到现场，因代某某、兰某某与争执双方均认识，即进行劝解，事情基本平息。后郭明先、陈强等人亦分别骑摩托车赶至现场。闵思金向郭明先指认兰某后，郭明先持菜刀欲砍兰某，被路过并劝架的被害人蓝某某（殁年26岁）阻拦，郭明先遂持菜刀猛砍蓝某某头部，致蓝某某严重颅脑损伤死亡。兰某、李某某等见状，持木棒击打郭明先，郭明先持菜刀乱砍，致兰某重伤，致李某某轻伤。后郭明先搭乘闵思勇所驾摩托车逃跑。

2008年5月，郭明先负案潜逃期间，应同案被告人李进（犯组织、领导黑社会性质组织罪、故意伤害罪等，被判处有期徒刑14年）的邀约，到四川省绵阳市安县参加了同案被告人王术华（犯组织、领导黑社会性质组织罪、故意伤害罪等罪名，被判处有期徒刑20年）组织、领导的黑社会性质组织，充当打手。因王术华对胡某不满，让李进安排人教训胡某及其手下。2009年5月17日，李进见胡某两名手下范某、张某某在安县花荄镇姜记烧烤店吃烧烤，便打电话叫来郭明先。经指认，郭明先蒙面持菜刀砍击范某、张某某，致该二人轻伤。

2. 诉讼过程

2009年7月28日，郭明先因涉嫌故意伤害罪被四川省绵阳市安县公安局刑事拘留，同年8月18日被逮捕，经查犯罪嫌疑人郭明先还涉嫌王术华等人黑社会性质组织系列犯罪案件。安县公安局侦查终结后，移送安县人民检察院审查起诉。该院受理后，于2010年1月3日报送绵阳市人民检察院审查起诉。2010年7月19日，绵阳市人民检察院对王术华等人参与的黑社会性质组织系列犯罪案件向绵阳市中级人民法院提起公诉，其中指控本案被告人郭明先犯参加黑社会性质组织罪、故意伤害罪和故意杀人罪。

2010年12月17日，绵阳市中级人民法院一审认为，被告人郭明先1997年因犯盗窃罪被判处有期徒刑，2001年12月26日刑满释放后，又于2003年故意伤害他人，2008年故意杀人、参加黑社会性质组织，均应判处有期徒刑以上刑罚，系累犯，应当从重处罚。依法判决：被告人郭明先犯参加黑社会性质组织罪，处有期徒刑2年；犯故意杀人罪，处死刑，缓期2年执行，剥夺政治权利终身；犯故意伤害罪，处有期徒刑5年；数罪并罚，决定执行死刑，缓期2年执行，剥夺政治权利终身。

2010年12月30日，绵阳市人民检察院认为一审判决对被告人郭明先量刑畸轻，依法向四川省高级人民法院提出抗诉。2012年4月16日，四川省高级人民法院二审判决采纳抗诉意见，改判郭明先死刑立即执行。2012年10月26日，最高人民法院裁定核准四川省高级人民法院对被告人郭明先的死刑判决。2012年11月22日，被告人郭明先被执行死刑。

3. 抗诉理由

抗诉和支持抗诉理由是：一审判处被告人郭明先死刑，缓期2年执行，量刑畸轻。郭明先1997年因犯盗窃罪被判有期徒刑5年6个月，2001年12月刑满释放后，不思悔改，继续犯罪。于2003年5月7日，伙同他人打砸三台县"经典歌城"，并持刀行凶致一人重伤、一人轻伤，其行为构成故意伤害罪。负案潜逃期间，于2008年1月1日在三台县里程乡岩崖坪持刀行凶，致一人死亡、一人重伤、一人轻伤，其行为构成故意杀人罪和故意伤害罪。此后，又积极参加黑社会性质组织，充当他人打手，并于2009年5月17日受该组织安排，蒙面持刀行凶，致两人轻伤，其行为构成参加黑社会性质组织罪和故意伤害罪。根据本案事实和证据，被告人郭明先的罪行极其严重、犯罪手段残忍、犯罪后果严重、主观恶性极大，根据罪责刑相适应原则，应当依法判处其死刑立即执行。

4. 判决结果

四川省高级人民法院二审认为，本案事实清楚，证据确实、充分，原审被告人郭明先犯参加黑社会性质组织罪、故意杀人罪、故意伤害罪，系累犯，主观恶性极深，依法应当从重处罚。检察机关认为"原判对郭明先量刑畸轻"的抗诉理由成立。据此，依法撤销一审判决关于原审被告人郭明先量刑部分，改判郭明先犯参加黑社会性质组织罪，处有期徒刑2年；犯故意杀人罪，处死刑，剥夺政治权利终身；犯故意伤害罪，处有期徒刑5年；数罪并罚，决定执行死刑，剥夺政治权利终身。经报最高人民法院核准，已被执行死刑。

5. 裁判要旨

死刑依法只适用于罪行极其严重的犯罪分子。对故意杀人、故意伤害、绑架、爆炸等涉黑、涉恐、涉暴刑事案件中罪行极其严重，严重危害国家安全和公共安全、严重危害公民生命权，或者严重危害社会秩序的被告人，依法应当判处死刑，人民法院未判处死刑的，人民检察院应当依法提出抗诉。

二、案件争点

（1）故意杀人罪与故意伤害罪的区分。

（2）对"罪行极其严重"的理解。

（3）关于累犯的认定问题。

（4）数罪如何并罚？

三、学理研究

在死刑案件中，故意杀人、故意伤害案件所占比例最高。故意杀人罪与故意伤害罪在客观上具有某些相似之处，尤其是由于故意伤害致死与故意杀人既遂、故意伤害与故意杀人未遂在司法实践中极易混淆，检察院与法院也常常在定罪量刑上出现意见分歧。以下尝试结合上述案例，对故意杀人罪与故意伤害罪进行比较分析。

（一）故意杀人罪与故意伤害罪的区分

故意杀人罪，是指故意非法剥夺他人生命的行为。本罪在客观方面表现为非法剥夺他人生命。本罪的客体是他人的生命。任何人的生命权利均受到法律的平等保护，而不受任何包括年龄、种族、性别、职业、地位等其他外在因素的影响，除经合法程序判处并执行死刑以外，人之生命权不受非法剥夺。在理解本罪的犯罪对象时应当注意：其一，法人并非本罪的犯罪对象；其二，犯罪对象仅限他人，自杀并不构成本罪；其三，人的生命始于出生、终于死亡，因此胎儿、尸体不成为本罪的犯罪对象，而溺婴当然构成本罪。本罪在主观方面既可以由直接故意也可以由间接故意构成，其动机不限，即使义愤杀人、大义灭亲等，也构成本罪。① 本罪的主体是一般主体，即已满14周岁，达到法定刑事责任年龄的人。

故意伤害罪，是指故意非法损害他人身体健康的行为。本罪在客观方面表现为实施了非法损害他人身体的行为，也就是说要有损害他人身体的非法行为，并且该行为已造成了他人人身的一定程度（轻伤以上）的伤害。本罪的犯罪对象是他人的身体健康权，所谓身体健康权，是指自然人对于保持其肢体、器官、组织的完整性和正常机能的权利。② 本罪在主观方面表现为故意。即行为人明知自己的行为会造成损害他人身体健康的结果，而希望或放任这种结果的发生。"对造成伤害结果而言，可以包括直接故意和间接故意，故意伤害致死，行为人对伤害结果出于故意，而对死亡结果则必须是过失的心理态度，即属于复杂罪过的情况。需要注意的是，在间接故意伤害的情况下，只能是放任对他人身体健康损害结果的发生，而不能是放任死亡结果发生，否则，应构成故意杀人罪。伤害的动机是多种多样的，但动机不影响本罪的成立，只是量刑情节。"③ 本罪的主体为一般主体。凡达到刑事责任年龄并具备刑事责任能力的自然人均能构成本罪，其中，已满14周岁未满16周岁的自然人有故意伤害致人重伤或死亡行为的，应当负刑事责任。

正确区分故意伤害致人死亡案件与故意杀人案件非常重要。一般来说，故意伤害致人死亡与直接故意杀人较为容易区分，而故意伤害致人死亡与间接故意杀人较难判断。关于故意伤害罪与故意杀人罪的界限问题，刑法理论上存在不同观点。目的说认为，故意杀人罪与故意伤害罪的区别在于犯罪目的不同；故意说认为，故意杀人罪与故意伤害罪的区别在于故意内容不同；事实说认为，区分故意杀人罪与故

---

① 参见陈兴良主编：《刑法学》，复旦大学出版社2003年版，第344—345页。
② 参见高铭暄、马克昌主编：《刑法学》（第七版），北京大学出版社、高等教育出版社2016年版，第459页。
③ 郑泽善：《故意伤害罪新论》，载《法学论坛》2012年第1期。

意伤害罪，应当以案件的客观事实为标准，而不能以犯罪人的主观故意内容为标准。目的说显然忽视了间接故意杀人与间接故意伤害的情况；故意说看到了目的说的上述缺陷，成为现在的通说。① 但是，如何辨别和区分杀人的故意与伤害的故意？这在实践中也是个难题。有学者认为，故意说与事实说并不对立，相反完全可以统一，即客观上实施了杀人行为，主观上对死亡具有认识和希望或放任心理的，是故意杀人罪；客观上实施的是伤害行为，仅对伤害结果具有认识和希望或放任心理的，是故意伤害罪；即使客观上是杀人行为，但行为人没有认识到死亡结果（没有杀人故意）的，也不能认定为故意杀人罪。而行为人是否具有杀人的故意，要通过考察客观事实来认定。② 在司法实践中，应当坚持犯罪构成的原理，综合考虑主客观方面的全部事实，正确区分故意杀人罪与故意伤害罪。根据审判经验，一般从案件起因中判断被告人是否具有明显的杀人动机，然后根据行为人使用的作案工具、加害的身体部位、加害行为是否有所节制、作案后的心态等方面，综合判断其主观真实内容。如被告人持刀捅刺被害人非要害部位，被害人在抢救中死亡。在这种情形下，被告人主观上伤害故意明显，应定故意伤害罪。审判实践中，有些将故意伤害致人死亡案件错误定性为故意杀人案件而判处被告人死刑立即执行，这是应当避免的。③

从本案来看，被告人郭明先 2008 年 1 月 1 日在三台县里程乡岩崖坪，在交通事故引发的争执事件已基本平息后，仍持菜刀欲砍兰某，经路过并劝架的被害人蓝某某阻拦时，遂持菜刀猛砍蓝某某头部，致蓝某某严重颅脑损伤死亡。从郭明先使用的作案工具、加害的身体部位、加害的强度、犯罪行为的节制以及作案后的心态等方面来综合判断，其行为符合故意杀人罪的犯罪构成。而其持菜刀乱砍，致兰某重伤、李某某轻伤的行为则符合故意伤害罪的犯罪构成。本书认为，四川省绵阳市中级人民法院认定郭明先的此次行为构成故意杀人罪和故意伤害罪是恰当的。

（二）对"罪行极其严重"的理解

《刑法》第 232 条规定："故意杀人的，处死刑、无期徒刑或者十年以上有期徒刑；情节较轻的，处三年以上十年以下有期徒刑。"可见，故意杀人案件的法定刑幅度甚大，并非造成死亡结果就得判处死刑。根据《刑法》第 48 条的规定，"死刑只

---

① 参见张明楷：《刑法学》（第五版），法律出版社 2016 年版，第 861 页。
② 同上。
③ 参见高憬宏、姜永义、王尚明：《故意杀人、故意伤害案件的死刑适用》，载《人民司法·应用》2010 年第 3 期。

适用于罪行极其严重的犯罪分子"。也就是说，在故意杀人案件中，只有对于罪行极其严重的被告人才适用死刑。如何判断故意杀人案件的被告人罪行极其严重？本书认为，应包括四个方面：犯罪性质极其严重；犯罪情节极其严重；犯罪后果极其严重；被告人的主观恶性和人身危险性极大。在此基础上，还要综合考虑被告人是否具有其他法定从轻或酌定从轻处罚情节，以正确适用刑罚。①

其一，注意区分案件的不同性质。故意杀人、故意伤害侵犯的是人的生命和身体健康，社会危害性大，直接影响到人民群众的安全感。2010年2月8日最高人民法院印发的《关于贯彻宽严相济刑事政策的若干意见》（以下简称《意见》）第7条将故意杀人、故意伤害致人死亡犯罪作为严惩的重点是十分必要的。但是，实践中的故意杀人、伤害案件复杂多样，处理时要注意分别案件的不同性质，做到区别对待。在认定时除从作案工具、打击的部位、力度等方面进行判断外，也要注意考虑犯罪的起因等因素。比如，有的学者根据最高人民法院《关于审理故意杀人、故意伤害案件正确适用死刑问题的指导意见》（以下简称《指导意见》），将故意杀人案件分为两类：一是严重危害社会治安、严重影响人民群众安全感的故意杀人案件；二是因婚姻家庭、邻里纠纷等民间矛盾激化引发的故意杀人案件。前者如暴力恐怖犯罪、黑社会性质组织犯罪、恶势力犯罪以及其他严重危害社会治安的，雇凶杀人的，冒充军警、执法人员杀人的案件。主张对于这类犯罪，应当体现从严惩处的原则，依法判处被告人重刑直至判处死刑立即执行。② 陈兴良教授也认为，就这部分故意杀人犯罪而言，性质是极为严重的，不仅侵害了公民的生命权，而且危害了社会治安，因此应当严惩。但是，对于其中具有法定从轻处罚情节的，应当依法从宽处罚。③

其二，充分考虑各种犯罪情节。犯罪情节对于故意杀人罪的死刑裁量也具有重要的意义，它直接影响对被告人是否适用死刑，以及是适用死刑缓期执行还是死刑立即执行。为限制故意杀人罪的死刑适用，应当明确只有在情节极其严重的故意杀人罪中才能考虑适用死刑（包括死刑立即执行与死刑缓期执行）。虽然故意杀人情节特别严重，但具有法定或者酌定的从轻处罚情节的，也应当适用死刑缓期执行。④ 犯

---

① 参见高憬宏、姜永义、王尚明：《故意杀人、故意伤害案件的死刑适用》，载《人民司法·应用》2010年第3期。
② 同上。
③ 参见陈兴良：《故意杀人罪的手段残忍及其死刑裁量——以刑事指导案例为对象的研究》，载《法学研究》2013年第4期。
④ 同上。

罪情节包括犯罪的动机、手段、对象、场所及造成的后果等,不同的犯罪情节反映不同的社会危害性。犯罪情节多属酌定量刑情节,法律往往未作明确的规定,但犯罪情节是适用刑罚的基础,是具体案件决定从严或从宽处罚的基本依据,需要在案件审理中进行仔细甄别,以准确判断犯罪的社会危害性。《指导意见》列举了将以下情节认定为"情节特别恶劣":暴力抗法而杀害执法人员的;以特别残忍的手段杀人的;持枪杀人的;实施其他犯罪后杀人灭口的;杀人后为掩盖罪行或者出于其他卑劣动机分尸、碎尸、焚尸灭迹等。① 对于犯罪情节极其严重,又无其他法定或酌定从轻情节的,可以依法判处死刑立即执行。

其三,犯罪后果极其严重。《指导意见》认为,故意杀人犯罪的直接后果主要是致人死亡,但也要考虑对社会治安的影响等其他后果。一般来说,造成一人死亡,如果被告人有法定、酌定从轻情节的,一般不判处死刑立即执行;造成二人以上死亡或多人伤亡的,一般可判处死刑立即执行。② 有学者认为,故意杀人罪就其致人死亡而言,具有单一性,不像伤害罪那样存在伤害程度上的区分,也不像财产犯罪那样存在数额上的差别。因此,在故意杀人致一人死亡的案件中,结果具有相同性。只是在故意杀人致二人以上死亡的案件中,才存在后果上的差别。但是,严重危害社会治安是故意杀人犯罪性质的决定因素,将其视为故意杀人罪的间接后果,似有不妥。在我国刑法目前对杀害多人按一个故意杀人罪论处的语境之下,应当把杀害二人以上作为故意杀人罪的后果严重。因此,杀害二人以上,尤其是杀害多人,属于后果严重或者特别严重的故意杀人犯罪,应当予以严惩。③

其四,充分考虑主观恶性和人身危险性。在故意杀人罪的死刑裁量中,不仅应当考虑客观要素,而且要考虑主观要素。这种主观要素主要是指主观恶性和人身危险性。故意杀人罪的主观心理态度都是故意,但主观恶性还是有所不同;这种主观恶性程度上的差别对故意杀人罪的死刑裁量具有参考价值,会直接影响处刑。④ 根据《指导意见》的规定,被告人的主观恶性主要从犯罪动机、犯罪预谋、犯罪过程中的

---

① 参见陈兴良:《故意杀人罪的手段残忍及其死刑裁量——以刑事指导案例为对象的研究》,载《法学研究》2013年第4期。
② 参见高憬宏、姜永义、王尚明:《故意杀人、故意伤害案件的死刑适用》,载《人民司法·应用》2010年第3期。
③ 参见陈兴良:《故意杀人罪的手段残忍及其死刑裁量——以刑事指导案例为对象的研究》,载《法学研究》2013年第4期。
④ 同上。

具体情节以及被害人的过错等方面综合判断。对于犯罪动机卑劣而预谋杀人的，或者性情残暴动辄肆意杀人的被告人，可以依法判处死刑立即执行。对于坦白主要犯罪事实并对定案证据的收集有主要作用的；犯罪后自动归案但尚不构成自首的；被告人亲属协助司法机关抓获被告人后，被告人对自己的罪行供认不讳的；被告人亲属积极赔偿被害方经济损失并取得被害方谅解的；刚满18周岁或70周岁以上的人犯罪且情节不是特别恶劣的，一般可不判处死刑立即执行。从以上规定来看，主观恶性程度对死刑裁量还是有影响的。当然，相对于客观危害，主观恶性对故意杀人罪死刑裁量的影响相对较小。一般是在具有其他情节的情况下，起到补强的作用。①

人身危险性也是故意杀人罪量刑时应当考虑的要素。根据《指导意见》的规定，被告人的人身危险性主要从有无前科及平时表现、犯罪后的悔罪情况等方面综合判断。对于累犯中前罪系暴力犯罪，或者曾因暴力犯罪被判重刑后又犯故意杀人罪的；杀人后毫无悔罪表现的，如果没有法定从轻处罚情节，一般可依法判处死刑立即执行。对于犯罪后积极抢救被害人、减轻危害后果或者防止危害后果扩大的；虽具有累犯等从重处罚情节，但前罪较轻，或者同时具有自首等法定、酌定从轻情节，经综合考虑不是必须判处死刑立即执行的，一般可不判处被告人死刑立即执行。以上规定强调了对各种从重与从轻情节的综合考虑，尤其是对表明被告人人身危险性较大的情节在量刑中的辅助性作用，作了较为科学的阐述。②《意见》第10条、第16条也进一步明确了被告人的主观恶性和人身危险性是从严和从宽的重要依据，在适用刑罚时必须充分考虑。

实践中，故意杀人、伤害案件的被告人既有法定或酌定的从宽情节，又有法定或酌定从严情节的情形比较常见，此时，就应当根据《意见》第28条，在全面考察犯罪的事实、性质、情节和对社会危害性程度的基础上，结合被告人的主观恶性、人身危险性、社会治安状况等因素，综合作出分析判断。③

在本案中，郭明先在2003年5月7日犯故意伤害罪负案潜逃期间，又于2008年1月1日犯故意杀人罪和故意伤害罪，此后，又积极参加黑社会性质组织，充当他人

---

① 参见陈兴良：《故意杀人罪的手段残忍及其死刑裁量——以刑事指导案例为对象的研究》，载《法学研究》2013年第4期。

② 同上。

③ 参见最高人民法院刑三庭《在审理故意杀人、伤害及黑社会性质组织犯罪案件中切实贯彻宽严相济刑事政策》（《人民法院报》2010年4月14日刊发）。

打手,并于 2009 年 5 月 17 日受该组织安排,蒙面持刀行凶,致两人轻伤,其行为构成参加黑社会性质组织罪和故意伤害罪。根据在三类案件中贯彻宽严相济刑事政策的总体要求,即在故意杀人、伤害及黑社会性质组织犯罪案件的审判中,贯彻宽严相济刑事政策,要落实《意见》第 1 条规定:"……要根据犯罪的具体情况,实行区别对待,做到该宽则宽,当严则严,宽严相济,罚当其罪……"因此,绵阳市人民检察院抗诉和四川省人民检察院支持抗诉,认为"一审判处被告人郭明先死刑,缓期 2 年执行,量刑畸轻"是恰当的。

(三)关于累犯的认定

本案中,还涉及累犯的认定和累犯的处罚问题。所谓累犯,是指受过一定的刑罚处罚,刑罚执行完毕或者赦免以后,在法定期限内又犯被判处一定的刑罚之罪的罪犯。[1] 累犯分为一般累犯和特别累犯两种。我国《刑法》第 65 条规定,一般累犯是指被判处有期徒刑以上刑罚的犯罪分子,刑罚执行完毕或者赦免以后,在 5 年以内再犯应当判处有期徒刑以上刑罚之罪的。累犯应当从重处罚,但是过失犯罪和不满 18 周岁的人犯罪的除外。据此,一般累犯必须同时满足以下条件方能构成:一是前后都是被判处有期徒刑以上刑罚的犯罪;二是前后都是故意犯罪;三是前罪实施执行完毕或者赦免以后 5 年以内再犯新罪;四是前罪实施时已满 18 周岁。特别累犯是指危害国家安全犯罪、恐怖活动犯罪、黑社会性质的组织犯罪的犯罪分子,在刑罚执行完毕或者赦免以后,在任何时候再犯上述任一类罪的。

根据我国《刑法》第 65 条的规定,对累犯应当从重处罚,即采取必须从重处罚的原则。确定其刑事责任,应注意把握以下几个方面的问题:一是对累犯必须从重处罚。即无论成立一般累犯,还是特别累犯,都必须对其在法定刑的限度以内,判处相对较重的刑罚,即适用较重的刑种或较长的刑期。二是从重处罚,是相对于不构成累犯,应当承担的刑事责任而言。也即对于累犯的从重处罚,参照的标准是在不构成累犯时,应承担的刑事责任。三是对于累犯的从重处罚,必须根据其所实施的犯罪行为的性质、情节、社会危害程度,确定其刑罚,不是一律判处法定最高刑。[2]

---

[1] 参见陈兴良主编:《刑法学》,复旦大学出版社 2003 年版,第 291 页。
[2] 参见高铭暄、马克昌主编:《刑法学》(第七版),北京大学出版社、高等教育出版社 2016 年版,第 262—263 页。

累犯是表明人身危险性较大的主要情节之一，但刑法只是一般性地规定了累犯从重处罚。那么，在故意杀人罪的死刑裁量中，如何考量累犯这一情节？陈兴良教授认为，在确定累犯的刑事责任时，要注意把握以下几个方面的问题：一是必须从重处罚，即必须对其在法定刑的限度以内，判处相对较重的刑罚，亦即适用较重的刑种或较长的刑期。二是根据《指导意见》，在确定累犯如何从重处罚时，应当考虑前罪的轻重：如果前罪较重甚至十分严重，则累犯这一情节对故意杀人罪的死刑裁量具有较大的影响。三是还要考虑其他从轻处罚的情节，即在从重处罚情节与从轻处罚情节竞合的情况下，应当全面地、综合地和理性地考察故意杀人罪的犯罪轻重，以便裁量是否适用死刑，以及适用死刑立即执行还是死刑缓期执行。①

从本案来看，郭明先1997年因犯盗窃罪被判有期徒刑5年6个月，2001年12月刑满释放后，不思悔改，继续犯罪。于2003年5月7日，伙同他人打砸三台县"经典歌城"，并持刀行凶致一人重伤，一人轻伤，其行为构成故意伤害罪。在负案潜逃期间，又于2008年1月1日在三台县里程乡岩崖坪持刀行凶，致一人死亡，一人重伤，一人轻伤，其行为构成故意杀人罪和故意伤害罪。其符合一般累犯的条件，依法构成累犯。根据《意见》第11条，即"要依法从严惩处累犯和毒品再犯。凡是依法构成累犯和毒品再犯的，即使犯罪情节较轻，也要体现从严惩处的精神。尤其是对于前罪为暴力犯罪或被判处重刑的累犯，更要依法从严惩处"，故对于郭明先应当从严惩处。

（四）数罪如何并罚

所谓数罪并罚，是指人民法院对一人所犯的数罪，分别定罪量刑，然后按照刑法规定的原则决定应执行的刑罚。② 简言之，就是对一人所犯数罪合并处罚的制度。③ 这一制度具有以下三个主要特征：一是数罪特征，即一人犯有数罪。这是数罪并罚的前提。因此，正确适用数罪并罚，首先应当注意正确区别一罪与数罪。二是时间特征，即数罪必须是在法定期限以内发生的。根据我国刑法的规定，刑罚执行完毕以前发现行为人犯有数罪的，实行数罪并罚。三是原则特征，即对一人所犯的数罪

---

① 参见陈兴良：《故意杀人罪的手段残忍及其死刑裁量——以刑事指导案例为对象的研究》，载《法学研究》2013年第4期。

② 参见马克昌主编：《刑罚通论》（第二版），武汉大学出版社1999年版，第470页。

③ 参见高铭暄、马克昌主编：《刑法学》（第七版），北京大学出版社、高等教育出版社2016年版，第274页。

合并处罚,在对各罪分别定罪量刑的基础上,按照法定的原则决定应执行的刑罚。①数罪并罚具有以下几个方面的意义:一是罪刑相适应原则的必然要求。一人犯一罪与一人犯数罪相比,无论在行为的社会危害性方面,还是在行为人的人身危险性方面,都要大得多。因而犯数罪的人理所当然应该受到更为严厉的社会谴责。对犯数罪的人实现并罚,体现了从重的精神。二是有罪必罚、一罪一罚原则的必然要求。如果犯了罪而受不到应有的惩罚,或者犯了数罪与犯了一罪在惩罚上没有区别,就不可能遏制犯罪现象的发生,一个良好的社会秩序也就不可能建立。三是实现刑罚目的的必然要求。犯罪是对正常社会秩序的否定,刑罚则是对犯罪的否定,通过这种否定之否定的过程,表达社会正义观念,恢复社会正常秩序。② 此外,还有学者认为,数罪并罚还有利于保障被告人的合法权益,便利于刑罚执行机关对犯罪分子执行宣告的刑罚和法院适用减刑或假释。③

数罪并罚必须依据一定的原则。数罪并罚的原则,是数罪并罚制度的核心,它一方面体现着一国刑法所奉行的刑事政策的性质和特征,另一方面从根本上制约着该国数罪并罚制度的具体内容及其适用效果。各国刑事立法例中所采取的数罪并罚原则主要有四种,即:吸收原则、并科原则、限制加重原则、折中原则。④ 我国《刑法》第69条所确立的是以限制加重原则为主,以吸收原则和并科原则为补充的折中原则。其中,对判处死刑和无期徒刑的,采取吸收原则。判决宣告数个死刑或最重刑为死刑(含死刑缓期执行)的,采用吸收原则,只执行一个死刑,不执行其他主刑;数刑中有数个无期徒刑或者最高刑为无期徒刑时,只执行一个无期徒刑,不执行其他主刑。判决宣告的数个主刑为有期自由刑即有期徒刑、拘役刑、管制刑的,区分情况分别采取限制加重原则、吸收原则和并科原则。⑤

在本案中,郭明先先后犯故意杀人罪、故意伤害罪和参加黑社会性质组织罪,四川省高级人民法院二审认为,被告人郭明先犯参加黑社会性质组织罪,处有期徒刑2年;犯故意杀人罪,处死刑,剥夺政治权利终身。综合本案的实际情况,本书

---

① 参见马克昌主编:《刑罚通论》(第二版),武汉大学出版社1999年版,第470—471页。
② 同上书,第472页。
③ 参见高铭暄、马克昌主编:《刑法学》(第七版),北京大学出版社、高等教育出版社2016年版,第276页。
④ 参见马克昌主编:《刑罚通论》(第二版),武汉大学出版社1999年版,第473—474页。
⑤ 参见高铭暄、马克昌主编:《刑法学》(第七版),北京大学出版社、高等教育出版社2016年版,第277页。

认为对这两个罪的定罪处罚是适当的。值得讨论的是，绵阳市人民检察院和四川省人民检察院在抗诉中指出，"被告人郭明先2003年5月7日的行为构成故意伤害罪，2008年1月1日的行为构成故意杀人罪和故意伤害罪，2009年5月17日的行为构成参加黑社会性质组织罪和故意伤害罪"，对其中的故意伤害罪如何处罚？同种数罪是否需要并罚？关于同种数罪是否需要并罚的问题，刑法学界和刑事审判实践中存在着分歧意见。大体上有三种观点：一是一罚说。该观点主张对同种数罪无须并罚，只需按一罪酌情从重处罚，即只需将同种数罪作为一罪的从重情节或者加重构成情节处罚。此为我国刑法理论的传统主张，也是刑事审判实践的一贯做法。二是并罚说。这是与一罚说直接对立的观点，主张对于同种数罪应当毫无例外地实行并罚。三是折中说。这是针对一罚说和并罚说的折中观点，认为对于同种数罪是否应当实行并罚不能一概而论，而应当以能否达到罪责刑相适应为标准，决定对具体的同种数罪是否实行并罚。即当能够达到罪责刑相适应时，对于同种数罪无须并罚；反之，则应实行并罚。① 通说是上述第三种观点，即"对于判决宣告以前发现的同种数罪，原则上无须并罚，只要在特定犯罪的法定刑范围内作为一罪从重处罚即可以实现罪刑相适应的刑法原则。但是，当特定的犯罪法定刑过轻，且不并罚就难以使处罚结果与罪刑相适应原则符合，在法律未明文禁止时，也可以有限制地对同种数罪实行并罚。"② 本书也同意通说观点，具体理由是：首先，刑法事实上将许多同种数罪规定为一罪的从重情节或法定刑升格的情节，这意味着同种数罪原则上不需要并罚。其次，刑法分则的大多数条文规定的法定刑都有几个幅度，不实行并罚完全可以做到罪刑相适应；如果均实行并罚，反而可能重罪轻判。再次，有些犯罪本身可以包含多次行为，或者说可以包含同种数罪，也没有必要实行并罚。最后，将同种数罪以一罪论处，有利于整体上考虑犯罪人的人身危险性，也比较简单、方便。③

本书认为，四川省高级人民法院二审对郭明先所犯的三个故意伤害罪作为一罪从重处罚，并根据2013年12月23日最高人民法院《关于常见犯罪的量刑指导意见》有关故意伤害罪的规定，即"1. 构成故意伤害罪的，可以根据下列不同情形在相应的幅度内确定量刑起点：（1）故意伤害致一人轻伤的，可以在二年以下有期徒

---

① 参见高铭暄、马克昌主编：《刑法学》（第七版），北京大学出版社、高等教育出版社2016年版，第279页。
② 周光权：《刑法总论》（第三版），中国人民大学出版社2016年版，第449页。
③ 参见黎宏：《刑法学总论》（第二版），法律出版社2016年版，第392页。

刑、拘役幅度内确定量刑起点。(2) 故意伤害致一人重伤的，可以在三年至五年有期徒刑幅度内确定量刑起点。(3) 以特别残忍手段故意伤害致一人重伤，造成六级严重残疾的，可以在十年至十三年有期徒刑幅度内确定量刑起点。依法应当判处无期徒刑以上刑罚的除外。2. 在量刑起点的基础上，可以根据伤害后果、伤残等级、手段残忍程度等其他影响犯罪构成的犯罪事实增加刑罚量，确定基准刑"，判决郭明先犯故意伤害罪，处有期徒刑5年，量刑适当。最终，四川省高级人民法院根据数罪并罚中的吸收原则，对被告人郭明先决定执行死刑，并剥夺政治权利终身，其量刑也是适当的。

第三章 侵犯财产罪

第一节 盗窃罪

一、指导性案例

检例 37 号：张四毛盗窃案（以下简称"张四毛案"）

1. 基本案情

2009 年 5 月，被害人陈某在大连市西岗区登录网络域名注册网站，以 11.85 万元竞拍取得"www.8.cc"域名，并交由域名维护公司维护。

被告人张四毛预谋窃取陈某拥有的域名"www.8.cc"，他先利用技术手段破解该域名所绑定的邮箱密码，后将该网络域名转移绑定到自己的邮箱上。2010 年 8 月 6 日，张四毛将该域名从原有的维护公司转移到自己在另一网络公司申请的 ID 上，又于 2011 年 3 月 16 日将该网络域名再次转移到其冒用"龙嫦"身份申请的 ID 上，并更换绑定邮箱。2011 年 6 月，张四毛在网上域名交易平台将网络域名"www.8.cc"以 12.5 万元出售给李某。2015 年 9 月 29 日，张四毛被公安机关抓获。

2. 诉讼过程和结果

大连市西岗区人民检察院于 2016 年 3 月 22 日以被告人张四毛犯盗窃罪向大连市西岗区人民法院提起公诉。2016 年 5 月 5 日，大连市西岗区人民法院作出判决，认定被告人张四毛的行为构成盗窃罪，判处有期徒刑 4 年 7 个月，并处罚金 5 万元。一审宣判后，当事人未上诉，判决已生效。

3. 指导意义

网络域名是网络用户进入门户网站的一种便捷途径，是吸引网络用户进入其网站的窗口。网络域名注册人注册了某域名后，该域名将不能再被其他人申请注册并使用，因此网络域名具有专属性和唯一性。网络域名属稀缺资源，其所有人可以对域名行使出售、变更、注销、抛弃等处分权利。网络域名具有市场交换价值，所有人可以以货币形式进行交易。通过合法途径获得的网络域名，其注册人利益受法律承认和保护。本案中，行为人利用技术手段，通过变更网络域名绑定邮箱及注册ID，实现了对域名的非法占有，并使原所有人丧失了对网络域名的合法占有和控制，其目的是为了非法获取网络域名的财产价值，其行为给网络域名的所有人带来直接的经济损失。该行为符合以非法占有为目的窃取他人财产利益的盗窃罪本质属性，应以盗窃罪论处。对于网络域名的价值，当前可综合考虑网络域名的购入价、销赃价、域名升值潜力、市场热度等综合认定。

二、案件争点

（1）网络域名是否属于财产？
（2）窃取网络域名应当如何定罪？
（3）如何确定网络域名的价值？
（4）网络域名以外的其他虚拟财产（如QQ号、Q币、游戏装备、游戏点卡等）能否成为财产犯罪的对象？

三、学理研究

互联网经济的蓬勃发展，为虚拟财产的形成提供了平台。而随着虚拟财产的出现以及类型的多样化，侵犯虚拟财产的案件不断涌现，并且成为目前刑法实践无法回避的重要问题。虚拟财产究竟能否被解释为刑法中的"财物"，进而成为财产犯罪的对象，长期以来在理论与实务界争论不休。尽管最高人民检察院以指导性案例的形式肯定了网络域名能够成为盗窃罪的对象，在一定程度上使实践中的争论得以平息，但是，一方面，网络域名这一虚拟财产类型能够作为盗窃罪的对象，并不能当然得出其他虚拟财产（如QQ号、游戏装备、游戏点卡等）也能够成为盗窃罪的对象的结论；另一方面，由于相关理论问题未被深入地阐释与论证，实务界在诸多问题上仍然存在较大分歧，"同案不同判"的司法现象仍然广泛地存在于此类案件之中。这种司法现象不仅使司法者对于如何正确适用法律无所适从，也令司法的权威性大大削弱。因此，有必要以最高人民检察院颁布的指导性案例为契机，将网络域名这一典型虚拟财产作为分析对象，探讨互联网时代虚拟财产的法律性质、非法获取虚拟财产的刑法定性以及虚拟财产的价值计量等重大实践性问题。

（一）网络域名的概念及特征

互联网上的每台主机都有一个独一无二的数字地址，称为 IP 地址（Internet Protocol Address）。每一个 IP 地址由 4 组数字组成，但这些数字极难记忆。因此，在 20 世纪 80 年代，人们开始用字母代替数字，创建了域名系统，由于域名接近于自然语言，易识易记，大大方便了网络访问和使用。[1] 域名（Domain Name），是"网域名称系统"的简称，它是因特网的一项核心服务，它作为可以将域名和 IP 地址相互映射的一个分布式数据库，能够使人更方便地访问互联网，而不用去记住能够被机器直接读取的 IP 地址数串。[2] 根据我国信息产业部 2004 年颁布的《中国互联网络域名管理办法》第 3 条第 1 项的规定，域名，是指互联网络上识别和定位计算机的层级结构式的字符标示，与该计算机的互联网协议（IP）地址相对应。

简而言之，网络域名就是使用网络的主体在网络中的地址，正如现实生活中一个人的家庭住址一样。公司、企业、单位或者个人，要想在网络中展示自己，使更多人通过网络了解自己，就需要建立自己的网络主页，而建立网络主页的前提就必须取得一个域名。他人通过该域名，就像通过家庭地址一样可以轻松找到这个公司、企业、单位或者个人，了解其有关信息。例如，对于想了解南京师范大学的网络用户，只需要在网络上输入"www.njnu.edu.cn"便可完成。"www.njnu.edu.cn"就是南京师范大学的域名。与域名相伴出现的是 IP 地址，IP 地址是计算机在网络中地址的数字化形式，域名与 IP 地址是相对应的，一个域名只能对应一个 IP 地址。由于 IP 地址往往以一连串数字的形式出现，不方便记忆，所以通常用域名来展示 IP 地址。有学者将域名和 IP 地址作了形象的比喻："IP 地址就如同一个电话号码，而域名就是与这个电话号码对应的名词，网络用户既可以直接拨打电话号码来呼叫网站，也可以拨打域名来呼叫网站。"[3] 网络域名具有重要的识别功能，尤其在商业领域，域名作为重要的商业标识，方便注册者从事网络商务活动并提供信息服务，体现了

---

[1] 参见邵培樟：《论域名的法律性质》，载《河北法学》2006 年第 6 期。

[2] 参见百度百科"域名"词条，https://baike.baidu.com/item/％E5％9F％9F％E5％90％8D/86062?fr=aladdin，2020 年 3 月 1 日访问。

[3] 于志刚主编：《网络空间中虚拟财产的刑法保护》，中国人民公安大学出版社 2009 年版，第 480 页。

较大的商业价值。①

通过上述对网络域名概念的介绍,可以得出其具有如下特征:

(1)域名与IP地址具有对应性。域名是为了方便记忆IP地址而存在的,因此域名与IP地址是对应关系。一个域名只能对应一个IP地址,但是,一个IP地址却可能对应多个域名。IP地址是数字组成的,不方便记忆,所以有了域名,通过域名地址就能找到IP地址。

(2)域名具有唯一性。域名一旦注册成功,其他人将不能再申请相同的域名,因而其具有唯一性。域名的唯一性是由网络覆盖的全球性和IP地址分配技术特征所决定的。② 因为域名作为IP地址的名称,其作用是帮助网络用户进入某一具体的IP地址,而域名与IP地址又是对应的,如果同一域名可以为多个用户所申请,那么网络用户无法直接通过域名找到其所需要进入的IP地址。由此,域名具有唯一性。

(3)域名具有稀缺性。域名可以由26个英文字母、数字(0—9)以及连接符"-"组成,针对不同国家的不同语言,也可以由各国所使用的语言文字组成。根据不同构成要素的组合,域名可以不同的排列方式得到无数种组成。不过,为便于域名管理,国际互联网络信息中心以及各国互联网络信息中心都对域名的长度作出了限制。这样,组成域名的要素的排列组合就具有有限性。此外,随着域名注册数的不断增加,可利用的域名资源也在不断减少,这都决定了域名具有稀缺性。

(4)域名具有标识性。域名本身是以方便网络地址的记忆查询和信息传输为存在意义的,通过标识性标记对互联网上的计算机进行区分,且域名是用计算机进行识别,与传统的商标标识相比,域名只需细微差别即可识别,其对技术性的要求显著高于商标标识。③

(二)网络域名的法律属性

我国刑法中财产犯罪都将其对象限定为"财物"。例如,《刑法》第264条规定,"盗窃公私财物,数额较大的,或者多次盗窃、入户盗窃、携带凶器盗窃、扒窃的,处三年以下有期徒刑、拘役或管制,并处或者单处罚金;……"可知,盗窃罪的犯

---

① 参见付胥宇:《论网络环境下域名的法律性质及刑法保护》,载《广西社会主义学院学报》2012年第3期。
② 参见刘春茂主编:《知识产权原理》,知识产权出版社2002年版,第851页。
③ 参见付胥宇:《论网络环境下域名的法律性质及刑法保护》,载《广西社会主义学院学报》2012年第3期。

罪对象必须是"公私财物"。有学者指出,"因为虚拟财产在进入刑法评价视野之前,首先是一个民法概念;而且,只有在明确虚拟财产法律属性的前提之后,我们才能找到虚拟财产在刑法中的存在方式,为进一步探讨非法获取虚拟财产的行为性质提供可靠的答案。"① 那么,在认定窃取网络域名的行为属性之前,一个前提性的问题,就是弄清网络域名的法律属性,即它是否属于刑法中的"财物"。

1. 民法视野下网络域名的法律性质

对于网络域名的法律属性,在民法领域也存在着激烈的争论。概括而言,主要包括暂时搁置说、民事利益说、知识产权说、物权说、权利否认说等观点。② 本书认为,网络域名具有价值性、可交易性的特点,应当承认其财产性。尤其值得一提的是,2017年7月1日,国家税务局公布了营改增最新税率表,首次将域名正式列入税率表,作为其他权益性无形资产之一,征收6%的增值税。可以说,国家首次正式将域名列入无形资产征税,意义重大。它意味着网络域名作为合法资产的性质首次得到了官方的认可,这对于整个域名投资市场和行业的健康发展都将起到极大的推动作用。域名作为企业无形资产入税完全合法,不像以前需要打擦边球。域名价值也能进一步得到认可。有观点指出,此次国家正式将域名列入无形资产,进入营改增税率表,对域名将征收6%的增值税,除了可以规范、完善域名纳税体系,还会带来一系列深远影响。具体包括:首先,国家正式将域名列入营改增税率表,意味着国家承认域名是一种合法资产,域名投资人或企业对所持域名合法权益将受到法律的保护。其次,对于企业而言,域名作为无形资产缴税,企业可以更好地利用相关品牌域名来宣传企业品牌,推广企业的产品或服务,提升企业形象;同时也可以使用域名作为一种资产抵押。再次,对于域名投资人而言,域名交易合法纳税,投资人所持域名将会得到法律保护。这将减少域名投资人因域名"黑市交易"带来的损失,降低域名被盗的可能性;此外,在遇到争议域名仲裁时,域名投资人将会有更多法律依据,增加胜诉概率。最后,域名作为无形资产纳入营改增税率表,有利于净化域名交易市场环境,引导域名交易市场健康长远发展。域名纳入增值税范围,意味着域名交易将会受到更严格的法律监管,有利于降低域名"黑市交易"、恶意炒

---

① 王勇:《非法获取虚拟财产行为的刑法认定研究》,载《刑法论丛》2017年第1卷。
② 有关网络域名的法律性质,参见邵培樟:《论域名的法律性质》,载《河北法学》2006年第6期。

货、恶意砸盘等现象。① 国家税务局对域名征收增值税,表明域名这一特殊的网络虚拟财产已经被作为民法中的财物。

2. 刑法视野下网络域名的性质界定:是否属于财物

将窃取网络域名的行为认定为盗窃罪是否具有合理性,关键在于如何论证网络域名的财物性质,即何以网络域名可评价为刑法中的"财物"?对此,有学者指出,"在判断窃取虚拟财产的行为是否符合盗窃罪的构成要件时,应当以构成要件作为大前提,从中抽象出'财物'这一概念的若干特征,之后以虚拟财产作为小前提,判断其是否符合'财物'的若干特征,符合,则属于财物,继而对窃取虚拟财产的行为以盗窃罪论处。"② 那么,什么是刑法中的"财物"?在我国刑法中,财产犯罪的犯罪对象被界定为"公私财物",具体又包括公共财产和公民私人所有的财产两类。③ 就其范围而言,《刑法》第91条对公共财产作出了界定,它包括:(1)国有财产;(2)劳动群众集体所有的财产;(3)用于扶贫和其他公益事业的社会捐助或者专项基金的财产;(4)在国家机关、国有公司、企业、集体企业和人民团体管理、使用或者运输中的私人财产。《刑法》第92条对私人所有财产作出了界定,它包括:(1)公民的合法收入、储蓄、房屋和其他生活资料;(2)依法归个人、家庭所有的生产资料;(3)个体户和私营企业的合法财产;(4)依法归个人所有的股份、股票、债券和其他财产。从《刑法》第91、92条的规定中,我们似乎找不到网络域名属于刑法中财产的规范依据,但是,能否将网络域名认定为《刑法》第92条所规定的"其他财产"呢?这就涉及对刑法中的财产的认识问题。

具备什么特征才能称为刑法中的"财物"?对此,张明楷教授认为,作为财产犯罪对象的财物,必须具有三个特征:第一,具有管理可能性。这是相对于被害人而言,如果被害人根本不可能管理,就不能说被害人占有某种财物,因而也不能认定其丧失了某种财物。第二,具有转移可能性。这是相对于行为人而言,如果行为人不可能转移被害人管理的财物,就不可能侵害被害人的财物。是否具有转移可能性,要以同时代的科学技术水平与能力为标准作出判断。第三,具有价值性。这是相对于保护法益而言,如果一种对象没有任何价值,就不值得刑法保护。凡是具有一定客

---

① 参见《域名进入最新营改增税率表,会带来什么影响?》,https://www.sohu.com/a/154599124_419324,2020年3月1日访问。
② 张明楷:《非法获取虚拟财产的行为性质》,载《法学》2015年第3期。
③ 注意,我国刑法对于"财物"和"财产"的概念未作区分。

观价值或者一定使用价值的财物,原则上就是财产罪的行为对象,只有既无客观价值也无使用价值的物,才不是财产罪的对象。①

在我国司法实践中,司法机关也认为,财物一般是指有形、具有一定经济价值并可为人所控制的实体财产或物品。但随着经济社会的发展,这种对于财物的传统认识已经不能适应惩治犯罪的实际需要,因此对刑法中的财物概念进行重新认识和界定就显得必要。例如,在"程稚瀚盗窃案"中,法院认为,刑法中的财物应当满足以下几个特征:第一,具有一定的经济价值。这种经济价值既包括法律予以公开认可的价值,也包括非公开交易不为法律所认可甚至为法律所禁止的价值。例如,毒品、枪支也可被评价为财物。第二,具有可支配性。如果财物不能被支配,行为人就不可能实现占有、使用进而处分财物,其非法占有财物的目的就不可能实现。同时,如果财物不能被支配,也难以体现财物的所有权属性,进而难以判断行为是否侵害了财产权益。第三,处于他人占有或管理之下。存在他人占有或管理这一事实是盗窃行为存在的前提,只有这样,才能实现通过非法方式改变占有关系这一盗窃罪的特征。② 这一提法,与张明楷教授所提出的财物"转移可能性""管理可能性""价值性"并无二致。

据此,网络域名这一虚拟财产类型,应当被评价为刑法中的"财物"。这也是实务界中的代表性观点,例如有观点就认为"网络域名是互联网用户申请注册的名称和地址,具有唯一性、确定性、可直接支配性,能够被人们所控制和占有。域名的取得需要付出真实的货币,而且随着其知名度、信誉度的提高,具有更高的商业价值。因此,域名具备诈骗罪中公私财物的基本特征,可以作为诈骗罪侵犯的对象"③。

(三)窃取网络域名的刑法定性

事实上,"张四毛案"并非我国首例窃取网络域名的刑事案件。早在 2008 年,厦门市思明区人民法院开庭审理了"林某盗窃域名案",可谓我国首例因盗窃域名而被提起公诉的案件。该案的案情与"张四毛案"大致相同:2006 年年初,被告人林某在其暂住处通过测试取得厦门市华商盛世网络有限公司原职工石某的电子邮箱的工作账号和密码,窃取值班客服 zhiban1 的工作账号、密码及"商务中国"加密网站

---

① 参见张明楷:《非法获取虚拟财产的行为性质》,载《法学》2015 年第 3 期。
② 参见熊选国主编:《刑事审判参考》(总第 72 集),法律出版社 2010 年版,第 38—46 页。
③ 聂昭伟、张昌贵:《骗取网络域名的定性及网络域名价值的认定》,载《人民司法·案例》2013 年第 22 期。

的登录密码后,于 2006 年 6 月间,利用上述账号和密码,先后登录"商务中国"加密网站,窃取 ebz.com、ywh.com、731.com、537.com 四个域名,共价值 54702 元。检察机关指控,被告人林某的行为构成盗窃罪,盗窃数额巨大。一审法院认为,被告人林某以非法占有为目的,通过密码测试并私自进入他人的电子邮箱后,将他人存放于电子邮箱中的域名转移至自己能控制的电子邮箱中,其对他人财物的处置系在财物所有人或保管人不知情的情况下进行的,符合秘密窃取的行为特征,且窃取他人财物的价值达 54702 元,数额巨大,构成盗窃罪。鉴于被告人在归案后认罪态度较好,且已将全部赃物返还被害人,挽回了被害人的经济损失,并系初犯,具有良好的悔罪表现,同时还考虑到本案盗窃对象的特殊性等因素,决定对其从轻处罚并适用缓刑。在该案中,检察院、法院明显将网络域名认定为刑法中的"财物",并对域名的价值进行了认定,进而得出被告人林某犯盗窃罪的结论。然而,自首例盗窃域名案发生以来,有关此类案件的定性一直存在争议,司法实践的做法也并未达成统一。有关窃取网络域名究竟是否构成犯罪、构成盗窃罪还是非法获取计算机信息系统数据罪,司法机关一直在此飘忽不定。

1. 有罪论与无罪论

窃取网络域名应当如何定性,首先面临着罪与非罪的问题。例如,在上述"林某盗窃域名案"中,林某的辩护人便提出,网络域名的价值具有不可评估性,因此域名的盗窃与刑法上的盗窃行为尽管非常相似,但也有明显的区别,以盗窃罪起诉被告人的法律依据并不充分;盗窃罪的数额大小影响着行为人罪与非罪、罪重罪轻的认定,在该案中,将盗窃数额以域名的买入价进行认定有欠妥当。[①] 可以说,以网络域名的价值不可评估性与域名盗窃的特殊性否认行为人成立盗窃罪固然有一定合理性,但是在《刑法修正案(七)》增设了非法获取计算机信息系统数据罪之后,还认为此类行为不构成犯罪,便不具备合理性了。如今,有关窃取网络域名行为罪与非罪的争论,随着新罪名的设立,逐渐转向了究竟是定盗窃罪还是定非法获取计算机信息系统数据罪的争论。

2. 盗窃罪与非法获取计算机信息系统数据罪

如上所述,自 2009 年 2 月 28 日《刑法修正案(七)》增设了非法获取计算机信

[①] 参见于志刚主编:《网络空间中虚拟财产的刑法保护》,中国人民公安大学出版社 2009 年版,第 489 页。

息系统数据罪之后,对于窃取网络域名等虚拟财产罪与非罪的论战便逐渐消弭,进而转向了究竟构成盗窃罪还是非法获取计算机信息系统数据罪的争论。

目前理论界和实务界的主流观点认为,窃取网络域名应当以非法获取计算机信息系统数据罪定罪。这一观点又可分为两类。一类是否认网络域名这一形式的财产性质,将其纳入计算机犯罪的保护范围之内。例如有学者将网络虚拟财产作了以下四种分类:一是虚拟物类,也称虚拟有形财产,如网络游戏中的角色、装备、宠物等;二是虚拟货币类,如腾讯公司的 Q 币、百度公司的百度币等;三是身份认证信息类,即用户在网络服务提供商注册的账号,是享受网络信息服务的身份载体,如以 QQ、微信为代表的通信账号,以微博为代表的社交网络账号,以及银行、第三方支付账号等;四是虚拟空间类,如个人主页空间、域名、网页等。虚拟财产能否成为刑法意义上保护的财产要区别对待。具体而言,虚拟物类虚拟财产、身份认证信息类虚拟财产、虚拟空间类虚拟财产尚不宜认定为刑法意义上的财产,只有虚拟货币类虚拟财产可有条件认定为刑法意义上的财产。对于窃取非刑法意义上的财产(如网络域名),应当定性为非法获取计算机信息系统数据罪。[①] 另一类观点,便是直接否认所有类型网络虚拟财产的财产性质,将非法获取虚拟财产的行为评价为非法获取计算机信息系统数据罪。例如,有学者认为,对于盗窃虚拟财产的行为,如确需刑法规制,可以按照非法获取计算机信息系统数据等计算机犯罪定罪处罚,不应按盗窃罪处理。主要是因为,其一,虚拟财产与金钱财物等有形财产、电力燃气等无形财产存在明显差别,将其解释为盗窃罪的犯罪对象"公私财物",超出了司法解释的权限;其二,虚拟财产的法律属性是计算机信息系统数据,对于非法获取计算机信息系统数据的行为当然可以适用非法获取计算机信息系统数据罪定罪量刑;其三,对盗窃虚拟财产的行为适用盗窃罪会带来一系列棘手问题,特别是盗窃数额的认定,目前缺乏能够被普遍接受的计算方式。[②] 相同的观点认为,虚拟财产具有多重属性:在技术上属于计算机程序,在物理上属于电磁记录,在商业上属于垄断产品,在法律上属于动态的、物化的网络服务法律关系客体,故虚拟财产不属于刑法意义上的财物。对于非法获取虚拟财产的行为,不宜以财产犯罪论处,而应当主要以非

[①] 参见项谷、朱能立:《利用计算机技术手段窃取他人虚拟财产行为的刑法规制》,载《上海公安高等专科学院学报》2018 年第 2 期。

[②] 参见胡云腾、周加海、周海洋:《〈关于办理盗窃刑事案件适用法律若干问题的解释〉的理解与适用》,载《人民司法·应用》2014 年第 15 期。

法获取计算机信息系统数据罪论处。① 据此，因网络域名明显属于虚拟财产，故窃取网络域名的行为，也应当被评价为非法获取计算机信息系统数据罪，而非盗窃罪。

少数说认为，窃取网络域名应当论以盗窃罪。如张明楷教授认为，"将非法获取他人虚拟财产的行为认定为计算机犯罪的观点，无法处理未利用计算机非法获得他人虚拟财产的案件，存在明显的局限性。将非法获取他人虚拟财产的行为认定为财产犯罪具有合理性；国民早已知悉并频繁使用无体物、虚拟财产的概念，将虚拟财产解释为刑法上的财物，不会侵害国民的预测可能性，没有违反罪刑法定原则。"② 还有学者认为，虚拟财产在刑法语境中不仅是一种电子数据，而且也属于刑法中的财物。关于虚拟财产在刑法语境中的解释路径，可将其划归于《刑法》第92条的"其他财物"。关于非法获取虚拟财产行为的定性既不能使用无罪模式，也不能采用单一罪名模式，而应该认定为盗窃罪与非法获取计算机信息系统数据罪的想象竞合犯。③ 这种观点，事实上也就是肯定了窃取网络域名等网络虚拟财产成立盗窃罪的可能性。

最高人民法院以指导性案例的形式，肯定了网络域名的财产性质，指出"网络域名是网络用户进入门户网站的一种便捷途径，是吸引网络用户进入其网站的窗口。网络域名注册人注册了某域名后，该域名将不能再被其他人申请注册并使用，因此网络域名具有专属性和唯一性。网络域名属稀缺资源，其所有人可以对域名行使出售、变更、注销、抛弃等处分权利。网络域名具有市场交换价值，所有人可以以货币形式进行交易。通过合法途径获得的网络域名，其注册人利益受法律承认和保护。"本书认为，在网络虚拟财产是否属于刑法中的财产的争论趋于白热化的状态时，将财产性质较为突出的网络域名纳入刑法的财产之中，这一做法是谨慎而且务实的。由于虚拟财产本身也存在类别上的差异，不应当将虚拟财产的性质作为一个整体加以考量。事实上，对于网络游戏中的装备、Q币的财产性质，理论与实务界的争议相对比较大，当前实践中尚可以采取保守的做法。但对于网络域名而言，由于其具有市场价值，同样也具有稀缺性，因此，以财产加以保护，是具有重要的指导性意义的。

---

① 参见程闯：《再论非法获取虚拟财产的行为性质——从舒某某等人非法获取计算机信息系统数据案说起》，载《法律适用》2017年第8期。
② 张明楷：《非法获取虚拟财产的行为性质》，载《法学》2015年第3期。
③ 参见王勇：《非法获取虚拟财产行为的刑法认定研究》，载《刑法论丛》2017年第1卷。

(四) 网络域名的价值计量

否定网络虚拟财产的一个重要理由,便是网络虚拟财产的价值计量困难的问题。不过,尽管虚拟财产的价值确定有相当难度,但是我们同样可以综合各项因素对虚拟财物的价值进行个案分析后确定。

事实上,相比较于现实世界中的财产,网络虚拟财产确实存在价值计量的难题,不过计量困难并不意味着网络虚拟财产价值无法计量,而是需要我们在实践中不断探索更为恰当的网络虚拟财产的价值计量规则。以网络域名的价值计量为例,最高人民检察院指导性案例指出,"对于网络域名的价值,当前可综合考虑网络域名的购入价、销赃价、域名升值潜力、市场热度等综合认定。"实务中,也有人提出,"司法实践中域名的价值确定首先依据估价机构的估价,在不予估价或者争议较大的情况下,可委托第三方评估机构。当然,无论估价还是评估结果,若各方当事人都有意见的情况下,司法机关可以根据评估价,结合购入价、销赃价、域名升值潜力、市场热度等综合认定,确保罚当其罪"①。可以说,这一"综合认定"网络域名价值的方法,给司法实践中网络域名的价值确定提供了一定的指导性作用,但"综合认定"的提法也确实存在过于原则化、操作性不强的问题。

针对"综合认定"网络域名价值方法过于抽象化、原则化等问题,有观点认为,"域名作为无形物,是现代科学技术发展的新产品,影响其价值的因素繁多,不同时间有不同的价格,目前缺乏系统的评估方法,无法对其在作案当时的市场价作出鉴定。可以被害人购入时的成本价来确定其价格"②。也有观点提出,网络域名的价值大小主要可以从以下几个方面进行评估:第一,域名的长度。越是短的域名,越容易记忆,而且输入方便,不容易出错,价值自然更高。第二,域名的含义。域名的含义是影响域名价值的重要因素之一,越是一些常用的英文单词或中文拼音缩写来命名的域名,越容易记忆,价值将会更高。第三,域名的后缀。域名的后缀也影响着域名的价值。对于商业应用来说,".com"域名价值最高。其他后缀的域名,如".net"或".org"等价值要低一些。上述观点反映出域名的价值的影响因素是众多的,不同字符排列组合而成的域名所具有的价值大小存在着差异。不过,域名的最

---

① 刘干:《侵犯网络域名的刑事法律分析》,载《人民法院报》2018年8月1日第006版。
② 聂昭伟、张昌贵:《骗取网络域名的定性及网络域名价值的认定》,载《人民司法·案例》2013年第22期。

终价值还是体现在其是否能为网站经营者带来流量和利润。① 值得注意的是，上述关于网络域名价值计量的方法，仅仅是为司法实践提供一定的借鉴与参考，由于网络虚拟财产的价值计算存在一定的复杂性，更为精确的价值计算方法还有待司法实践进一步加以探索。

（五）进一步的思考：其他网络虚拟财产属于财产犯罪的对象吗

从网络虚拟财产的定义来看，其又有广义和狭义两种界定。广义而言，网络ID、电子邮箱、虚拟货币、虚拟装备等作为体现了一定交换价值甚至包含了一定金钱价值在内的符号、数据流等，都可以当作网络虚拟财产来讨论。正如有些学者所言，所谓网络虚拟财产，是指虚拟的网络本身以及存在于网络上的具有财产性的电子记录，如电子信箱、QQ号码、网络游戏中的武器装备等。从狭义来看，网络虚拟财产，特指具备现实交易价值的网络虚拟财产，只包括那些网络玩家通过支付费用取得，并具有在离线交易市场内通过交易能够获取现实利益的虚拟物品，其典型表现为网络游戏中的虚拟装备、游戏金币及游戏角色ID等。②

在分析了网络域名这一典型网络虚拟财产的财产属性之后，需要进一步思考的是，其他网络虚拟财产，诸如电子信箱、QQ号、网络游戏装备等是否能够成为财产犯罪的对象。囿于篇幅，在此，仅针对网络游戏装备这种典型的虚拟财产进行简要分析。近年来，互联网的普及对人们的生产、生活、娱乐方式产生了极其深远的影响，其中一个非常显著的标志就是互联网游戏产业的兴起与繁荣。近年来，网络游戏产业日益繁荣，虚拟财产交易也已形成规模，利益的驱动导致了盗窃虚拟财产行为的大量出现。此处以一起真实的案例展开分析。

1. 基本案情

被告人杨灿强于2013年6月至10月，在北京市朝阳区南湖东园一区×××号楼××××室，利用北京新娱兄弟网络科技有限公司（以下简称"新娱公司"）的51wan游戏充值平台漏洞，自主编写充值平台接口程序，多次生成虚假支付信息，窃取该公司运营的《神仙道》游戏虚拟货币"元宝"110余万个（价值11万余元），

---

① 参见于志刚主编：《网络空间中虚拟财产的刑法保护》，中国人民公安大学出版社2009年版，第496—497页。

② 参见吴佳斌、宋帅武：《盗窃网络虚拟财产的定性》，载《人民司法·应用》2013年第17期。

供其在该游戏中使用或为他人充值,致使新娱公司向该游戏的联合运营公司结算"充值收益分成"共计 33984 元。北京市朝阳区人民检察院以被告人杨灿强犯盗窃罪,于 2014 年 9 月 28 日向北京市朝阳区人民法院提起公诉。朝阳区人民法院经审理认为,杨灿强非法侵入计算机信息系统,获取相关信息系统数据,情节严重,其行为已构成非法获取计算机信息系统数据罪。杨灿强的犯罪对象为"游戏虚拟财产",该对象缺乏现实财物的一般属性,不符合公众认知的一般意义上的公私财物。"游戏虚拟财产"的法律属性实为计算机信息系统数据。杨灿强通过侵入计算机信息系统而获取"游戏虚拟财产",实质上属于非法获取计算机信息系统数据行为,公诉机关指控罪名有误。综上,以非法获取计算机信息系统数据罪判处杨灿强有期徒刑 8 个月,罚金 2000 元。[1]

2. 理论与实务界的观点

在上述案件中,检察院所指控的成立盗窃罪的观点与法院所判决的成立非法获取计算机信息系统数据罪的观点,基本上代表了我国理论与实务界中的对立观点。认为窃取网络游戏中的装备成立盗窃罪的主要理由是:"虚拟财产能够满足游戏玩家的精神和物质需要因而具有效用性;虚拟财产是玩家劳动之成果,凝结了无差别的一般人类劳动,所以具有价值性;它不能任意获取也不能无限制复制,故此具有稀缺性;虚拟财产能够为人力所控制,存在交易市场,可以流转和交易,因此具有可支配性和经济价值,虚拟财产属于一般社会意义上的'财产',窃取虚拟财产的行为构成盗窃罪。"[2] 而认为窃取网络游戏中的装备成立非法获取计算机信息系统数据罪的主要理由是:网络游戏装备在性质上属于电子数据,而非刑法中的财物;网络游戏装备在价值上具有不确定性,难以保证财产犯罪金额确定的科学性;窃取网络游戏装备符合非法获取计算机信息系统数据罪的构成要件。[3]

---

[1] 参见北京市朝阳区人民法院(2014)朝刑初字第 3017 号刑事判决书。
[2] 于志刚:《虚拟空间中的刑法理论》,中国方正出版社 2003 年版,第 93 页。
[3] 参见刘明祥:《窃取网络虚拟财产行为定性探究》,载《法学》2016 年第 1 期;程闯:《再论非法获取虚拟财产的行为性质——从舒某某等人非法获取计算机信息系统数据案说起》,载《法律适用》2017 年第 8 期;臧德胜、付想兵:《盗窃网络虚拟财产的定性——以杨灿强非法获取计算机信息系统数据案为视角》,载《法律适用》2017 年第 16 期。

3. 本书观点

本书认为，在目前的情形下，不宜将网络游戏装备评价为刑法中的财物，对于窃取网络游戏装备行为，不应定盗窃罪，应以《刑法》第285条规定的非法获取计算机信息系统数据罪追究行为人的刑事责任。主要依据在于：首先，将网络游戏装备评价为刑法中的财物仍存在一定法律障碍。众所周知，游戏装备是一种虚拟财产，其与现实财物有本质区别，虚拟财产本质上是一种电子数据，其具有可复制性和易更改的特性，游戏玩家的游戏装备被他人利用木马病毒程序盗取，通过游戏运营商是可以帮其恢复的，故被告人通过盗号木马程序所获取的游戏装备其实就是一组电子数据，其进而转卖获利实际也就是将电子数据转卖他人获利的行为。① 其次，在我国，官方明确否认网络游戏装备虚拟财产作为财物的性质，这一点与网络域名明显不同。例如，文化部、商务部在2009年下发的《关于加强网络游戏虚拟货币管理工作的通知》中明确指出，网络游戏虚拟货币是"电磁记录"（即电子数据），只能"用于兑换发行企业所提供的指定范围、指定时间内的网络游戏服务"，不得用于支付、购买实物产品或兑换其他企业的任何产品和服务。文化部、公安部、原信息产业部等十四部委在2007年联合印发的《关于进一步加强网吧及网络游戏管理工作的通知》也明确指出，网络游戏服务商不得提供以虚拟货币等方式变相兑换现金、财物的服务。这表明我国的有关行政规范性文件已规定，包括虚拟货币在内的网络游戏虚拟财产只能在网络游戏中使用，不能用来交易，也不能变相兑换现金、财物。② 最后，非法获取他人网络游戏账号和密码，并用非法获取的游戏账号和密码进入他人游戏，将他人的游戏装备、游戏币等虚拟物品转移至由行为人自己控制的游戏账号内，之后再将获取的虚拟物品进行出售获利，其行为均符合非法获取计算机信息系统数据罪的构成要件。③ 以非法获取计算机信息系统数据罪而非盗窃罪对行为人进行定罪，能够做到罪刑均衡。

---

① 参见胡斌兵：《盗取转卖游戏装备的行为定性》，载《江苏法制报》2012年10月12日第7版。
② 参见刘明祥：《窃取网络虚拟财产行为定性探究》，载《法学》2016年第1期。
③ 参见胡斌兵：《盗取转卖游戏装备的行为定性》，载《江苏法制报》2012年10月12日第7版。

第二节 诈 骗 罪

一、指导性案例

检例38号：董亮等四人诈骗案（以下简称"董亮案"）

1. 基本案情

2015年，某网约车平台注册登记司机董亮、谈申贤、高炯、宋瑞华，分别用购买、租赁未实名登记的手机号注册网约车乘客端，并在乘客端账户内预充打车费一二十元。随后，四被告人各自虚构用车订单，并用本人或其实际控制的其他司机端账户接单，发起较短距离用车需求，后又故意变更目的地延长乘车距离，致使应付车费大幅提高。由于乘客端账户预存打车费较少，无法支付全额车费，网约车公司为提升市场占有率，按照内部规定，在这种情况下由公司垫付车费，同样给予司机承接订单的补贴。四被告人采用这一手段，分别非法获取网约车公司垫付车费及公司给予司机承接订单的补贴。董亮获取40664.94元、谈申贤获取14211.99元、高炯获取38943.01元、宋瑞华获取6627.43元。

2. 诉讼过程及结果

本案由上海市普陀区人民检察院于2016年4月1日以被告人董亮、谈申贤、高炯、宋瑞华犯诈骗罪向上海市普陀区人民法院提起公诉。2016年4月18日，普陀区人民法院作出判决，认定被告人董亮、谈申贤、高炯、宋瑞华的行为构成诈骗罪，综合考虑四被告人到案后能如实供述自己的罪行，依法可从轻处罚，四被告人家属均已代为全额退赔赃款，可酌情从轻处罚，分别判处被告人董亮有期徒刑1年，并处罚金1000元；被告人谈申贤有期徒刑10个月，并处罚金1000元；被告人高炯有期徒刑1年，并处罚金1000元；被告人宋瑞华有期徒刑8个月，并处罚金1000元；四被告人所得赃款依法发还被害单位。一审宣判后，四被告人未上诉，判决已生效。

3. 指导意义

当前，网络约车、网络订餐等互联网经济新形态发展迅速。一些互联网公司为抢占市场，以提供订单补贴的形式吸引客户参与。某些不法分子采取违法手段，骗取互联网公司给予的补贴，数额较大的，可以构成诈骗罪。

在网络约车中，行为人以非法占有为目的，通过网约车平台与网约车公司进行交流，发出虚构的用车需求，使网约车公司误认为是符合公司补贴规则的订单，基于错误认识，给予行为人垫付车费及订单补贴的行为，符合诈骗罪的本质特征，是一种新型诈骗罪的表现形式。

二、案件争点

以非法占有为目的，采用自我交易方式，虚构提供服务事实，骗取互联网公司垫付费用及订单补贴（简称"刷单"），数额较大的行为，应当如何定性？

这主要涉及以下两个方面的具体问题：

(1) 刷单行为具体包含哪些类型？

(2) 刷单行为应当定性为盗窃罪还是诈骗罪？

三、学理研究

以滴滴出行、百度糯米为代表的一些大型互联网公司为推广业务，对使用其网络平台的交易双方进行补贴，而一些不法分子则利用互联网公司网络监管等漏洞进行刷单，虚拟交易骗取网约车公司补贴款的现象不断涌现，甚至出现了职业"刷客"，给网约车公司造成了巨大损失。对于此类行为，司法机关应当认真分析其行为定性，准确适用法律，切实保障市场经济秩序，维护互联网企业的利益。

（一）刷单行为的概念、类型及危害

1. 刷单行为的概念

刷单，只是在网络环境下的一个笼统的称呼，在不同的领域应有不同的含义，其外延随着网络时代的发展也在不断扩张。刷单的行为，本质上就是一种虚构提供服务行为的虚假交易。行为人正是利用了互联网时代各大网约车平台的政策漏洞，刷单行为才得以进行。

2. 刷单行为的类型

刷单目的具有复杂性，刷单行为有为了声誉、财产、扩大规模、抢占市场等复杂原因。根据刷单目的的不同，有学者将刷单分为以下三种具体类型：[①]

(1) 声誉型刷单，即为了提升声誉而自己刷单或请别人刷单的行为。此类刷单

---

① 参见阴建峰、刘雪丹：《网络刷单行为的刑法规制研究》，载《知与行》2016年第8期。

行为多见于 B2B、B2C 商务运营模式中。所谓 B2B（Business to Business），是指企业与企业之间通过网络开展交易活动的商业模式。B2C（Business to Customer），则表示商业机构直接面向消费者销售产品和服务的商业零售模式。这种形式的电子商务一般以网络零售业为主，主要借助于互联网开展在线销售活动，最早出现并为人们所熟悉的此类行业中的刷单当属"淘宝刷单"。在声誉型刷单中，根据网店经营者的目的又可以分为两类：一种是提高声誉型刷单，是指具有网络经营资质的卖家，为了提高网店等级以获取更大的经营权限，或者增加所售商品的声誉以扩大产品的销售数量，通过刷单者的虚假购买或评论，提高网店的排名和销量，以制造一种产品畅销且服务良好的假象，并在事后向刷单者退还购物款项，同时支付一定报酬的行为。第二种则是贬损声誉型刷单，一般是指网店经营者雇用刷客对其他经营同类产品的网店作出差评的刷单，力图通过诋毁其他网店影响其生意，从而扩大自己商品的销量。

（2）财产型刷单，是指一些商家和用户为了获取补贴和奖励，采用各种手段虚构交易订单，套取补贴和奖励的行为。此类刷单行为多见于 O2O 商务运营模式中。O2O（Online To Offline）即将线下的商务机会与互联网结合在一起，让互联网成为线下交易的前台。这样线下服务就可以在线揽客，消费者可以在线来筛选服务，成交可以在线结算。O2O 电子商务模式是互联网时代迅速发展起来的一种新型商业运营模式。一些软件运营商为了吸引大批商户入驻推出大力度的补贴优惠政策，而有些商家和用户为了获取软件运营商的补贴或者奖励，则会采用各种手段虚构交易订单。由此可知，通过自我交易，虚构提供服务骗取网约车公司订单补贴的刷单行为，就是属于这种财产型刷单，这是我们应当关注的重点。

（3）竞合型刷单，即声誉型刷单和财产型刷单的结合，既有通过刷单行为提升商户信誉、扩大商品销量的目的，又有通过刷单行为骗取软件平台补贴或奖励的目的。利用外卖软件、酒店团购软件刷单的行为多属于此一刷单类型。刷单商家不仅可以像网店刷单一样增加网络销量、提高信誉度，还可以提升排名，并可以像打车刷单一样骗取软件运营商的补贴或奖励。

3. 刷单行为的危害

刷单行为之所以应当为刑法所调整，在于其具有严重的社会危害性，这些危害性主要包括：

第一，侵害消费者的合法权益。由于网络的虚拟性，网络购物中消费者无法真实地体验到商品材质、质量等，因此大多数买家在挑选商品时主要看商品的评价和销量，而虚假的销量与评价显然会给买家传递错误的信息，使买家受蒙蔽而达成交易。这不仅可能导致消费者的财产损失，也可能使消费者因为买到伪劣商品而降低对电商行业的信任。

第二，侵害网约车平台的财产权益，使网约车平台的预期目的没有达到，损害其财产权益。网约车平台希望通过补贴给予顾客以优惠，从而吸引客户，最终达到占领市场的目的。但刷单行为并未发生实际交易，网约车平台基于错误认识对于刷单人给予补贴，无法达到上述目的，因而刷单行为侵害了网约车平台的财产权益。

第三，妨害互联网经济的健康发展。刷单行为产生的虚假繁荣，会影响投资者的判断，同时对新的创业公司也是一种误导。投资人一般会根据平台的交易数据决定投资与否，但是刷单行为却使平台的大数据呈现不真实之状况。在刷单之风盛行的网络时代，新的创业公司如果不照做就难以进行融资，难以继续生存发展。因此，刷单产生的泡沫式的虚假繁荣，影响了人们对网络真实发展情况的判断，并阻碍网络的进步。

第四，扰乱正常的市场经济秩序。当越来越多的人实施刷单行为时，正常的网络商业将会逐渐陷入困顿。因为商户或者司机只想通过刷单骗取软件平台的利益，这种投机取巧必然会使整个行业陷入一种表面繁荣而实际上停滞不前的状态。一旦这种心理在整个行业里蔓延并逐渐向外扩散时，就会影响行业的发展，扰乱正常的社会秩序。①

基于刷单行为的巨大危害，有必要以刑事手段对其予以规制。当然，这是一项十分复杂且重大的工程。此处重点关注的是，通过刷单骗取网约车公司订单补贴这一财产型刷单行为的刑法规制。

（二）刷单骗取网约车公司订单补贴的刑法定性：盗窃还是诈骗

对于司机自我交易骗取网约车公司订单补贴，造成其财产损失的行为，究竟在刑法上如何定性，目前理论与实务界存在两种不同的观点。一种观点认为，这种行为应当成立盗窃罪。例如，柏浪涛教授认为，网约车平台不能被骗，无法陷入认识

---

① 参见阴建峰、刘雪丹：《网络刷单行为的刑法规制研究》，载《知与行》2016年第8期。

错误。因为打车软件系统对司机虚假交易而产生的载客单数，只能自动地、机械地加以认定，并以此自动生成对司机的奖励数额，而其中没有人的参与、人的认识与判断，故此不存在欺骗。而盗窃罪与诈骗罪的一个重要区别就在于是否有人基于错误认识而处分财产，因而司机的刷单行为构成盗窃罪。① 另一种观点则认为，这种行为应当构成诈骗罪。此种观点是以"网约车平台能够被骗、会陷入认识错误"为前提的。具体而言，表面上看，网约车司机的刷单行为是对计算机的"欺骗"，但计算机"被骗"反映的是计算机背后的操作者意志，即人为设置程式的计算机将司机靠虚假交易得出的单数进行认定，实际上反映的是网约车平台的意志。网约车平台是网约车交易中的第三方交易主体。认为打车软件系统对司机虚假交易而产生的载客单数，只能自动地、机械地加以认定的观点并不符合事实。在实践中，网约车平台深知司机刷单行为对其造成的危害，部分平台会选择通过计算机技术进行风控和审核，达到检测和筛选出被刷订单的目的。比如通过对重复多次的相同路线、较短里程、相同账号多次进行的订单对接等项目进行检测和筛选。以"滴滴出行"为例，该平台已经通过技术、大数据和运营规则提高刷单作弊门槛，并对其进行定期筛查。同时，"易到"也推出"易盾"平台系统，根据以往收集的数据中的不同场景建立几十种反作弊规则，及时发现新的问题并进行实时拦截。故此，司机刷单骗取补贴和奖励，网约车平台能够被骗并陷入认识错误。②

（三）刷单骗取网约车公司订单补贴成立诈骗罪的法律论证

最高人民检察院以指导性案例的形式，肯定了网约车司机通过刷单实施骗取网约车公司订单补贴的行为成立诈骗罪，这对于减少司法实践中的法律适用冲突、维护网约车公司合法财产、促进互联网经济的健康发展具有重大积极作用。然而，对于此种行为为何成立诈骗罪，仍然需要在法律上进行认真、详细的论证。

对于刷单行为骗取网约车公司订单补贴是否成立诈骗罪的论证，首先要着眼于其行为是如何成功骗取被害人网约车公司补贴的，并进一步判断这一行为是否符合诈骗罪的基本逻辑构造。刑法理论通常认为，诈骗罪的基本逻辑构造为：行为人实施虚构事实或隐瞒真相的欺骗行为—对方产生错误认识—对方基于错误认识处分财

---

① 转引自陈永辉：《网约车刷单行为的刑法规制研究》，载《江西警察学院学报》2018年第4期。
② 参见同上。

产—行为人或者第三者取得财产—被害人遭受财产损害。① 那么,接下来需要逐步回答以下问题:第一,刷单行为属于诈骗行为吗?第二,网约车公司是否陷入认识错误?第三,网约车公司是否基于认识错误处分了财产?第四,网约车公司最终是否遭受财产损失?如果上述问题均可能够得出肯定答案,便可认同"刷单行为骗取网约车补贴满足诈骗罪的基本逻辑构造",进而得出其成立诈骗罪的结论。

1. 网约车公司的补贴政策漏洞

进行刷单的行为人是如何成功骗取网约车公司补贴的?对于这一问题,需要从网约车公司制订的补贴政策漏洞加以考察。O2O 商务模式的勃兴,使得第三方交易平台以消费者与供应商媒介的角色出现,平台通过补贴的方式奖励供应商,在有些场合,这种补贴大于供应商为第三方交易平台挣得的收入。以 Uber 打车为例,根据 Uber 公司所制订的补贴政策,早上 7 点到 10 点、晚上 6 点到 11 点,Uber 公司会给司机支付 1.5—2.5 倍的补贴,即乘客付了 50 元打车费,Uber 公司还会补贴 75—125 元,司机实得 125—175 元。此外,只要司机单周做满 70 单,即使收入不够 7000 元,Uber 公司也会补贴剩余金额。再以"滴滴打车"为例,根据 2016 年 8 月 10 日—8 月 17 日《滴滴专车司机奖励政策》的规定,早晚高峰期间和夜高峰期间(21:00:00—22:59:59),司机每单可获得 2 倍收入;午休高峰期间(12:00:00—13:59:59),司机每单可获得 1.9 倍收入;其余时段每单可获得 1.5 倍收入。② 按照上述奖励政策,如果在早高峰期间发生一单 100 元的交易,乘客付给交易平台滴滴公司 100 元,滴滴公司则需以 2 倍价格,即 200 元奖励给司机。为了维持竞争优势,其他类似打车软件的专车,补贴也一直维持在 1.5—2.5 倍,甚至还会推出更大力度的优惠。在此情形下,实际上平台的补贴已超过实际订单的收益。另外,接单量通常是司机能够享受奖励的重要条件,往往诱发某些司机在接到的订单不够多的情况下,通过自行虚构订单获取平台补贴,即使需要其自行承担一定的刷单成本费用及油费,每单还是有很大利润可赚。

2. 刷单行为人实施了诈骗行为

刷单行为人成立诈骗罪,首先必须实施了欺骗行为。所谓欺骗行为,指的是使

---

① 参见张明楷:《刑法学》(第五版),法律出版社 2016 年版,第 1000 页。
② 参见《滴滴专车司机奖励政策(8 月 10 日—8 月 17 日)》,http://www.upxuan.com/reward/111.html,2020 年 3 月 1 日访问。

对方陷入处分财产认识错误的行为。欺骗行为包括两类：一是虚构事实，二是隐瞒真相。刷单行为人的欺骗行为，一般表现为以下两种：一种是通过购买虚假的账号、证件等资料，从事刷单业务，骗取平台补贴；另一种是使用自己或他人的多部手机多次虚假下单，从而逃避打车平台监测，骗取平台补贴。其中，尤其以后一种方式更为普遍。比如在"董亮案"中，行为人就是通过采取虚构用车订单，并用本人或其实际控制的其他司机端账户接单，发起较短距离用车需求，后又故意变更目的地延长乘车距离，最终达到骗取平台补贴的目的。

3. 网约车公司陷入认识错误

尽管我们认为，刷单行为不能使机器陷入认识错误，但其使得网约车平台陷入了认识错误。正如学者指出，"软件管理平台的工作人员虽设置了防止某些特定刷单行为的程序，以求在这些行为出现时，后台系统能自动甄别为刷单行为，从而作出相关处理，但是刷单人却能利用软件平台的后台漏洞，制造后台无法识别的虚假订单。此时，系统仍默认其为正常交易，但实则虚构事实使软件平台陷入错误认识的行为，由于平台检测是由工作人员实际操作的，故而其欺骗的对象实乃平台工作人员。"[1]

4. 网约车公司基于认识错误处分财产

当网约车平台误以为刷单人的虚假订单为正常交易时，就会按照公司正常补贴程序实施处分财产的行为，且这一处分财产的行为与刷单人实施的欺骗行为之间具有因果关系。

5. 网约车公司遭受财产损失

刑法理论中，判断有无财产损失的基本标准在于受骗者所认识到的"财产交换"是否已经实现、处分财产所欲实现的"目的"是否已经达成。具体而言，网约车公司之所以支付高额补贴，目的在于吸引商户或者司机加入并获取更多的客源，抢占市场资源，维持其长期稳定的发展。但刷单人通过刷单行为制造虚假订单，致使网约车公司发放的补贴或者奖励，并未实际达到财产交换之目的。相反，刷单人通过套取现金，取得了软件平台所支付的优惠券、补贴等财产。[2]

---

[1] 阴建峰、刘雪丹：《网络刷单行为的刑法规制研究》，载《知与行》2016年第8期。
[2] 参见同上。

第四章

妨害社会管理秩序罪

第一节 破坏计算机信息系统罪

一、指导性案例

（一）检例33号：李丙龙破坏计算机信息系统案（以下简称"李丙龙案"）

1. 基本案情

被告人李丙龙为牟取非法利益，预谋以修改大型互联网网站域名解析指向的方法，劫持互联网流量访问相关赌博网站，获取境外赌博网站广告推广流量提成。2014年10月20日，李丙龙冒充某知名网站工作人员，采取伪造该网站公司营业执照等方式，骗取该网站注册服务提供商信任，获取网站域名解析服务管理权限。10月21日，李丙龙通过其在域名解析服务网站平台注册的账号，利用该平台相关功能自动生成了该知名网站二级子域名部分DNS（域名系统）解析列表，修改该网站子域名的IP指向，使其连接至自己租用境外虚拟服务器建立的赌博网站广告发布页面。当日19时许，李丙龙对该网站域名解析服务器指向的修改生效，致使该网站不能正常运行。23时许，该知名网站经技术排查恢复了网站正常运行。11月25日，李丙龙被公安机关抓获。至案发时，李丙龙未及获利。

经司法鉴定，该知名网站共有559万有效用户，其中邮箱系统有36万有效用户。按日均电脑客户端访问量计算，10月7日至10月20日邮箱系统日均访问量达12.3万。李丙龙的行为造成该知名网站10月21日19时至23时长达4小时左右无法正常发挥其服务功能，案发当日仅邮件系统电脑客户端访问量就从12.3万减少至4.43万。

2. 诉讼过程及结果

本案由上海市徐汇区人民检察院于2015年4月9日以被告人李丙龙犯破坏计算

机信息系统罪向上海市徐汇区人民法院提起公诉。11月4日，徐汇区人民法院作出判决，认定李丙龙的行为构成破坏计算机信息系统罪。根据2011年最高人民法院、最高人民检察院《关于办理危害计算机信息系统安全刑事案件应用法律若干问题的解释》（以下简称《计算机信息系统安全案件解释》）第4条规定，李丙龙的行为符合"后果特别严重"（造成"为五万以上用户提供服务的计算机信息系统不能正常运行累计一小时以上"）的情形。结合量刑情节，判处李丙龙有期徒刑5年。一审宣判后，被告人李丙龙提出上诉，经上海市第一中级人民法院终审裁定，维持原判。

3. 指导意义

修改域名解析服务器指向，强制用户偏离目标网站或网页进入指定网站或网页，是典型的域名劫持行为。行为人使用恶意代码修改目标网站域名解析服务器，目标网站域名被恶意解析到其他IP地址，无法正常发挥网站服务功能，这种行为实质是对计算机信息系统功能的修改、干扰，符合《刑法》第286条第1款"对计算机信息系统功能进行删除、修改、增加、干扰"的规定。根据《计算机信息系统安全案件解释》第4条的规定，造成"为一万以上用户提供服务的计算机信息系统不能正常运行累计一小时以上的"，属于"后果严重"，应以破坏计算机信息系统罪论处；造成"为五万以上用户提供服务的计算机信息系统不能正常运行累计一小时以上的"，属于"后果特别严重"。

认定遭受破坏的计算机信息系统服务用户数，可以根据计算机信息系统的功能和使用特点，结合网站注册用户、浏览用户等具体情况，作出客观判断。

（二）检例34号：李骏杰等破坏计算机信息系统案（以下简称"李骏杰案"）

1. 基本案情

2011年5月至2012年12月，被告人李骏杰（原系浙江杭州某网络公司员工）在工作单位及自己家中，单独或伙同他人通过聊天软件联系需要修改中差评的某购物网站卖家，并从被告人黄福权等处购买发表中差评的该购物网站买家信息300余条。李骏杰冒用买家身份，骗取客服审核通过后重置账号密码，登录该购物网站内部评价系统，删改买家的中差评347个，获利9万余元。

经查：被告人胡榕（原系江西省九江市公安局民警）利用职务之便，将获取的公民个人信息分别出售给被告人黄福权、董伟、王凤昭。

2012年12月11日，被告人李骏杰被公安机关抓获归案。此后，因涉嫌出售公民个人信息、非法获取公民个人信息,被告人胡榕、黄福权、董伟、王凤昭等人也被公安机关先后抓获。

2. 诉讼过程与结果

本案由浙江省杭州市滨江区人民检察院于 2014 年 3 月 24 日以被告人李骏杰犯破坏计算机信息系统罪、被告人胡榕犯出售公民个人信息罪、被告人黄福权等人犯非法获取公民个人信息罪,向浙江省杭州市滨江区人民法院提起公诉。2015 年 1 月 12 日,滨江区人民法院作出判决,认定被告人李骏杰的行为构成破坏计算机信息系统罪,判处有期徒刑 5 年;被告人胡榕的行为构成出售公民个人信息罪,判处有期徒刑 10 个月,并处罚金 20000 元;被告人黄福权、董伟、王凤昭的行为构成非法获取公民个人信息罪,分别判处有期徒刑、拘役,并处罚金。一审宣判后,被告人董伟提出上诉。杭州市中级人民法院二审裁定驳回上诉,维持原判。判决已生效。

3. 指导意义

购物网站评价系统是对店铺销量、买家评价等多方面因素进行综合计算分值的系统,其内部储存的数据直接影响到搜索流量分配、推荐排名、营销活动报名资格、同类商品在消费者购买比较时的公平性等。买家在购买商品后,根据用户体验对所购商品分别给出好评、中评、差评三种不同评价。所有的评价都是以数据形式存储于买家评价系统之中,成为整个购物网站计算机信息系统整体数据的重要组成部分。

侵入评价系统删改购物评价,其实质是对计算机信息系统内存储的数据进行删除、修改操作的行为。这种行为危害到计算机信息系统数据采集和流量分配体系运行,使网站注册商户及其商品、服务的搜索受到影响,导致网站商品、服务评价功能无法正常运作,侵害了购物网站所属公司的信息系统安全和消费者的知情权。根据《刑法》第 286 条和《计算机信息系统安全案件解释》第 4 条的规定,行为人因删除、修改某购物网站中差评数据违法所得 25000 元以上,构成破坏计算机信息系统罪,属于"后果特别严重"的情形,应当依法判处 5 年以上有期徒刑。

(三)检例 35 号:曾兴亮、王玉生破坏计算机信息系统案(以下简称"曾兴亮案")

1. 基本案情

被告人曾兴亮,男,1997 年 8 月生,农民。被告人王玉生,男,1992 年 2 月生，农民。

2016年10月至11月，被告人曾兴亮与王玉生结伙或者单独使用聊天社交软件，冒充年轻女性与被害人聊天，谎称自己的苹果手机因故障无法登录"iCloud"（云存储），请被害人代为登录，诱骗被害人先注销其苹果手机上原有的ID，再使用被害人提供的ID及密码登录。随后，二被告人立即在电脑上使用新的ID及密码登录苹果官方网站，利用苹果手机相关功能将被害人的手机设置修改，并使用"密码保护问题"修改该ID的密码，从而远程锁定被害人的苹果手机。二人再在其个人电脑上，用网络聊天软件与被害人联系，以解锁为条件索要钱财。采用这种方式，曾兴亮单独或合伙作案共21起，涉及苹果手机22部，锁定苹果手机21部，索得金额合计7290元；王玉生参与作案12起，涉及苹果手机12部，锁定苹果手机11部，索得金额合计4750元。2016年11月24日，二人被公安机关抓获。

2. 诉讼过程及结果

本案由江苏省海安县人民检察院于2016年12月23日以被告人曾兴亮、王玉生犯破坏计算机信息系统罪向海安县人民法院提起公诉。2017年1月20日，海安县人民法院作出判决，认定被告人曾兴亮、王玉生的行为构成破坏计算机信息系统罪，分别判处有期徒刑1年3个月、有期徒刑6个月。一审宣判后，二被告人未上诉，判决已生效。

3. 指导意义

计算机信息系统包括计算机、网络设备、通信设备、自动化控制设备等。智能手机和计算机一样，使用独立的操作系统、独立的运行空间，可以由用户自行安装软件等程序，并可以通过移动通信网络实现无线网络接入，应当认定为刑法上的"计算机信息系统"。

行为人通过修改被害人手机的登录密码，远程锁定被害人的智能手机设备，使之成为无法开机的"僵尸机"，属于对计算机信息系统功能进行修改、干扰的行为。该行为造成10台以上智能手机系统不能正常运行，符合《刑法》第286条破坏计算机信息系统罪构成要件中"对计算机信息系统功能进行修改、干扰""后果严重的"情形，构成破坏计算机信息系统罪。

行为人采用非法手段锁定手机后以解锁为条件，索要钱财，在数额较大或多次敲诈的情况下，其目的行为又构成敲诈勒索罪。在这类犯罪案件中，手段行为构成的破坏计算机信息系统罪与目的行为构成的敲诈勒索罪之间成立牵连犯。牵连犯应当从一重罪处断。破坏计算机信息系统罪在后果严重的情况下，法定刑为 5 年以下有期徒刑或者拘役；敲诈勒索罪在数额较大的情况下，法定刑为 3 年以下有期徒刑、拘役或管制，并处或者单处罚金。因此本案应以重罪即破坏计算机信息系统罪论处。

二、案件争点

（1）刑法中的"计算机信息系统"应如何界定？
（2）如何理解破坏计算机信息系统罪的具体行为类型？
（3）破坏计算机信息系统罪中的"后果严重""后果特别严重"具体应如何认定？
（4）如何认定破坏计算机信息系统罪与其他相关犯罪的罪数形态？

三、学理研究

在互联网时代，网络已然成为社会公众生活、工作中密不可分的一部分，计算机系统和计算机信息系统数据成为刑法保护的重要对象。但在现实生活中，类似于传播计算机病毒、删改购物评价、控制他人移动终端等破坏计算机信息系统的犯罪行为越来越多，其造成的危害也越来越大。深入研究破坏计算机信息系统罪，对准确适用这一罪名，加大对网络犯罪的打击具有重要意义。

（一）破坏计算机信息系统罪概述

破坏计算机信息系统罪，是 1997 年《刑法》新增的一种犯罪，旨在加强对计算机信息系统的管理和保护，保障计算机信息系统功能的正常发挥，维护计算机信息系统的安全运行。[①] 当然，1997 年《刑法》颁布之时，计算机在我国的普及率与今日相比还有很大差距，因此当时刑法条文中仅规定了非法侵入计算机系统罪和破坏计算机信息系统罪两个罪名。根据《刑法》第 286 条的规定，所谓破坏计算机信息系统罪，指的是违反国家规定，对计算机信息系统功能或计算机信息系统中存储、处理或者传输的数据和应用程序进行破坏，或者故意制作、传播计算机病毒等破坏性程序，影响计算机系统正常运行，后果严重的行为。

（二）本罪保护的法益

刑法理论通常认为，犯罪的本质是侵害法益，刑法的目的是保护法益。[②] 法益，

[①] 参见高铭暄：《中华人民共和国刑法的孕育诞生和发展完善》，北京大学出版社 2012 年版，第 513 页。

[②] 参见张明楷：《刑法学》（第五版），法律出版社 2016 年，第 86—87 页。

亦即刑法保护的利益,是刑法学理论中的基础性概念。尽管法益是一个颇具争议性的概念,但理论界对法益是特定行为入罪化的实质标准存在基本共识。在立法上,法益具有确定犯罪和法定刑的指导功能;在司法上,法益具有对构成要件进行解释的功能。由此可知,法益的保护范围决定着一个具体犯罪的成立边界。从刑法理论上看,刑法保护的均为具体法益,并且刑事规范规定的具体罪名都有其所保护的特定法益。倘若刑法规范设立特定罪名所保护的法益过于宽泛,则可能导致此罪名与其他罪名的界限难以区分,也可能导致特定罪名在司法实践中被进一步地"口袋化"。法益范围的不明将直接导致司法实践部门对刑法规范理解和适用过程中的混乱。[1] 由此可见,在正确适用破坏计算机信息系统罪之前,首先需要明确本罪所保护的法益。

在司法实践中,对于破坏计算机信息系统罪所要保护的法益范围,存在不同理解。破坏计算机信息系统罪是1997年《刑法》新增罪名,此后二十多年,本罪的罪状没有发生任何变化。通说认为,破坏计算机信息系统罪旨在加强对计算机信息系统的管理和保护,保障计算机信息系统功能的正常发挥,维护计算机信息系统的安全运行。因此,破坏计算机信息系统罪所保护的法益,主要是计算机信息系统的功能和运行安全。[2] 还有一种观点认为,除了计算机信息系统运行安全这一法益之外,破坏计算机系统所保护的法益还包括计算机信息系统中数据的安全以及计算机信息系统所有人与合法用户的合法权益。[3]

本书认为,上述第一种观点更具有合理性,即本罪保护的法益为计算机信息系统的功能和运行安全。而计算机信息系统中数据的安全和所有人、合法用户的合法权益这两种法益,都不应成为破坏计算机信息系统罪所要保护的法益。这是因为:一方面,数据安全法益有其独立的内涵,不属于破坏计算机信息系统罪专门保护的法益。在大数据时代,数据不仅属于计算机信息系统的重要组成部分,而且很多情况下有其独立的财产价值和附着的人身利益。在计算机信息系统中存储、传输和处理的很多数据并不与计算机信息系统的运行有直接的关联,而是有其自身独立的价

---

[1] 参见周立波:《破坏计算机信息系统罪司法实践分析与刑法规范调适——基于100个司法判例的实证考察》,载《法治研究》2018年第4期。
[2] 参见高铭暄:《中华人民共和国刑法的孕育诞生和发展完善》,北京大学出版社2012年版,第513页。
[3] 参见高铭暄、马克昌主编:《刑法学》(第七版),北京大学出版社、高等教育出版社2016年版,第534页。

值。如教务信息管理系统中的学生信息、工商行政管理系统中的企业信息以及游戏网站中的账户数值,这些数据信息直接体现的是数据拥有主体的人身利益或财产价值,与计算机信息系统本身的运行安全并没有直接的关联。换言之,对这些数据信息的删除、增加、修改并不会导致计算机信息系统不能正常运行,而更多损害的是数据拥有者的相关权益。以破坏计算机信息系统罪去规制此类犯罪行为,则会突破破坏计算机信息系统罪法益保护的范围,造成破坏计算机信息系统罪"口袋化",损害人们对行为构成犯罪与否的预测可能性。另一方面,所有人、合法用户的合法权益这种法益过于模糊,应进行明确。刑法所保护的法益应是经验上可以把握的,具体犯罪的法益应尽量具体、明确,而所有人、合法用户的合法权益却表现为抽象和广泛的。因此,理论上应对这种合法权益进行限制,以明确破坏计算机信息系统罪的法益保护范围。[①]

综上,破坏计算机信息系统罪所保护的具体法益应是立法者设立此罪时确立的计算机信息系统的运行安全,不应包括计算机信息系统中的数据安全。针对侵害计算机信息系统中数据安全法益的,应当以非法获取计算机信息系统数据罪定罪处罚。另外,对于所有人与合法用户的合法权益,也应限制在计算机信息系统运行安全这一具体的合法权益之内,由此明确破坏计算机信息系统罪的规制范围。以上内容,应当是司法者在具体解释、适用破坏计算机信息系统罪时需要重点关注的。

(三)刑法中"计算机信息系统"的界定

从《刑法》第286条的表述来看,破坏计算机信息系统罪具体包括以下三种行为类型:第一,违反国家规定,对计算机信息系统功能进行删除、修改、增加、干扰,造成计算机信息系统不能正常运行,后果严重的行为;第二,违反国家规定,对计算机信息系统中存储、处理或者传输的数据和应用程序进行删除、修改、增加的操作,后果严重的行为;第三,制作、传播计算机病毒等破坏性程序影响计算机系统的正常运行,后果严重的行为。由此可知,在以上三种行为类型中,分别针对的是:(1)计算机信息系统;(2)计算机信息系统中存储、处理或者传输的数据和应用程序;(3)计算机系统。在司法实践中,通常对"计算机信息系统"与"计算机系统"两者不作区别。那么,在破坏计算机信息系统罪中,计算机信息系统应当

[①] 参见周立波:《破坏计算机信息系统罪司法实践分析与刑法规范调适——基于100个司法判例的实证考察》,载《法治研究》2018年第4期。

是十分重要的犯罪对象。因此，有必要对"计算机信息系统"作出明确的界定。

根据 1994 年 2 月 18 日国务院颁布的《计算机信息系统安全保护条例》第 2 条的规定，所谓"计算机信息系统"，指的是由计算机及其相关的和配套的设备、设施（含网络）构成的，按照一定的应用目标和规则对信息进行采集、加工、存储、传输、检索等处理的人机系统。《计算机信息系统安全案件解释》第 11 条规定，本解释所称"计算机信息系统"和"计算机系统"，是指具备自动处理数据功能的系统，包括计算机、网络设备、通信设备、自动化控制设备等。

根据以上规范性文件对于计算机信息系统的界定，并结合相关学理观点，本书认为计算机信息系统应当满足以下几个方面的特征：

第一，计算机信息系统应当是一个信息处理系统。单纯存储信息而不进行进一步加工处理的系统不属于计算机信息系统。同时，即便是计算机已安装程序文件或应用软件，并具有信息处理功能，但如果没有投入使用，没有"按照一定的应用目标和规则对信息进行采集、加工、存储、传输、检索等处理"，也不能称之为"计算机信息系统"。

第二，计算机信息系统应当是一个联网系统，而这个网既可以是局域网也可以是广域网。根据《计算机信息系统安全保护条例》第 5 条的规定，未联网的微型计算机的安全保护办法另行制定。这意味着，这些未联网的单机系统不属于该条例的调整范畴。那么，以此规定为基础建立的刑法相应条文的保护对象自然也应贯彻这一思想。

第三，计算机信息系统应当是一个人机系统。人机系统是由人的要素和机械要素融合而构成的系统。在人机系统中，必须配备适当的显示设备供人观察和监视系统的工作进程，同时还必须配备人对机器进行控制、管理和干预所必需的输入和操纵机构，使人和机器能协调工作。计算机信息系统应当包括硬件、软件及其相关文件资料，系统相关配套设备和设施，系统服务，甚至计算机业务工作人员等。[①]

目前，司法实践中面临的一个现实问题是，随着智能手机等移动设备的大范围普及，针对传统个人电脑等信息网络的侵害日渐转向针对移动智能终端的侵害，各种运用手机病毒实施的犯罪不断涌现。那么，智能手机能否被评价为刑法中的"计

[①] 参见刘松：《破坏计算机信息系统罪犯罪对象研究》，载《北京人民警察学院学报》2002 年第 3 期。

算机信息系统"？事实上，实践中早就出现过因智能手机能否等同于计算机存在争议而引发的案件定性难问题，如江苏省首例"恶意扣费案"。[①] 在该案的定性上，侦查机关主张以涉嫌非法控制计算机信息系统罪和提供侵入、非法控制计算机信息系统程序、工具罪提请批捕。但是，检察院决定不予批捕，原因之一就是，智能手机是否可以认定为计算机存在较大的分歧。[②]

最高人民检察院的指导性案例，首次将智能手机认定为刑法上的"计算机信息系统"，指出智能手机和计算机一样，使用独立的操作系统、独立的运行空间，可以由用户自行安装软件等程序，并可以通过移动通信网络实现无线网络接入，应当认定为刑法上的"计算机信息系统"。本书认为，这一定性是符合社会发展现实的。尽管1997年《刑法》第286条主要是以传统个人电脑终端为立法背景的，并未考虑移动智能终端的因素，但当前移动智能终端在数量上已经取代了传统个人电脑终端的主导地位，针对移动智能终端的犯罪铺天盖地而来。在当前手机用户数量已经超过了个人电脑用户端用户量的背景下，手机用户组成的移动互联网在不断扩容，一旦出现手机病毒并大肆蔓延，将引发更为严重的网络安全问题。中国互联网络信息中心（CNNIC）2019年8月30日发布的第44次《中国互联网络发展状况统计报告》显示，截至2019年6月，我国网民规模达8.54亿，较2018年年底增长2598万，互联网普及率达61.2%，较2018年年底提升1.6个百分点；我国手机网民规模达8.47亿，较2018年年底增长2984万，网民中使用手机上网的比例由2018年年底的98.6%提升至99.1%。智能手机的发展如此迅猛，它对于信息时代的我们而言，已经是一个可移动的个人计算机，因此将其评价为刑法上的"计算机信息系统"，并受刑法的保护，是符合刑法规范要求的。

---

① 基本案情：某公司在2010年3月的一次高层会议上决定尽快开发一款软件，可以实现对手机用户进行恶意扣费。该公司的技术部总监王某根据决定，向常某提供2万元经费用来开发设计相关手机软件，后常某设计出"娱乐伴侣"这一破坏性程序。某公司在王某的具体落实下，将"娱乐伴侣"事先植入用户的手机内，当启动后台程序后，"娱乐伴侣"会自动发送短信、秘密订制SP服务，并可以过滤运营商发送的资费提醒短信，最终在用户毫不知情的情况下，"娱乐伴侣"会自动恶意扣取用户的手机费用。2010年8月至10月间，某公司先后向全国27个省市1159万名手机用户发送了诱骗短信，导致数十万人被非法扣费，公司从中非法获利100多万元。参见王涵宇：《常州侦破全国首例手机病毒恶意扣费案》，载《江苏法制报》2011年5月31日第002版。

② 参见周斌：《全国首例手机恶意程序案定性难》，载《法制日报》2011年5月27日第005版。

(四)破坏计算机信息系统罪的具体行为类型

根据《刑法》第 286 条的规定,破坏计算机信息系统罪的行为类型主要包括以下几种:(1)违反国家规定,对计算机信息系统功能进行删除、修改、增加、干扰,造成计算机信息系统不能正常运行,后果严重的行为;(2)违反国家规定,对计算机信息系统中存储、处理或者传输的数据和应用程序进行删除、修改、增加的操作,后果严重的行为;(3)制作、传播计算机病毒等破坏性程序,影响计算机系统的正常运行,后果严重的行为。

在此,以下四个问题必须予以详细阐释:(1)如何理解本罪中的"违反国家规定"?(2)如何理解对计算机信息系统功能进行"删除""修改""增加""干扰"的行为?(3)如何理解对计算机信息系统中存储、处理或者传输的数据和应用程序进行"删除""修改""增加"的行为?(4)如何理解本罪中的"制作、传播计算机病毒等破坏性程序"的行为?

1."违反国家规定"的具体理解

在破坏计算机信息系统罪的前两款规定中都确立了行为必须"违反国家规定",因此"违反国家规定"是前两款行为构成犯罪的要件。根据《刑法》第 96 条的规定,刑法中的"违反国家规定",是指违反全国人民代表大会及其常务委员会制定的法律和决定,国务院制定的行政法规、规定的行政措施、发布的决定和命令。刑法分则中的"违反"大都是要求行为违反了某种行政管理法规,但对于具体犯罪成立是否需要行政管理法规中有"构成犯罪的,依法追究刑事责任"等类似刑事责任条款,刑法分则没有作具体的规定。实践中的做法是,只要行为违反相关的法律法规、行政规章并且需要追究刑事责任的,就必须按照刑法规定进行处罚。

尽管如此,至少可以明确:破坏计算机信息系统罪具有"双重违法性",即不仅要违反行政法规或者其他法律的规定,还要违反刑法的规定。法律法规、行政规章的具体规定可以作为打击破坏计算机信息系统罪的具体指引。司法机关要打击破坏计算机信息系统的行为,首先要查明该行为是否违反了法律或行政法规、国务院制定的行政措施、发布的决定和命令。如果不能查明,则表明不能成立破坏计算机信息系统罪。而在我国,与破坏计算机信息系统罪相关联的国家法律、行政法规主要包括:《计算机系统安全保护条例》《计算机网络国际联网安全保护管理办法》《计算机信息网络联网暂行规定》《计算机信息网络国际联网管理办法》

等，司法人员在适用破坏计算机信息系统罪之时，要重视以上法律、行政法规中的具体规定。

2. 破坏计算机信息系统罪行为方式的具体理解

(1) 对计算机信息系统的破坏行为

破坏计算机信息系统的手段包括删除、修改、增加、干扰四种方式。具体而言："删除"是指将计算机信息系统应有的功能加以取消，既可以是取消其中的一项，也可以是其中的几项或者全部；"修改"即对计算机信息系统的功能部分或者全部进行改变，或者将原程序用另一种程序加以替代，改变其功能；"增加"是指通过增加磁记录等手段为计算机信息系统添加其原本没有的功能；"干扰"则是通过一定手段干扰原程序，以影响计算机系统正常运转及行使其功能。

例如，在"李丙龙案"中，被告人利用该平台相关功能自动生成了该知名网站二级子域名部分 DNS（域名系统）解析列表，修改该网站子域名的 IP 指向，使其连接至自己租用境外虚拟服务器建立的赌博网站广告发布页面。其后，李丙龙对该网站域名解析服务器指向的修改生效，致使该网站不能正常运行，便属于典型的"修改"行为，应当认定为对计算机信息系统的破坏行为。

所谓干扰，指的就是扰乱计算机信息系统，使其不能正常工作。尽管从本质上说，刑法所列举的前三种行为方式"删除""修改""增加"，都可谓是一种干扰行为，但刑法将"干扰"作为一种行为方式，就是旨在将其与前三种行为方式区分开。破坏计算机信息系统罪中的"干扰"，指的是行为人未直接对计算机信息系统的功能或数据实施相应的删除、修改、增加，而是通过其他方式扰乱计算机信息系统的正常运行。干扰的方式是多种多样的，如外挂程序、拦截信号、干扰传输等等。如果类似干扰的行为没有导致计算机信息系统运行机理发生重大变化，就不能认为是刑法所规定的"干扰"。认定"干扰"的标准主要看行为人有没有对计算机信息系统内的功能或数据进行直接侵害或者产生影响。

例如，在"曾兴亮案"中，行为人通过修改被害人手机的登录密码，远程锁定被害人的智能手机设备，使之成为无法开机的"僵尸机"，即属于对计算机信息系统功能进行修改、干扰的行为，应当认定为对计算机信息系统罪的破坏行为。再例如，在"南京第一名案"[①]中,张某等人所经营的软件能够使得百度搜索引擎按照人为设定的方式进行信息排序,这客观上就是对百度检索功能的扰乱。虽然行为人没有侵入到百度搜索引擎的运营服务器内部进行数据修改,但"第一名"软件对百度的服务器人为传递了错误的反馈信息,属于"信号干扰",这种制造错误信息的做法导致百度服务器最终不能按照正确的方式显示检索信息的排名,严重影响了其检索排序功能的正常发挥,当然构成"干扰"。[②]因而,该案中张某等人的行为也属于典型的破坏计算机信息系统行为。

(2)对计算机信息系统数据的破坏行为

破坏计算机信息系统罪的行为方式,还包括对计算机信息系统中存储、处理或者传输的数据和应用程序进行"删除""修改""增加",这主要表现为违反国家规定对上述对象进行删除、修改或者增加的操作,进而使数据或者应用程序处于严重不正常运行状态。

在"李骏杰案"中,司法机关认为,行为人冒用购物网站买家身份进入网站内部评价系统删改购物评价的行为,属于对计算机信息系统内存储数据进行修改操作,应认定为破坏计算机信息系统的行为。除此之外,司法实践中,对于未经允许侵入学校教务系统修改学生分数的行为,也认定为破坏计算机信息系统罪。例如,被告人李某非法进入中山某学院教务系统并解锁了具有最高权限的管理员账户"mdsys"及密码,在该系统内查找到成绩不合格的学生的联系方式后,以群发短信、网上留言等方式向上述学生声称可以修改数据库中的成绩,每科需收取费用300元至1000元不等。随后,李某多次进入该学院教务系统数据库内,先后将该数据库内所储存的70多名学生的不合格科目成绩修改为合格,总共获利7万多元。法院一审以被告

[①] 基本案情是:2012年5月,南京某科技公司负责人张某委托黄某编写了名为"第一名"的软件,该软件利用百度根据网页点击量对关键词搜索结果进行排名的原理,通过自动点击相关网页的方式增加点击量,可对百度搜索关键词排序功能造成干扰。随后,张某以其公司名义经营该软件,并通过陶某对外销售,销售所得由张某与陶某按约定比例分成。经北京网络行业协会电子数据司法鉴定中心鉴定,"第一名"软件会干扰搜索引擎对关键字搜索结果的正常排序。截至2012年11月案发,张某、陶某先后向南京某妇科医院、上海某信息技术有限公司、北京某中医药研究院等单位销售"第一名"软件,违法所得为18800元。2014年,南京市秦淮区人民法院以破坏计算机信息系统罪作出判决。参见(2014)秦刑初字第97号刑事判决书。

[②] 参见朱赫、孙国祥、刘艳红、桂万先、卜向敏:《破坏计算机信息系统案件法律适用研讨》,载《人民检察》2015年第8期。

人李某构成破坏计算机信息系统罪,判处有期徒刑 2 年。① 再比如,对于进入车辆管理系统,非法删除他人车辆违规记录,进而谋取利益的行为,司法机关也认定为"对计算机信息系统内存储数据进行修改",进而认定构成破坏计算机信息系统罪。②

不过,如上所述,倘若将破坏计算机信息系统罪所保护的法益理解为仅包括计算机信息系统的运行安全,不包括计算机信息系统中的数据安全,则可能不当地扩大了破坏计算机信息系统罪打击犯罪的范围。因为,既然本罪的保护法益为计算机信息系统的运行安全,那么,刑法规范中"计算机信息系统数据和应用程序"就不应扩大为计算机信息系统中的所有数据,而应当限制在与计算机信息系统运行安全有关的数据和应用。

(3) 故意制作、传播计算机病毒等破坏性程序

所谓计算机病毒,是指在计算机程序中插入的破坏计算机功能或者毁坏数据,影响计算机使用,并能自我复制的一组计算机指令或者程序代码。计算机病毒具有隐蔽性、破坏性、可传播性、可激发性和可潜伏性等特点,危害性极大,病毒一旦被制作和传播,就像毒瘤一样严重侵蚀互联网的正常运行。如 2006 年年底,众所周知的"熊猫烧香"病毒,在近乎一夜之间使数以百万台计算机遭到感染和破坏,造成直接经济损失数千万元。

(五)"后果严重"与"后果特别严重"的认定

根据《刑法》第 286 条的规定,无论是破坏计算机信息系统功能、数据或者应用,还是故意制作传播计算机病毒等破坏性程序影响计算机系统正常运行,若成立本罪,必须要求"后果严重"。换言之,"后果严重"是破坏计算机信息系统罪成立与否的分界线。此外,若破坏计算机信息系统的行为造成"后果特别严重",则应当判处 5 年以上有期徒刑。由此可知,"后果特别严重"是破坏计算机信息系统罪的法定刑升格条件。

1. "后果严重"的认定

(1) 司法解释中"后果严重"的相关规定

根据《计算机信息系统安全案件解释》第 4 条第 1 款的规定,"破坏计算机信息

---

① 参见张宏杰、蓝贞:《针对计算机实施的几种犯罪的审查与认定》,载《中国检察官》2012 年第 3 期。

② 参见吴传毅、王沫:《"黑"进车管系统牟利数百万——"破坏计算机信息系统罪"》,载《人民之友》2014 年第 11 期;冯莉:《破坏计算机信息系统犯罪中的经济损失》,载《人民司法·案例》2013 年第 6 期。

系统功能、数据或者应用程序,具有下列情形之一的,应当认定为刑法第二百八十六条第一款和第二款规定的'后果严重':(一)造成十台以上计算机信息系统的主要软件或者硬件不能正常运行的;(二)对二十台以上计算机信息系统中存储、处理或者传输的数据进行删除、修改、增加操作的;(三)违法所得五千元以上或者造成经济损失一万元以上的;(四)造成为一百台以上计算机信息系统提供域名解析、身份认证、计费等基础服务或者一万以上用户提供服务的计算机信息系统不能正常运行累计 1 小时以上的;(五)造成其他严重后果的。"

根据《计算机信息系统安全案件解释》第 6 条第 1 款的规定,"故意制作、传播计算机病毒等破坏性程序,影响计算机系统正常运行,具有下列情形之一的,应当认定为刑法第二百八十六条第三款规定的'后果严重':(一)制作、提供、传输第五条第(一)项规定的程序,导致该程序通过网络、存储介质、文件等媒介传播的;(二)造成二十台以上计算机系统被植入第五条第(二)、(三)项规定的程序的;(三)提供计算机病毒等破坏性程序十人次以上的;(四)违法所得五千元以上或者造成经济损失一万元以上的;(五)造成其他严重后果的"。

(2)学界对于"后果严重"的理解

有学者认为,这里的"后果严重",是指使国家重要的计算机信息系统功能、数据和应用程序被破坏,严重破坏计算机信息系统的运行,或者影响计算机信息系统的正常运行,使正常的工作秩序遭到严重破坏等等,即因计算机信息系统不能正常运行而造成各种各样的严重后果。[①] 有学者针对《刑法》第 286 条规定的三种行为方式,分别对"后果严重"进行解读,认为"后果严重"应当包括使重要的计算机信息系统功能遭受损害、严重破坏计算机信息系统的有效运行、影响重要计算机信息系统的正常运行三种具体情形。[②] 有人则将第二种行为方式中"后果严重"的认定标准,等同于第一种行为方式的标准。换言之,破坏计算机信息系统与破坏计算机信息系统数据中的"后果严重"认定适用同一标准,即造成计算机信息系统不能正常运行。[③] 也有学者将第一种行为中的"后果严重"解读为"使重要的计算机系统功能

[①] 参见陈兴良:《规范刑法学》(第二版),中国人民大学出版社 2008 年版,第 814 页。

[②] 参见郭立新、黄明儒主编:《刑法分则典型疑难问题适用与指导》,中国法制出版社 2012 年版,第 411 页。

[③] 参见周道鸾、张军主编:《刑法罪名精释》(第四版),人民法院出版社 2013 年版,第 713 页。

遭受严重损害,严重破坏计算机系统的有效运行,给国家、集体或者个人造成重大损失,或者造成恶劣的社会影响等";将第二种行为方式中的"后果严重"解读为"致使用户重要的计算机数据和资料遭到不可恢复的严重破坏,影响正常的工作和生活,因数据和应用程序被破坏而造成重大经济损失等";将第三种行为方式中的"后果严重"解释为"影响重要计算机系统的正常运行,致使工作秩序遭受严重破坏,造成重大经济损失以及恶劣的影响等"[1]。

亦有学者认为,有必要对《计算机信息系统安全案件解释》第4条特别是《刑法》第286条第2款中的"后果严重"情形进一步限定:一是后果必须与计算机信息系统具有关联性。尽管不需要"造成计算机信息系统不能正常运行"(《刑法》第286条第1款所需标准),但是至少要影响到计算机信息系统安全。二是违法所得必须是基于删除、增加、修改等行为本身所产生的违法所得,而并非通过删除、增加、修改等行为将他人的财物转为自己所有。三是造成的经济损失仅指该类行为给用户直接造成的经济损失,以及用户为恢复数据、功能而支出的必要费用。经济损失与破坏计算机信息系统行为须具有直接因果关系。实施犯罪时尚未实际产生,将来有可能产生的利益损失,以及可通过数据恢复并采取必要措施避免的损失,不能认定为该类犯罪所造成的经济损失。[2] 也有人认为,破坏计算机信息系统罪中的"后果严重",不仅仅应当只考虑经济损失,信息的重要程度也是重要的因素。[3]

(3) 对司法解释中"后果严重"的思考

破坏计算机信息系统罪中"后果严重"的理解与适用,应结合本罪所保护的法益进行思考。如上所述,本书将本罪的保护法益界定为"计算机信息系统的运行安全"。这意味着,在认定破坏计算机信息系统罪中的"后果严重"时,应当注重以下两个问题:一方面,后果严重的评价要素,应当与计算机信息系统的运行有直接或者至少间接的关系。如果完全没有关系,则不应评价为后果严重。司法解释对于"后果严重"的认定标准,主要从破坏计算机信息系统的台数、计算机信息系统使用的用户、提供服务的时间,以及违法所得和经济损失等要素进行评价和衡量。但是,

---

[1] 邢永杰:《破坏计算机信息系统罪疑难问题探析》,载《社会科学家》2010年第7期。

[2] 参见俞小海:《破坏计算机信息系统罪之司法实践分析与规范含义重构》,载《交大法学》2015年第3期。

[3] 参见李政:《惩治破坏计算机信息系统犯罪也应考虑非经济损失后果》,载《检察日报》2016年8月24日第003版。

上述评价要素中,有些与计算机信息系统的运行有直接或者间接的关系,有些则没有任何的关系。例如,第一种情形"造成十台以上计算机信息系统的主要软件或者硬件不能正常运行"和第四种情形"造成为一百台以上计算机信息系统提供域名解析、身份认证、计费等基础服务或者为一万以上用户提供服务的计算机信息系统不能正常运行累计一小时以上",这两种情形都直接造成了计算机信息系统不能正常运行;但第二种情形"对二十台以上计算机信息系统中存储、处理或者传输的数据进行删除、修改、增加操作"和第三种情形"违法所得五千元以上或者造成经济损失一万元以上",则与计算机信息系统的运行并没有直接的联系。因此,结合本罪所保护的法益,上述两种情形不宜认定为本罪中的"后果严重。"另一方面,对"后果严重"的理解应当进行体系解释,即根据刑法条文在整个刑法中的地位,联系相关法条阐释其规范含义。破坏计算机信息系统罪规定在《刑法》分则第六章"妨害社会管理秩序罪"中,属于扰乱公共秩序类的犯罪。因此,后果严重的认定应从其所破坏或扰乱的公共秩序这一角度考量才能作出合理的评价,而"违法所得和经济损失"的评价因素侧重于财产和经济的角度。用财产性利益的评价要素去衡量扰乱公共秩序的严重程度不具有正当性,也极易造成人们对破坏计算机信息系统罪定性认识的混乱。在司法实践中,如果不考虑行为对计算机信息系统安全破坏的严重性,单纯以违法所得和经济损失的数额大小去评价和衡量破坏计算机信息系统行为后果的严重性,则会造成"后果严重"认定标准的偏离,并在很大程度上扩大了破坏计算机信息系统罪的打击范围。①

2. "后果特别严重"的认定

根据《刑法》第286条的规定,"后果严重"为破坏计算机信息系统罪的犯罪成立条件,而"后果特别严重"则为破坏计算机信息系统罪的法定刑升格条件。对于"后果特别严重"的认定,也需要认真把握。

(1) 司法解释中"后果特别严重"的相关规定

根据《计算机信息系统安全案件解释》第4条第2款的规定,"实施前款规定行为,具有下列情形之一的,应当认定为破坏计算机信息系统'后果特别严重':(一) 数量或者数额达到前款第(一) 项至第(三) 项规定标准五倍以上的;

---

① 参见周立波:《破坏计算机信息系统罪司法实践分析与刑法规范调适——基于100个司法判例的实证考察》,载《法治研究》2018年第4期。

(二)造成为五百台以上计算机信息系统提供域名解析、身份认证、计费等基础服务或者为五万以上用户提供服务的计算机信息系统不能正常运行累计一小时以上的;
(三)破坏国家机关或者金融、电信、交通、教育、医疗、能源等领域提供公共服务的计算机信息系统的功能、数据或者应用程序,致使生产、生活受到严重影响或者造成恶劣社会影响的;(四)造成其他特别严重后果的"。

(2)对司法解释中"后果特别严重"的思考

根据司法解释,可知对于破坏计算机信息系统罪中"后果特别严重"的认定包括三种具体情形和一项兜底规定。第一种和第二种情形,主要是在前述"后果严重"认定的基础上,通过"破坏计算机数量""违法所得""损害时间"等要素的增加而法定刑升格,因而只要能够在实践中把握好这两种情形"后果严重"的认定标准,"后果特别严重"的认定一般不成为问题。而第三种情形,则是根据破坏计算机信息系统所涉及领域的公共性而法定刑升格。这主要是因为,对于破坏国家机关或金融、电信、交通、教育、医疗、能源等领域提供公共服务的计算机信息系统,往往由于计算机信息系统的破坏难以修复、计算机信息数据的庞大、涉密等原因,其社会危害性更大。因此,需要适用更为严格的法定刑。在这一情形"后果特别严重"的司法认定中,更为关键的,还是分析行为人所破坏的计算机信息系统是否具有公共性。

(六)破坏计算机信息系统罪的罪数形态

在实践中,破坏计算机信息系统罪往往并不表现为单纯地对计算机信息系统进行破坏,而多带有以破坏计算机信息系统的手段实施盗窃、敲诈勒索等侵犯财产的目的。此时,本罪的罪数形态,在司法实践中存在一定争议。以破坏计算机信息系统为手段实施敲诈勒索是实践中较为典型的犯罪形态,有必要对其进行考察。

从法院判决中看,对于行为人以破坏计算机信息系统为手段实施的敲诈勒索行为,一般存在以下三种处理结果:

1.认定为破坏计算机信息系统罪

在"曾兴亮案"中,被告人通过非法手段修改被害人苹果手机ID密码,远程锁定被害人的苹果手机,并以解锁为条件索要被害人钱财。以此种方式,被告人索得7290元。法院指出,行为人采用非法手段锁定手机后以解锁为条件,索要钱财,在数额较大或多次敲诈的情况下,其目的行为又构成敲诈勒索罪。在这类犯罪案件中,手段行为构成的破坏计算机信息系统罪与目的行为构成的敲诈勒索罪之间成立牵连犯。牵连犯应当从一重罪处断。破坏计算机信息系统罪在后果严重的情况下,法定刑为5年以下有期徒刑或者拘役；敲诈勒索罪在数额较大的情况下，法定刑为3年以下有期徒刑、拘役或管制，并处或者单处罚金。所以，应以重罪即破坏计算机信息系统罪论处。例如，在"梁某破坏计算机信息系统案"中，被告人梁某在网上购买大量苹果iCloud账户和密码，通过骗取被害人的信任，登录被害人的"iCloud"将"查找我的iPhone"功能设置成丢失或抹掉，远程锁定被害人的苹果手机，致使手机不能正常运行，后以"解锁费"名义向被害人共计索要14950元。法院审理认为，被告人梁某对计算机信息系统功能进行干扰，造成计算机信息系统不能正常运行，直接认定为破坏计算机信息系统罪。①

2. 认定为敲诈勒索罪

在"白某敲诈勒索案"中，被告人白某雇用他人攻击被害公司的棋牌游戏服务器及另一公司的游戏服务器，致使游戏服务器瘫痪无法正常运行，并以此向对方勒索价值共计51360元游戏币。一审法院认为，被告人白某敲诈勒索他人财物，数额巨大，构成敲诈勒索罪。②

在"何川敲诈勒索案"中，被告人何川因琐事对芮城县陌南镇"谢某网城"老板谢某心怀不满，遂产生报复心理。被告人通过腾讯QQ联系名为"精攻小组"的QQ群，通过群主利用DDOS对"谢某网城"的服务器进行攻击，造成"谢某网城"内40余台电脑15个小时断网不能正常运行，影响正常营业。此后，被告人通过微信，告知被害人谢某如果要停止对"谢某网城"服务器系统的攻击，需要支付8000元。法院判决认为，被告人何川以非法占有为目的，通过恶意攻击被害人经营的"网城"服务器的方式，敲诈被害人钱财，数额较大，构成敲诈勒索罪。③

3. 破坏计算机信息系统罪与敲诈勒索罪数罪并罚

例如，在"叶某、邓某破坏计算机信息系统、敲诈勒索案"中，被告人叶某、邓某结伙经事先策划，利用黑客技术侵入宁波多家公司的计算机信息系统，在未予备份的情况下删除系统中存储的数据，并以帮助恢复数据为名，向被害单位敲诈共计9300余元。法院审理认为，被告人对计算机信息系统中存储的数据进行删除，其行为已构成破坏计算机信息系统罪。被告人以非法占有为目的，采用要挟的方法多

---

① 参见江苏省淮安市淮安区人民法院（2016）苏0803刑初666号刑事判决书。
② 参见吉林省长春市中级人民法院（2017）吉01刑终276号刑事裁定书。
③ 参见山西省芮城县人民法院（2017）晋0830刑初152号刑事判决书。

次索取他人财物,其行为又构成敲诈勒索罪,依法对两罪进行数罪并罚。①

犯罪构成是认定犯罪的唯一根据。倘若在具体犯罪中,行为人以破坏计算机信息系统为手段实施敲诈勒索获取数额较大的财物,或者多次实施了敲诈勒索的行为,自然成立敲诈勒索罪。由此同时,这种行为同样符合破坏计算机信息系统罪的犯罪构成,也不能排除成立破坏计算机信息系统罪。但是,对于以破坏计算机信息系统为手段实施敲诈勒索获取数额较大财物,或者多次敲诈勒索的行为,究竟是成立破坏计算机信息系统罪或敲诈勒索罪一罪,还是两罪数罪并罚,应当予以探讨。

本书认为,上述司法判例中,对于以破坏计算机信息系统为手段实施敲诈勒索的行为进行数罪并罚,恐怕并不合理。尽管近年来,在我国刑法理论与实务中,对于牵连犯的处断原则,存在"应当数罪并罚"的观点,例如,牵连犯本质上属于数罪,因而应当数罪并罚。②但是,对于牵连犯"从一重罪"的处断原则,基本上是存在共识的。有司法人员认为,"牵连犯的本质在于其是实质上的数罪,处断上的一罪。牵连犯既然实际存在且长期以来为理论和司法实践普遍接受,就不应该随意修改其原意,并进而混淆其与数罪并罚的区别。牵连犯虽在实质上属于数罪,但因数罪之间的特殊关系(即牵连关系)的存在而客观上降低了其社会危害的程度,因此,对其不实行并罚具有一定的合理性。"③

第二节 非法获取计算机信息系统数据罪

一、指导性案例

检例36号:卫梦龙、龚旭、薛东东非法获取计算机信息系统数据案

1. 基本案情

被告人卫梦龙曾于2012年至2014年在北京某大型网络公司工作,被告人龚旭供职于该大型网络公司运营规划管理部,两人原系同事。被告人薛东东系卫梦龙商业合作伙伴。

---

① 参见浙江省宁波市江北区人民法院(2015)甬北刑初字第444号刑事判决书。
② 参见谭钟毓:《论牵连犯的罪数形态与处断原则》,载《求索》2012年第4期。
③ 蔡梅风:《浅析牵连犯的认定与法律适用原则》,载《人民法院报》2018年7月11日第006版。

因工作需要，龚旭拥有登录该大型网络公司内部管理开发系统的账号、密码、Token 令牌（计算机身份认证令牌），具有查看工作范围内相关数据信息的权限。但该大型网络公司禁止员工私自在内部管理开发系统查看、下载非工作范围内的电子数据信息。

2016 年 6 月至 9 月，经事先合谋，龚旭向卫梦龙提供自己所掌握的该大型网络公司内部管理开发系统账号、密码、Token 令牌。卫梦龙利用龚旭提供的账号、密码、Token 令牌，违反规定多次在异地登录该大型网络公司内部管理开发系统，查询、下载该计算机信息系统中储存的电子数据。后卫梦龙将非法获取的电子数据交由薛东东通过互联网出售牟利，违法所得共计 37000 元。

2. 诉讼过程及结果

本案由北京市海淀区人民检察院于 2017 年 2 月 9 日以被告人卫梦龙、龚旭、薛东东犯非法获取计算机信息系统数据罪，向北京市海淀区人民法院提起公诉。6 月 6 日，海淀区人民法院作出判决，认定被告人卫梦龙、龚旭、薛东东的行为构成非法获取计算机信息系统数据罪，情节特别严重。判处卫梦龙有期徒刑 4 年，并处罚金 4 万元；判处龚旭有期徒刑 3 年 9 个月，并处罚金 4 万元；判处薛东东有期徒刑 4 年，并处罚金 4 万元。一审宣判后，三被告人未上诉，判决已生效。

3. 指导意义

非法获取计算机信息系统数据罪中的"侵入"，是指违背被害人意愿，非法进入计算机信息系统的行为。其表现形式既包括采用技术手段破坏系统防护进入计算机信息系统，也包括未取得被害人授权擅自进入计算机信息系统，还包括超出被害人授权范围进入计算机信息系统。

本案中，被告人龚旭将自己因工作需要掌握的本公司账号、密码、Token 令牌等交由卫梦龙登录该公司管理开发系统获取数据，虽不属于通过技术手段侵入计算机信息系统，但内外勾结擅自登录公司内部管理开发系统下载数据，明显超出正常授权范围。超出授权范围使用账号、密码、Token 令牌登录系统，也属于侵入计算机信息系统的行为。行为人违反《计算机信息系统安全保护条例》第 7 条、《计算机信息网络国际联网安全保护管理办法》第 6 条第 1 项等国家规定，实施了非法侵入并下载获取计算机信息系统中存储的数据的行为，构成非法获取计算机信息系统数据罪。按照《计算机信息系统安全案件解释》的规定，构成犯罪，违法所得 25000 元以上，应当认定为"情节特别严重"，处 3 年以上 7 年以下有期徒刑，并处罚金。

二、案件争点

（1）如何理解本罪中的"违反国家规定"？

（2）根据《刑法》第285条第2款的规定，"违反国家规定，侵入前款规定以外的计算机信息系统或者采用其他技术手段，获取该计算机信息系统中存储、处理或者传输的数据"，构成非法获取计算机信息系统数据罪。那么，如何理解本罪的犯罪对象"计算机信息系统数据"？

（3）在本案中，被告人卫梦龙利用龚旭所提供的账号、密码、Token令牌，违反规定多次在异地登录某大型网络公司内部管理开发系统，查询、下载计算机信息系统中储存的电子数据，被司法机关认定构成非法获取计算机信息系统数据罪。那么，如何理解本罪中的"侵入"行为？

三、学理研究

随着计算机信息技术的飞速发展和越来越普遍的广泛应用，机关、企事业单位和公民个人计算机信息系统中数据的安全问题也越来越受到重视。与此同时，针对计算机信息系统中存储、处理或者传输的数据的违法犯罪行为也日益呈现出广泛性、多样性、复杂性的特点，且社会危害性越来越大，有必要通过刑事法律手段进行遏制。

（一）非法获取计算机信息系统数据罪概述

2009年2月28日，全国人大常委会通过的《刑法修正案（七）》增设了非法获取计算机信息系统数据罪这一新的罪名。《刑法修正案（七）》第9条第1款规定："在刑法第二百八十五条中增加两款作为第二款、第三款：'违反国家规定，侵入前款规定以外的计算机信息系统或者采用其他技术手段，获取该计算机信息系统中存储、处理或者传输的数据，或者对该计算机信息系统实施非法控制，情节严重的，处三年以下有期徒刑或者拘役，并处或者单处罚金；情节特别严重的，处三年以上七年以下有期徒刑，并处罚金。'"

（二）"计算机信息系统数据"的界定

计算机信息系统数据，是事实、概念或指令的任何表现，它能够被人或者自动化工具移转、解释或者处理。从《计算机信息系统安全案件解释》第1条的规定来看,这里的数据主要包括支付结算、证券交易、期货交易等网络金融服务的身份认证信息或者其他身份认证信息。"身份认证信息",是指用于确认用户在计算机信息系统上操作权限的数据,包括账号、口令、密码、数字证书等,还包括计算机信息系统中存储、处理、传输的各种数据,但脱离计算机信息系统存放的计算机数据,如光盘、优盘中的计算机数据属于本罪所保护的计算机数据。①

(三)"违反国家规定"的理解与适用

对于《刑法》第 285 条第 2 款规定的"违反国家规定",理论与实务中存在以下几种不同观点:

第一种观点认为,从立法技术上,这属于声明性质的规定,强调的是对法益的捍卫和保护,其指向的应当是国家通过宪法、法律、行政法规和部门规章等规范性文件建立起来的一整套制度体系,既可能是某一或某些具体的条文规定,也可能是制度体系的核心精神。因而,不宜将其局限于某一特定条文规定。如果实践中强求找出相对应的"国家规定",但在某些情形可能找不到相对应的具体的"国家规定",有时尽管存在相关"国家规定",但有的并不全面或者并不构成最恰当的对应关系,如果不认为其是"违反国家规定",则可能失之偏颇。②

第二种观点认为,此处的"违反国家规定"不能作狭义理解,而应从最广泛的意义上理解,包括违反国家法律、行政法规、部门规章以及其他规范性法律文件。③

第三种观点则认为,根据《刑法》第 96 条的规定,违反国家规定,是指违反全国人大及其常委会制定的法律和决定,以及国务院制定的行政法规、规定的行政措施、发布的决定和命令。据此,构成本罪,行为必须以违反全国人大及其常委会和国务院有关的明文规定为前提,否则不能追究行为人的刑事责任。具体到非法获取计算机信息系统数据罪中,所谓"违反国家规定"是指:第一,行为人违反全国人大常委会《关于维护互联网安全的决定》第 3 条第 3 项"利用互联网侵犯他人知识产权"和第 4 条第 2 项"非法截获他人其他数据资料"的规定;第二,行为人违反

---

① 参见李遐桢、侯春平:《论非法获取计算机信息系统数据罪的认定——以法解释学为视角》,载《河北法学》年 2014 年第 5 期。

② 参见孙玉荣:《非法获取计算机信息系统数据罪若干问题探讨》,载《北京联合大学学报(人文社会科学版)》2013 年第 2 期。

③ 参见李遐桢、侯春平:《论非法获取计算机信息系统数据罪的认定——以法解释学为视角》,载《河北法学》2014 年第 5 期。

了国务院《计算机信息系统安全保护条例》第7条"任何组织或个人,不得利用计算机信息系统从事危害国家利益、集体利益和公民合法利益的活动,不得危害计算机信息系统的安全"之规定。①

上述观点对立的实质在于,是否承认非法获取计算机信息系统数据罪的"双重违法性"。在本书看来,以上第一种、第二种观点属于直接忽视了《刑法》第96条的具体规定,其错误之处显而易见。《刑法》第96条明文规定,"本法所称违反国家规定,是指违反全国人民代表大会及其常务委员会制定的法律和决定,国务院制定的行政法规、规定的行政措施、发布的决定和命令。"倘若依据第一种观点,在某种情形下找不到具体的"国家规定"也可以认定为"违反国家规定",或者依据第二种观点,认定"违反国家规定"除包括违反国家法律、行政法规外,还包括违反部门规章、其他规范性法律文件,则刑法规制的范围将会被不合理地扩张。如上所述,非法获取计算机信息系统数据罪与破坏计算机信息系统罪相同,具有"双重违法性",即构成犯罪的前提在于首先违反了全国人大及其常务委员会制定的法律和决定,以及国务院制定的行政法规、规定的行政措施、发布的决定和命令,而部门规章等规范性法律文件是不能参照适用的。目前,我国关于计算机信息系统管理方面的法律、行政法规主要包括:《计算机信息系统安全保护条例》《计算机信息网络国际联网管理暂行规定》《计算机信息网络国际联网安全保护管理办法》等。

(四)"侵入"或者"采用其他技术手段"的理解与适用

《刑法》第285条第2款将非法获取计算机信息系统数据罪的罪状表述为"……侵入前款规定以外的计算机信息系统或者采用其他技术手段……"在此,涉及如何具体理解本罪中的"侵入"和"采取其他技术手段"。

1. "侵入"的理解

根据《现代汉语词典》的解释,所谓"侵入",是指"用武力强行进入(境内);(有害的或外来的事物)进入(内部)"②。对于"侵入"的理解,一般认为,它是指非法用户侵入信息系统,即无权访问特定信息系统的人员通过破解、盗取密码等方式非法侵入该信息系统。在司法实践中,大部分情形都属于这种类型的侵入。不过,

---

① 参见孙玉荣:《非法获取计算机信息系统数据罪若干问题探讨》,载《北京联合大学学报(人文社会科学版)》2013年第2期。

② 《现代汉语词典》(第6版),商务印书馆2012年版,第1050页。

对于在行为人有权进入他人计算机信息系统，但超过授权范围获取计算机信息系统数据的行为，即合法用户的越权访问，也就是有权访问特定信息系统的用户，未经批准、授权或者未办理相关手续而擅自访问该信息系统或者调取系统内部数据资源，是否属于本罪中的"侵入"行为呢？理论与实务中尚存在争议。

一种观点认为，从《刑法》第285条第2款使用的文字来看，"违反国家规定"貌似修饰限制侵入他人计算机信息系统手段的违法性，即只有通过侵入国家事务、国防建设、尖端科学技术领域的计算机信息系统以外的计算机信息系统或者采用其他技术手段如设立钓鱼网站等，获取他人计算机信息系统中存储、处理或者传输的数据，才构成本罪。本条将违反国家规定置于侵入他人计算机信息系统或者采取其他技术手段之前，修饰的是"获取手段"，强调获取数据手段的违法性。那么，按照罪刑法定原则，行为人进入他人计算机信息系统合法，但未经授权或超过授权范围获取数据的，不构成非法获取计算机信息系统数据罪。持这种观点的代表学者是赵秉志教授。[1]

另一种观点则认为，合法用户的越权访问，即有权访问特定信息系统的用户，未经批准、授权或者未办理相关手续而擅自访问该信息系统或者调取系统内部数据资源。合法用户越权侵入计算机信息系统时，其身份即由合法变为非法。这种越权侵入与上述无权侵入在性质上是相同的。实践中常见的侵入方式主要表现为行为人采用破解密码、盗取密码、强行突破安全工具等方法，或者利用他人网上认证信息进入其本无权进入的计算机信息系统。[2] 正如行为人经朋友邀请来家吃饭，但顺手盗窃主人财物的，仍构成盗窃罪一样。虽经权利人许可或者有正当理由可以获取他人计算机信息系统数据，行为人对特定信息系统有一定的获取数据的权限和合法账号，但其超过授权或许可的范围，对无权访问的系统数据资源进行访问并获取的行为也属于非法，仍可以构成非法获取计算机信息系统数据罪。[3] 这也就意味着，非法获取计算机信息系统数据罪中的"非法"是修饰"获取"而非修饰限制"获取手段"的，因此行为人即使有权进入他人计算机信息系统，但其超越授权获取无权获取的数据

---

[1] 参见赵秉志主编：《刑法修正案（七）专题研究》，北京师范大学出版社2011年版，第224—225、228、250页。

[2] 参见孙玉荣：《非法获取计算机信息系统数据罪若干问题探讨》，载《北京联合大学学报（人文社会科学版）》2013年第2期。

[3] 参见李遐桢、侯春平：《论非法获取计算机信息系统数据罪的认定——以法解释学为视角》，载《河北法学》2014年第5期。

的，仍可构成本罪。

本案中，法院认定超出授权范围使用账号、密码登录计算机信息系统，属于侵入计算机信息系统的行为；侵入计算机信息系统后下载其储存的数据，可以认定为非法获取计算机信息系统数据罪。

2."采取其他技术手段"的理解

本罪中的"采用其他技术手段"，是指采用"侵入"之外的其他犯罪手段，属于本罪的兜底条款。其他技术手段，囊括了所有可采用的技术方法，其共同点在于：没有得到许可、违背计算机信息系统控制人或所有人的意愿、无权进入却进入了计算机信息系统控制人或所有人的计算机信息系统。

第三节 编造、故意传播虚假恐怖信息罪

一、指导性案例

（一）检例 9 号：李泽强编造、故意传播虚假恐怖信息案（以下简称"李泽强案"）

1. 基本案情

被告人李泽强，原系北京欣和物流仓储中心电工。

2010 年 8 月 4 日 22 时许，被告人李泽强为发泄心中不满，在北京市朝阳区小营北路 13 号工地施工现场，用手机编写短信"今晚要炸北京首都机场"，并向数十个随意编写的手机号码发送。天津市的彭某收到短信后于 2010 年 8 月 5 日向当地公安机关报案，北京首都国际机场公安分局于当日接警后立即通知首都国际机场运行监控中心。首都国际机场运行监控中心随即启动紧急预案，对东、西航站楼和机坪进行排查，并加强对行李物品的检查和监控工作，耗费大量人力、物力，严重影响了首都国际机场的正常工作秩序。

2. 诉讼过程及结果

2010 年 8 月 7 日，李泽强因涉嫌编造、故意传播虚假恐怖信息罪被北京首都国际机场公安分局刑事拘留，9 月 7 日被逮捕，11 月 9 日侦查终结移送北京市朝阳区人民检察院审查起诉。2010 年 12 月 3 日，朝阳区人民检察院以被告人李泽强犯编造、故意传播虚假恐怖信息罪向朝阳区人民法院提起公诉。2010 年 12 月 14 日，朝

阳区人民法院作出一审判决，认为被告人李泽强法制观念淡薄，为泄私愤，编造虚假恐怖信息并故意向他人传播，严重扰乱社会秩序，已构成编造、故意传播虚假恐怖信息罪；鉴于被告人李泽强自愿认罪，可酌情从轻处罚，依照《刑法》第291条之一、第61条之规定，判决被告人李泽强犯编造、故意传播虚假恐怖信息罪，判处有期徒刑1年。一审判决后，被告人李泽强在法定期限内未上诉，检察机关也未提出抗诉，一审判决发生法律效力。

3. 指导意义

编造、故意传播虚假恐怖信息罪为选择性罪名。编造虚假恐怖信息以后向特定对象散布，严重扰乱社会秩序的，构成编造虚假恐怖信息罪。编造虚假恐怖信息以后向不特定对象散布，严重扰乱社会秩序的，构成编造、故意传播虚假恐怖信息罪。对于实施数个编造、故意传播虚假恐怖信息行为的，不实行数罪并罚，但应当将其作为量刑情节予以考虑。

本案中，被告人李泽强为发泄心中不满，用手机编写短信"今晚要炸北京首都机场"，并向数十个随意编写的手机号码发送。其行为应当以编造、故意传播虚假恐怖信息罪定罪处罚。其随意编写数十个手机号码进行发送，属于多个编造、故意传播虚假恐怖信息行为，但不实行数罪并罚，而应当将其作为量刑情节予以考虑。

（二）检例10号：卫学臣编造虚假恐怖信息案（以下简称"卫学臣案"）

1. 基本案情

被告人卫学臣，原系大连金色假期旅行社导游。

2010年6月13日14时46分，被告人卫学臣带领四川来大连的旅游团用完午餐后，对四川导游李某某说自己可以让飞机停留半小时，遂用手机拨打大连周水子国际机场问询处电话，问问3U8814航班起飞时间后，告诉接电话的机场工作人员说"飞机上有两名恐怖分子，注意安全"。大连周水子国际机场接到电话后，立即启动防恐预案，将飞机安排到隔离机位，组织公安、安检对飞机客、货舱清仓，对每位出港旅客资料核对确认排查，查看安检现场录像，确认没有可疑问题后，当日19时33分，3U8814航班飞机起飞，晚点33分钟。

2. 诉讼过程及结果

2010年6月13日，卫学臣因涉嫌编造虚假恐怖信息罪被大连市公安局机场分局刑事拘留，6月25日被逮捕，8月12日侦查终结移送大连市甘井子区人民检察院审查起诉。2010年9月20日，甘井子区人民检察院以被告人卫学臣涉嫌编造虚假恐怖信息罪向甘井子区人民法院提起公诉。2010年10月11日，甘井子区人民法院作出一审判决，认为被告人卫学臣故意编造虚假恐怖信息，严重扰乱社会秩序，其行为已构成编造虚假恐怖信息罪；鉴于被告人卫学臣自愿认罪，可酌情从轻处罚，依照《刑法》第291条之一之规定，判决被告人卫学臣犯编造虚假恐怖信息罪，判处有期徒刑1年6个月。一审判决后，被告人卫学臣在法定期限内未上诉，检察机关也未提出抗诉，一审判决发生法律效力。

3. 指导意义

编造虚假恐怖信息造成"严重扰乱社会秩序"的认定，应当结合行为对正常的工作、生产、生活、经营、教学、科研等秩序的影响程度、对公众造成的恐慌程度以及处置情况等因素进行综合分析判断。对于编造、故意传播虚假恐怖信息威胁民航安全，引起公众恐慌，或者致使航班无法正常起降的，应当认定为"严重扰乱社会秩序"。

（三）检例11号：袁才彦编造虚假恐怖信息案（以下简称"袁才彦案"）

1. 基本案情

被告人袁才彦，男，湖北省人，1956年出生，无业。

被告人袁才彦因经济拮据，意图通过编造爆炸威胁的虚假恐怖信息勒索钱财。2004年9月29日，被告人袁才彦冒用名为"张锐"的假身份证，在河南省工商银行信阳分行红星路支行体彩广场分理处申请办理了牡丹灵通卡账户。

2005年1月24日14时，被告人袁才彦拨打上海太平洋百货有限公司徐汇店的电话，编造已经放置炸弹的虚假恐怖信息，以不给钱就在商场内引爆炸弹自杀相威胁，要求上海太平洋百货有限公司徐汇店在1小时内向其指定的牡丹灵通卡账户内汇款5万元。上海太平洋百货有限公司徐汇店即向公安机关报警，并进行人员疏散。接警后，公安机关启动防爆预案，出动警力300余名对商场进行安全排查。被告人袁才彦的行为造成上海太平洋百货有限公司徐汇店暂停营业3个半小时。

1月25日10时，被告人袁才彦拨打福州市新华都百货商场的电话，称已在商场内放置炸弹，要求福州市新华都百货商场在半小时内将5万元汇入其指定的牡丹灵通卡账户。接警后，公安机关出动大批警力进行人员疏散、搜爆检查，并对现场及周边地区实施交通管制。

1月27日11时，被告人袁才彦拨打上海市铁路局春运办公室的电话，称已在火车上放置炸弹，并以引爆炸弹相威胁要求春运办公室在半小时内将10万元汇入其指定的牡丹灵通卡账户。接警后，上海铁路公安局抽调大批警力对旅客、列车和火车站进行安全检查。

1月27日14时，被告人袁才彦拨打广州市天河城百货有限公司的电话，要求广州市天河城百货有限公司在半小时内将2万元汇入其指定的牡丹灵通卡账户，否则就在商场内引爆炸弹自杀。

1月27日16时，被告人袁才彦拨打深圳市天虹商场的电话，要求深圳市天虹商场在1小时内将2万元汇入其指定的牡丹灵通卡账户，否则就在商场内引爆炸弹。

1月27日16时32分，被告人袁才彦拨打南宁市百货商场的电话，要求南宁市百货商场在1小时内将2万元汇入其指定的牡丹灵通卡账户，否则就在商场门口引爆炸弹。接警后，公安机关出动警力300余名在商场进行搜爆和安全检查。

2. 诉讼过程及结果

2005年1月28日，袁才彦因涉嫌敲诈勒索罪被广州市公安局天河区分局刑事拘留。2005年2月案件移交袁才彦的主要犯罪地上海市公安局徐汇区分局管辖，3月4日袁才彦被逮捕，4月5日侦查终结移送上海市徐汇区人民检察院审查起诉。2005年4月14日，上海市人民检察院将案件指定上海市人民检察院第二分院管辖，4月18日上海市人民检察院第二分院以被告人袁才彦涉嫌编造虚假恐怖信息罪向上海市第二中级人民法院提起公诉。2005年6月24日，上海市第二中级人民法院作出一审判决，认为被告人袁才彦为勒索钱财故意编造爆炸威胁等虚假恐怖信息，严重扰乱社会秩序，其行为已构成编造虚假恐怖信息罪，且造成严重后果，依照《刑法》第291条之一、第55条第1款、第56条第1款、第64条的规定，判决被告人袁才彦犯编造虚假恐怖信息罪，判处有期徒刑12年，剥夺政治权利3年。一审判决后，被告人袁才彦提出上诉。2005年8月25日，上海市高级人民法院二审终审裁定，驳回上诉，维持原判。

3. 指导意义

对于编造虚假恐怖信息造成有关部门实施人员疏散，引起公众极度恐慌的，或者致使相关单位无法正常营业，造成重大经济损失的，应当认定为"造成严重后果"。以编造虚假恐怖信息的方式，实施敲诈勒索等其他犯罪的，应当根据案件事实和证据情况，择一重罪处断。

本案中，被告人袁才彦向全国多处百货公司、商场、铁路局等公共场所拨打电话，编造已经放置炸弹的虚假恐怖信息，以不给钱就引爆炸弹自杀相威胁，要求被害人向其指定的牡丹灵通卡账户内汇款，造成公安机关出动大量警力，百货公司、商场等无法正常营业等严重后果，应当认定为"造成严重后果"。对于其以编造虚假恐怖信息的方式实施敲诈勒索的，根据案件具体事实和证据情况，以重罪即编造虚假恐怖信息罪论处。

二、案件争点

（1）在"李泽强案"中，司法机关认为，编造、故意传播虚假恐怖信息罪为选择性罪名。编造虚假恐怖信息以后向特定对象散布，严重扰乱社会秩序的，构成编造虚假恐怖信息罪；编造虚假恐怖信息以后向不特定对象散布，严重扰乱社会秩序的，构成编造、故意传播虚假恐怖信息罪。这种罪名确定的方式是否合理？编造、故意传播虚假恐怖信息罪的罪名究竟应如何确定？

（2）在"卫学臣案"中，司法机关认为，编造虚假恐怖信息造成"严重扰乱社会秩序"的认定，应当结合行为对正常的工作、生产、生活、经营、教学、科研等秩序的影响程度、对公众造成的恐慌程度以及处置情况等因素进行综合分析判断，并认为对于编造、故意传播虚假恐怖信息威胁民航安全，引起公众恐慌，或者致使航班无法正常起降的，属于"严重扰乱社会秩序"。在司法实践中，如何认定本罪中的"严重扰乱社会秩序"？

（3）在"袁才彦案"中，司法机关认为，对于编造虚假恐怖信息造成有关部门实施人员疏散，引起公众极度恐慌的，或者致使相关单位无法正常营业，造成重大经济损失的，应当认定为"造成严重后果"。在司法实践中，本罪中的"造成严重后果"具体应如何认定？此外，对于以编造虚假恐怖信息的方式，实施敲诈勒索等其他犯罪的，司法机关认为应当根据案件事实和证据情况，择一重罪处断。这种做法是否具备合理性？其依据何在？标准何在？

三、学理研究

编造、故意传播虚假恐怖信息是近年来多发的一种违法犯罪活动。此类违法犯罪案件中，针对民航航班的爆炸威胁更是尤其频繁，严重的时候短短几天内，全国就连续发生数起民航"诈弹"事件,造成多架次航班返航、备降或延迟起飞。除了民航领域外,行为人出于打击报复、敲诈勒索、发泄对社会不满情绪等动机,针对一些商场、学校、公司单位等编造虚假爆炸信息的现象也较多见。近年来,随着通信技术的飞速发展,信息传播交流愈加便利,也使各种虚假信息有了可乘之机,一些编造虚假恐怖信息事件屡屡造成严重的社会危害后果。编造、故意传播虚假恐怖信息罪的判决逐年增多,但一些案件在定罪量刑中也颇有争议。2013年5月,最高人民检察院公布的第三批指导性案例(检例9-11号)均是编造、故意传播虚假恐怖信息威胁民航安全、商场安全等犯罪案件。同时,2013年9月30日,最高人民法院也公布了《关于审理编造、故意传播虚假恐怖信息刑事案件适用法律若干问题的解释》(以下简称《虚假恐怖信息解释》)。这些文件对于审理此类编造、故意传播虚假恐怖信息罪案件具有十分重要的指导意义。以下将结合相关解释与案例,对此罪作一探究。

(一)编造、故意传播虚假恐怖信息罪概述

当前,恐怖主义犯罪已经成为一种日益严重而且频发的犯罪,威胁着世界和平与安全、国家经济发展与社会繁荣、人民的生命财产安全。美国"9·11"事件发生后,人们几乎"闻恐色变"。尽管虚假的恐怖信息并不必然带来实际的恐怖后果,但是这种虚假恐怖信息的编造、传播往往导致社会公众心理的恐慌以及社会秩序的混乱,使国家、社会以及个人为应对恐怖活动而付出物质上和精神上的极大代价,甚至在特定情形下引发更为严重的后果。

为了应对恐怖主义活动带来的严重威胁,2001年《刑法修正案(三)》增设了第291条之一,规定了编造、故意传播虚假恐怖信息罪。与针对不特定多数人的凶杀、爆炸等典型恐怖主义犯罪不同,这两种犯罪并不直接危害公共安全。因为虚假的恐怖信息本身一般不会直接产生重大的人身财产损失,但往往会借助人们心理上对恐怖主义的恐惧引发混乱,致使国家、社会和个人为防止此类行为的出现而付出重大代价。有学者言道:"恐怖主义只是一个舞台,它的作用不仅在于纯粹的毁灭,而是将针对平民的暴行戏剧化。与典型的恐怖主义犯罪一样,这两种犯罪也戏剧化地威胁到了不特定多数人的安全感。只不过,是无实物表演而已。"[①] 典型的恐怖主义犯

---

① 黄旭巍:《编造、故意传播虚假恐怖信息罪疑难问题实证研究》,载《南京大学法律评论》2015年第1期。

罪主要危害的是国家安全、公共安全，而编造、故意传播虚假恐怖信息罪主要危害的是社会管理秩序，这也是我国《刑法》将其作为新增加的条文纳入"妨害社会管理秩序罪"一章之中的原因。

(二)"虚假恐怖信息"的具体理解

"无行为则无犯罪"是现代刑法学的必然要求。基于刑法的规定，每一种犯罪都有其确定的犯罪行为方式。每一种犯罪客观方面的犯罪行为方式，是其区别于其他犯罪的标准之一。在具体阐释一个犯罪的实行行为时，除了需要阐明这一犯罪的行为方式，还要明确其行为对象。正如故意杀人罪的实行行为需要具体阐释"杀"与"人"两方面的内容，一个完整的编造、故意传播虚假恐怖信息罪实行行为，同样依靠行为方式与行为对象来搭建。而"虚假恐怖信息"这一行为对象，是成立编造、故意传播虚假恐怖信息罪的前提。

根据刑法规定，所谓编造、故意传播虚假恐怖信息罪，是编造爆炸威胁、生化威胁、放射威胁等恐怖信息，或者明知是编造的恐怖信息而故意传播，严重扰乱社会秩序的行为。那么，何谓虚假恐怖信息？根据《虚假恐怖信息解释》第6条的规定，所谓"虚假恐怖信息"，是指以发生爆炸威胁、生化威胁、放射威胁、劫持航空器威胁、重大灾情、重大疫情等严重威胁公共安全的事件为内容，可能引起社会恐慌或者公共安全危机的不真实信息。不过，尽管最高司法机关颁布司法解释对"虚假恐怖信息"的范围作了列举式规定，但在适用中仍然存在着争议和困惑，主要集中在"虚假恐怖信息"界定模糊不清、范围过于狭窄等问题。

1. 司法解释对"虚假恐怖信息"的界定

根据刑法规定，所谓"恐怖信息"是指爆炸威胁、生化威胁、放射威胁等恐怖信息。不过，最高司法机关通过一系列司法解释对"虚假恐怖信息"的范围进一步加以扩张。

2003年5月15日，最高人民法院、最高人民检察院联合制定颁布了《关于办理妨害预防、控制突发传染病疫情等灾害的刑事案件具体应用法律若干问题的解释》(以下简称《疫情解释》)。《疫情解释》对在预防、控制突发传染病疫情等灾害期间实施的有关犯罪行为的法律适用问题作了明确规定。其中，第10条第1款规定，"编造与突发性传染病疫情等灾害有关的恐怖信息，或者明知是编造的此类恐怖信息而故意传播，严重扰乱社会秩序的，依照刑法第二百九十一条之一的规定，以编造、故意传播虚假恐怖信息罪定罪处罚。"可见，《疫情解释》将"编造与突发性传染病疫情等灾害有关的恐怖信息"扩大解释为"虚假恐怖信息"。

2008 年最高人民法院《关于依法做好抗震救灾期间审判工作切实维护灾区社会稳定的通知》将"不利于灾区稳定，严重影响抗震救灾和灾后重建工作开展的虚假地震灾情信息"界定为"虚假恐怖信息"。

2013 年《虚假恐怖信息解释》第 6 条又将"劫持航空器威胁、重大灾情、重大疫情等严重威胁公共安全的事件为内容，可能引起社会恐慌或者公共安全危机的不真实信息"纳入"虚假恐怖信息"范围。

2. 学界对"虚假恐怖信息"的总结

"虚假恐怖信息"是理解与适用编造、故意传播虚假恐怖信息罪的前提。对此，学界对"虚假恐怖信息"的特征进行了总结。例如，有学者认为，"虚假恐怖信息"的特征主要有二：第一，虚假性。本罪的恐怖信息是编造的，因而说明本罪的恐怖信息必然是虚假的，具有虚假性。如果行为人传达的是真实的恐怖信息，即便造成了公共秩序的严重混乱，也不能构成本罪。应当以客观的事后标准判断恐怖信息是否虚假，亦即事后没有发现行为人有准备和实施恐怖犯罪活动的证据时，就应认定该恐怖信息是虚假的。第二，现实可能性。这一特性其实是"恐怖"这一词语本身的要求，只有具有可能性的爆炸威胁、生化威胁、放射威胁等信息才会让人觉得恐怖，对其的编造、传播才会扰乱公共秩序。换言之，如果爆炸威胁等信息本身并不具有实现的可能性，就不会引起公众的恐慌心理，也就不能成为本罪所要求的恐怖信息。[1]

也有些学者认为，"虚假恐怖信息"的特征有三：一是恐怖性，即该信息一经发布，就足以使大多数人惊慌害怕；二是现实可感性，即该信息往往是人们曾经见过的诸如爆炸威胁、生化威胁、放射性威胁、劫持航空器威胁、重大灾情、重大疫情等可以感觉到的现实性威胁信息；三是虚假性，即该恐怖信息实际并不存在，是凭空捏造、无中生有的。如果是真的信息，即使恐怖且传播出去，也不构成本罪。[2]

---

[1] 参见贾学胜：《编造、故意传播虚假恐怖信息罪之实证解读》，载《暨南学报（哲学社会科学版）》2010 年第 6 期。

[2] 参见鲜铁可：《编造、故意传播虚假恐怖信息罪司法适用辨析》，载《人民检察》2013 年第 22 期；李文军：《编造、故意传播虚假恐怖信息罪若干问题探讨》，载《湖北警官学院学报》2013 年第 11 期。

此外，有学者在肯定"虚假恐怖信息"具有虚假性的基础上，又从正反两个方面对"恐怖信息"进一步界定，指出本罪中的"恐怖信息"具有以下内容特征：一是内容的恐怖性。即威胁必须能使一般人感受到现实迫切的、难以避免的侵害危险，不包括明显缺乏现实可能性、违背基本科学规律甚至反科学的虚假消息。二是具有严重侵害人身权利的危险性。即威胁必须针对公民的生命法益，最典型的是以发生大量人员伤亡事件为内容的威胁。三是威胁对象具有多数性和不特定性。即威胁对象必须针对不特定的多数潜在受害人。在此情形下，人人都可能成为袭击和侵害的目标，才有引起公众恐慌和社会秩序混乱的可能性。该学者又进一步认为，以下两种威胁信息不属于"恐怖信息"：其一，具有轻微暴力或人身伤害性的威胁信息；其二，侵犯财产性质利益但不具有公共安全危险的信息。[①]

结合学者所述，"虚假恐怖信息"应当满足虚假性、恐怖性、现实可能性三大特征。

3. 对于"虚假恐怖信息"范围的思考

值得注意的是，2015年8月29日，《刑法修正案（九）》第32条增设了编造、故意传播虚假信息罪。在此背景下，有必要思考，对于编造、故意传播以"重大疫情、重大灾情"为内容的虚假信息，是否能认为属于编造、故意传播虚假恐怖信息，进而成立本罪。

如上所述，《虚假恐怖信息解释》第6条规定："本解释所称的'虚假恐怖信息'，是指以发生爆炸威胁、生化威胁、放射威胁、劫持航空器威胁、重大灾情、重大疫情等严重威胁公共安全的事件为内容，可能引起社会恐慌或者公共安全危机的不真实信息。"可见，司法解释对于上述问题持肯定答案。由于最高司法机关的肯定，司法实践中也几无例外地将编造、故意传播重大灾情、重大疫情的行为认定为本罪。例如，对于编造并发布虚假地震信息的行为，司法机关将其认定为编造、故意传播虚假恐怖信息罪。[②]

[①] 参见黄成：《编造、故意传播虚假恐怖信息罪的认定——基于司法案例的考察》，载《福建警察学院学报》2015年第3期。

[②] 参见高伟、刘民利、张鹏：《编造并发布虚假地震信息构成编造、故意传播虚假恐怖信息罪》，载《人民司法·案例》2009年第6期。

对于上述司法实践，大多数学者持肯定态度。① 不过，也有学者对此表示反对，尤其是在《刑法修正案（九）》新设编造、故意传播虚假信息罪之后。例如，张明楷教授认为，以往的司法解释扩大了《刑法》第 291 条之一第 1 款的"恐怖信息"的范围，将灾情、疫情等也列入恐怖信息。在《刑法修正案（九）》增设了编造、故意传播虚假信息罪后，需要慎重适用以往的相关司法解释。对于编造、故意传播虚假的"重大灾情、重大疫情"的行为，不能再认定为编造、故意传播虚假恐怖信息罪，而只能认定为编造、传播虚假信息罪。如果在《刑法修正案（九）》颁布之后，再将此类行为认定为编造、故意传播虚假恐怖信息罪，必然导致法条之间的不协调，也是对法条文义的突破。② 再例如，有学者认为，编造、传播虚假信息罪规定"疫情"作为虚假信息内容之一与先前最高人民法院、最高人民检察院联合制定颁布的《疫情解释》中的内容存在冲突。当时为应对紧急事件，将编造与突发性传染病疫情等灾害有关的信息，或者明知是编造的此类信息而故意传播，严重扰乱社会秩序的行为定罪处罚，部分是出于刑事政策的考量，实属迫不得已。但在新罪名出台后，还将相关的疫情、灾情等虚假信息归属于"虚假恐怖信息"，便不具有合理性了。所以，不能再以编造、故意传播虚假恐怖信息罪处理。③

本书认为，为了保护刑法条文的协调一致，恪守罪刑法定原则，应当将有关重大疫情、灾情等虚假信息排除至"虚假恐怖信息"范围之外。根据《刑法》第 291 条之一第 2 款的规定，"编造虚假的险情、疫情、灾情、警情，在信息网络或者其他媒体上传播，或者明知是上述虚假信息，故意在信息网络或者其他媒体上传播，严重扰乱社会秩序的，处三年以下有期徒刑、拘役或者管制；造成严重后果的，处三年以上七年以下有期徒刑。"应当认为，只要是"险情、疫情、灾情、警情"，都应当属于编造、故意传播虚假信息罪中的"虚假信息"，而不能因为某些信息更为重大，就超出刑法规范的解释边界，将其评价为"虚假恐怖信息"，这将超出人们的预测可能性。

---

① 很多学者指出，只要重大灾情、疫情等信息内容与爆炸威胁、生化威胁、放射威胁的恐怖程度相当，就属于"虚假恐怖信息"。参见王尚明：《关于编造、传播虚假恐怖信息罪的实务研究》，载《中国刑事法杂志》2015 年第 3 期；参见鲜铁可：《编造、故意传播虚假恐怖信息罪司法适用辨析》，载《人民检察》2013 年第 22 期。

② 参见张明楷：《刑法学》（第五版），法律出版社 2016 年版，第 1060 页。

③ 参见薛章原、李海丰：《编造、传播虚假信息罪独立成罪的相关法理分析及刑法规制》，载《湖南警察学院学报》2015 年第 5 期。

（三）编造、故意传播虚假恐怖信息罪的行为方式

根据《刑法》第291条之一第1款的规定，所谓编造、故意传播虚假恐怖信息罪，是指编造爆炸威胁、生化威胁、放射威胁等恐怖信息，或者明知是编造的恐怖信息而故意传播，严重扰乱社会秩序的行为。可知，本罪的行为方式具体包括"编造"与"传播"两种。在具体司法实践中，如何界定本罪的两种行为方式，关系到对行为人如何进行定罪的重要问题。

1."编造"与"传播"的含义

"编造"是指凭想象创造、捏造。其要义在于无中生有，捏造不存在的事物。所谓"编造"，就是指虚构事实、隐瞒真相，无中生有地胡编乱造。"编造"行为实质在于创造一种客观不存在的虚假事物，既包括行为人无中生有的捏造、胡乱编造，也包括对一些信息进行"添油加醋"式加工、修改的行为。有学者认为，"无中生有的捏造、胡编乱造"与"对一些信息进行加工、修改"这两方面的含义都是编造的本来含义。但是在编造虚假恐怖信息罪中，"编造"还应包括向特定机关或单位告知的行为。这是因为，如果不包括向特定机关或单位告知编造的恐怖信息的行为，编造是不可能严重扰乱社会秩序的，这样的编造就没有刑法意义，不会成为刑法关注和规制的对象；既然刑法将编造作为一种犯罪行为进行规定，说明编造必然是能够危害社会的，这就要求行为人将编造的恐怖信息告知特定单位，从而使被告知单位的正常工作秩序被扰乱。因此，在编造、故意传播虚假恐怖信息罪中，编造是指无中生有、凭空捏造，或者对某些信息进行加工、修改，并告知特定机关或单位的行为。① 本书认为，上述观点存在问题。其一，从《现代汉语词典》的解释看，"编造"根本没有涵盖"传播"的内容，"编造"与"传播"有着本质上的不同，如果强行将后者纳入前者中进行解释，无疑超出了"编造"的语义射程范围，是违背罪刑法定原则的，这就使一般人对刑法规定的罪名失去了预测可能性。其二，如果只是编造而没有将虚假恐怖信息告知特定单位或者个人，确实不至于造成严重扰乱社会的后果，在这一前提下，就应当得出编造行为并非本罪的实行行为，而不是将所谓的"告知特定单位与个人"的内容纳入进"编造"行为之中。

"传播"，则是指传送或者散播。对于故意传播虚假恐怖信息，有学者认为，它

---

① 参见贾学胜：《编造、故意传播虚假恐怖信息罪之实证解读》，载《暨南学报（哲学社会科学版）》2010年第6期。

是指将虚假恐怖信息传达至不特定或者多数人的行为，向特定人传达或怂恿其向其他人传达的行为，也应认定为传播。也有学者认为，"传播"是指明知是他人编造的虚假恐怖信息而让第三人知道。还有学者认为，"传播"是指通过电话、语言、文字以及信息网络等方式散布虚假恐怖信息，使其他个人或者组织知晓该信息。至于传播的方式有多种，如口头、报纸、网络、微信、微博、手机短信等，无论使用哪一种方式都不影响对行为的认定。① 本书认为，传播应当指的是将虚假恐怖信息最终使得多数人知晓的行为。如果行为人明知特定人会继续将虚假恐怖信息向其他多数人传播，仍然向特定人传播，则应属于此处的"传播"行为；反之，则不属于本罪中的"传播"。

2."编造"与"传播"的关系问题

对于"编造"与"传播"两种行为方式的关系问题，最高人民检察院在检例 9 号"李泽强案"的裁判要旨中指出："编造虚假恐怖信息以后向特定对象散布，严重扰乱社会秩序的，构成编造虚假恐怖信息罪。编造虚假恐怖信息以后向不特定对象散布，严重扰乱社会秩序的，构成编造、故意传播虚假恐怖信息罪。"可见，最高人民检察院的态度是，是否向特定对象散布虚假恐怖信息，是成立故意传播虚假恐怖信息罪的界限。若向特定对象散布虚假恐怖信息，仅成立编造虚假恐怖信息罪；若编造虚假恐怖信息后向不特定对象散布，则成立编造、故意传播虚假恐怖信息罪。因此，在最高人民检察院公布的三个指导性案例中，被告人李泽强为发泄心中不满，在北京市朝阳区小营北路 13 号工地施工现场，用手机编写短信"今晚要炸北京首都机场"，并向数十个随意编写的手机号码发送，属于编造并向不特定对象散布了虚假恐怖信息，故以编造、故意传播虚假恐怖信息定罪；被告人卫学臣用手机拨打大连周水子国际机场问询处电话，询问 3U8814 航班起飞时间后，告诉接电话的机场工作人员说"飞机上有两名恐怖分子，注意安全"，则属于编造虚假恐怖信息后将其散布于机场工作人员这一特定对象，故以编造虚假恐怖信息罪定罪；被告人袁才彦拨打上海太平洋百货有限公司徐汇店的电话，编造已经放置炸弹的虚假恐怖信息，以不给钱就在商场内引爆炸弹自杀相威胁，要求上海太平洋百货有限公司徐汇店在 1 小时内向其指定的牡丹灵通卡账户内汇款 5 万元，同样也属于将虚假恐怖信息散布于

---

① 参见时斌：《编造、故意传播虚假恐怖信息罪的制裁思路——兼评刑法修正案（九）相关条款》，载《政法论坛》2016 年第 1 期。

特定对象，故以编造虚假恐怖信息罪定罪处罚。而最高人民法院《虚假恐怖信息解释》则指出："编造虚假恐怖信息，传播或者放任传播，严重扰乱社会秩序的，应认定为编造虚假恐怖信息罪。明知是他人编造的恐怖信息而故意传播，严重扰乱社会秩序的，应认定为故意传播虚假恐怖信息罪。"可见，最高人民法院并没有根据行为人是否向特定对象传播虚假恐怖信息而确定罪名，而是根据恐怖信息是否为行为人本人所编造而确定具体罪名：当行为人所传播的虚假恐怖信息为本人所编造，成立编造虚假恐怖信息罪；当行为人所传播的虚假恐怖信息为他人所编造，成立故意传播虚假恐怖信息罪。

综上，不难看出，尽管都是最高司法机关的解释，但两者的立场有很大区别。两机关的解释都认可编造行为属于该罪的行为方式之一，并且都强调编造行为中包含有"传播"的内容。但前者强调"散布"对象的特定性，后者并不对此进行限定。

对于上述指导性案例与最高人民法院司法解释所确立的立场，本书提出以下看法：首先，就编造行为而言，单纯地实施了编造行为但没有实施传播行为，是不会成立犯罪的。只有实施了编造信息行为，并且把自己所编造的信息进行散布，才能构成编造虚假恐怖信息罪。否则，就会意味着写日记之类的行为也可能构成犯罪，这显然是非常荒谬的。例如，张明楷教授指出，"本条规定的'编造'行为侧重于捏造虚假恐怖信息，'传播'行为侧重于散布虚假恐怖信息，但仅有捏造事实的行为不可能成立本罪，只有向特定主体传达所编造的虚假恐怖信息才可能构成编造虚假恐怖信息罪。"①其次，如上所述，"编造"根本不能涵盖"传播"的内容，"编造"与"传播"有着本质上的不同，如果强行将后者纳入前者中进行解释，无疑超出了"编造"的语义射程范围，是违背罪刑法定原则的。最后，上述最高人民检察院"编造虚假恐怖信息向特定主体实施传播的按照编造虚假恐怖信息罪定罪，向不特定主体进行散布的以编造、故意传播虚假恐怖信息罪认定"的观点值得商榷。一是因为，这种解释既存在区分的困难，也不符合分类的逻辑。比如行为人编造虚假信息后将其传播给特定对象，特定对象并未进一步传播，这实质上就没有传播出去，根本就不会扰乱社会秩序。二是，如果传播的对象是特定个人，有学者认为，将"只向特定人或者少数人传达所编造的虚假恐怖信息"的行为认定为犯罪可能导致不当侵害公民的日常言论自由与交往自由，因为夫妻之间、情侣之间、家人之间、要好的朋

---

① 张明楷：《刑法学》（第五版），法律出版社 2016 年版，第 1058—1059 页。

友之间的私密谈话，也会因此成为国家机关进行监听的借口，最终导致人人自危。因此，相关司法解释将《刑法》第291条之一的罪名确定为编造、故意传播虚假恐怖信息罪其实是错误的，应确定为故意传播虚假恐怖信息罪。①可以看出，这种观点实际上是认为，本罪的实行行为应当为"故意传播"。根据这种观点，上述最高人民法院司法解释所明确的"传播本人编造的虚假恐怖信息，成立编造虚假恐怖信息罪；传播他人编造的虚假恐怖信息，成立传播虚假恐怖信息罪"，也是存在问题的。

但不同的观点指出："如果将编造仅仅理解为捏造事实的行为，和散布、传播完全分离开来看，编造虚假恐怖信息而不散布、传播的，不会产生任何社会效果，编造行为就没有现实的和规范评价的意义，法条规定编造行为似无必要。但是，仅仅捏造事实的行为并不是一个完整的编造行为。行为人编造一个虚假恐怖信息以后必须再将其传播出去才能完整地完成编造行为。亦即，编造行为必然包含着传播行为。编造的行为模式并非单纯捏造，而是'捏造＋传播'，单纯捏造事实的行为，没有法益侵害的危险性，不会产生任何社会意义。"②根据这种观点，"编造"这一行为方式被添加进了新的内涵，也就是说，编造不仅仅是捏造事实的行为，还必须包含将其传播出去的内容，进而可以认为在编造、故意传播虚假恐怖信息罪中，编造行为才是刑法评价的重点。

本书赞同前一种观点，认为编造、故意传播虚假恐怖信息罪并不是选择性罪名，本罪的实行行为应理解为只包括"故意传播虚假恐怖信息"。尽管这一观点与最高司法机关的主张有出入，但却是符合刑法法理的。这是因为，当只有编造而无传播行为时，很难产生严重扰乱社会秩序的后果，故也难以成立犯罪。我们应该对"编造"和"传播"两行为一并考量，"传播"行为并不一定要编造者自己亲自实施，编造者放任他人"传播"的，亦可以构成本罪。根据《虚假恐怖信息解释》第1条，编造恐怖信息，传播或者放任传播，严重扰乱社会秩序的，构成犯罪。这就表明，"传播"（至少是放任他人传播）是本罪的必要构成条件，这一司法解释是符合法理的。

（四）"严重扰乱社会秩序"与"造成严重后果"的标准确定

根据《刑法》第291条之一的规定，成立编造、故意传播虚假恐怖信息罪，要

---

① 参见陈洪兵：《刑法分则个罪实行行为的厘定》，载《国家检察官学院学报》2018年第3期。
② 黄成：《编造、故意传播虚假恐怖信息罪的认定——基于司法案例的考察》，载《福建警察学院学报》2015年第3期。

求必须造成"严重扰乱社会秩序"的后果,据此可以认为本罪为结果犯。此外,当编造、故意传播虚假恐怖信息的行为造成严重后果时,其法定刑升格为5年以上有期徒刑。故而,可知对于"严重扰乱社会秩序"和"造成严重后果",前者属于本罪的构成要件要素,后者则属于本罪的法定刑升格条件。尽管刑法对两者作出了规定,但在具体理解与适用中,"严重扰乱社会秩序"与"造成严重后果"均为刑法中典型的模糊用语,作为犯罪的成立条件与法定刑升格条件究竟该如何判断,需要司法实践确立较为明确的标准。

1. "严重扰乱社会秩序"的具体判断

严重扰乱社会秩序,指行为在客观上造成公众严重的心理恐慌,致使生产、营业、教学、科研等活动和日常生活秩序混乱、中止或无法正常进行的情况,对社会秩序的干扰和破坏达到严重程度。这种扰乱结果通常表现为非物质性的形态,主要体现为政治、社会秩序和文化等方面的危害后果,如引起公众的群体性恐慌、公安和武警浪费大量人力物力去排除所谓隐患、正常工作秩序的混乱、国家信誉的降低等。[①] 最高人民法院就本罪适用所作的解释中,对"严重扰乱社会秩序"的六种情形作了列举式规定。《虚假恐怖信息解释》第2条规定:"编造、故意传播虚假恐怖信息,具有下列情形之一的,应当认定为刑法第二百九十一条之一的'严重扰乱社会秩序':(一)致使机场、车站、码头、商场、影剧院、运动场馆等人员密集场所秩序混乱,或者采取紧急疏散措施的;(二)影响航空器、列车、船舶等大型客运交通工具正常运行的;(三)致使国家机关、学校、医院、厂矿企业等单位的工作、生产、经营、教学、科研等活动中断的;(四)造成行政村或者社区居民生活秩序严重混乱的;(五)致使公安、武警、消防、卫生检疫等职能部门采取紧急应对措施的;(六)其他严重扰乱社会秩序的。"最高人民检察院则以指导性案例的形式对"严重扰乱社会秩序"的标准进行了界定,在"卫学臣案"中,裁判要旨指出:关于编造虚假恐怖信息造成"严重扰乱社会秩序"的认定,应当结合行为对正常的工作、生产、生活、经营、教学、科研等秩序的影响程度、对公众造成的恐慌程度以及处置情况等因素进行综合分析判断。对于编造、故意传播虚假恐怖信息威胁民航安全,引起公众恐慌,或者致使航班无法正常起降的,应当认定为"严重扰乱社会秩序"。

[①] 参见刘晓山:《论散布"航空诈弹"行为的刑法规制》,载《法学评论》2014年第1期。

2. "造成严重后果"的具体判断

"造成严重后果"是本罪的加重处罚情形，主要是指行为人将编造虚假的恐怖信息在一定范围内向特定对象予以传播或者放任传播，引发社会秩序状态的严重混乱，造成人员重大伤亡或者财产重大经济损失等后果发生。"造成严重后果"中的"后果"包括：一是非物质性后果，主要是指政治、文化和社会秩序等方面的危害后果，具体情形包括：（1）行为人的行为造成县（区）级以上区域范围内居民生活秩序的严重混乱的；（2）行为人的行为严重妨碍国家重大活动正常进行的；（3）行为人的行为造成其他严重后果的等。二是物质性后果，主要是指造成人员重大伤亡或者财产重大经济损失，具体情形包括：（1）行为人将编造的虚假恐怖信息在一定范围内（如人群聚集的公共场所区域等）传播，引发社会秩序的严重混乱，导致人员伤亡出现三人以上轻伤的后果或者出现一人以上重伤的后果；（2）行为人的犯罪行为引发社会公众的极度恐慌，使得国家机关、企业、学校等单位的工作、生产、经营等活动无法正常开展，造成直接经济损失 50 万元以上等。①

对于"造成严重后果"的具体适用，最高人民检察院在"袁才彦案"的裁判要旨中指出，对于编造虚假恐怖信息造成有关部门实施人员疏散，引起公众极度恐慌的，或者致使相关单位无法正常营业，造成重大经济损失的，应当认定为"造成严重后果"。

（五）编造、故意传播虚假恐怖信息罪与其他相关罪名的关系

在实践中，编造、故意传播虚假恐怖信息罪可能与其他相关罪名存在错综复杂的关系，比如本罪与投放虚假危险物质罪应如何界分？再比如，出于其他的犯罪目的实施本罪，又触犯不同罪名的，应如何处理？上述问题，涉及编造、故意传播虚假恐怖信息罪与其他相关罪名的关系，需要予以澄清。

1. 本罪与投放虚假危险物质罪的界限

所谓投放虚假危险物质罪，是指投放虚假的爆炸性、毒害性、放射性、传染病病原体等物质，严重扰乱社会秩序的行为。编造、故意传播虚假恐怖信息罪与投放虚假危险物质罪均被规定于《刑法》第 291 条之一中，两者有一定的相同之处：首先，两罪的客体相同，即都是正常的社会秩序；其次，两罪都要求造成严重的结果才能

---

① 参见阮建华：《编造虚假恐怖信息罪中"严重扰乱社会秩序"之认定》，载《中国检察官》2016 年第 8 期。

构成犯罪既遂,即均为结果犯而非行为犯;最后,两者在行为方式上也存在着交叉,行为人实施投放虚假危险物质的行为之后,为了制造恐怖气氛,往往会散布一定的虚假信息。但两罪也存在着显著的区别:第一,两罪的客观行为方式不同。根据通说和最高司法机关的立场,编造、故意传播虚假恐怖信息罪表现为,无中生有地编造或者故意传播虚假的恐怖信息的行为。根据本书立场,编造、故意传播虚假恐怖信息罪表现为,无中生有地编造并故意传播虚假恐怖信息或者明知是编造的虚假恐怖信息而传播的行为。而投放虚假危险物质罪则是将虚假的爆炸性、毒害性、放射性等危险物质放置在公司单位、公共场所、交通工具等处或者向机关团体、企事业单位或者个人邮寄虚假的爆炸性、毒害性、放射性、传染病病原体等危险物质的行为。第二,两者的行为内容不同。编造、故意传播虚假恐怖信息罪的行为人利用的是爆炸威胁、生化威胁、放射威胁等无形的恐怖信息;而投放虚假危险物质罪的行为内容是投放虚假爆炸性、毒害性、放射性、传染病病原体等有形的物质。[①]

2. 以勒索财物为目的实施本罪的处理

在司法实践中,经常出现出于实施其他犯罪,而故意编造或者传播虚假的爆炸威胁、生化威胁、放射威胁等恐怖信息,并严重扰乱社会秩序而构成本罪的情形。这种情形应当如何处理,是司法实践面临的问题。比如,行为人出于勒索钱财的目的,实施编造虚假恐怖信息行为并具体实施了敲诈勒索行为的,该如何定罪处罚,究竟是认定为一罪,还是认定为两罪实行并罚?我国刑法理论界与司法实践中,主要有以下两种不同的观点:第一种观点认为上述行为系牵连犯,即行为人出于勒索财物的犯罪目的实施了两个行为,两个行为之间有牵连关系,即手段行为(编造虚假恐怖信息)与目的行为(敲诈数额较大的公私财物)之间具有牵连关系,应择一重罪处断。[②] 第二种观点认为上述行为系想象竞合犯,即行为人实施了一个敲诈勒索行为,但其行为产生了两个后果,一是侵犯了社会公共秩序,构成编造虚假恐怖信息罪,二是侵犯了被害人(单位)的财产所有权,构成敲诈勒索罪。应当根据想象竞合犯的处罚原则,择一重罪处罚。[③] 本书倾向于认为,行为人以勒索财物为目的故

[①] 参见袁建伟:《编造、故意传播虚假恐怖信息罪研究》,载《广西大学学报(哲学社会科学版)》2009年第2期。

[②] 参见赵桂民:《扰乱公共秩序和司法活动犯罪司法适用》,法律出版社2006年版,第477页。

[③] 参见秦明华:《编造虚假恐怖信息罪若干问题探析》,载《犯罪研究》2005年第2期。

意编造或者传播虚假恐怖信息，其手段与目的行为之间存在一定的牵连关系，应当成立牵连犯。

不过，为了不陷入无休止的争论，最高人民检察院在"袁才彦案"的裁判要旨中，回避了以勒索财物为目的实施本罪究竟属于牵连犯还是想象竞合犯的问题，而是直接认为"以编造虚假恐怖信息的方式，实施敲诈勒索等其他犯罪的，应当根据案件事实和证据情况，择一重罪处断。"

第四节 聚众斗殴罪

一、指导性案例

检例1号：施某某等17人聚众斗殴案

1. 基本案情

犯罪嫌疑人施某某等9人，系福建省石狮市永宁镇西岑村人。

犯罪嫌疑人李某某等8人，系福建省石狮市永宁镇子英村人。

福建省石狮市永宁镇西岑村与子英村相邻，原本关系友好。近年来，两村因土地及排水问题发生纠纷。永宁镇政府为解决两村之间的纠纷，曾组织人员对发生土地及排水问题的地界进行现场施工，但被多次阻挠未果。2008年12月17日上午8时许，该镇组织镇干部与施工队再次进行施工。上午9时许，犯罪嫌疑人施某某等9人以及数十名西岑村村民头戴安全帽，身背装有石头的袋子，手持木棍、铁锹等器械到达两村交界处的施工地界，犯罪嫌疑人李某某等8人以及数十名子英村村民随后也到达施工地界，手持木棍、铁锹等器械与西岑村村民对峙，双方互相谩骂、互扔石头。出警到达现场的石狮市公安局工作人员把双方村民隔开并劝说离去，但仍有村民不听劝说，继续叫骂并扔掷石头，致使两辆警车被砸损（经鉴定损失价值761元）、三名民警手部被打伤（经鉴定均未达轻微伤）。

2. 诉讼过程

案发后，石狮市公安局对积极参与斗殴的西岑村施某某等9人和子英村李某某等8人以涉嫌聚众斗殴罪向石狮市人民检察院提请批准逮捕。为避免事态进一步扩大，也为矛盾化解创造有利条件，石狮市人民检察院在依法作出批准逮捕决定的同时，建议公安机关和有关部门联合两村村委会做好矛盾化解工作，促成双方和解。

2010年3月16日，石狮市公安局将本案移送石狮市人民检察院审查起诉。石狮市人民检察院在办案中，抓住化解积怨这一关键，专门成立了化解矛盾工作小组，努力促成两村之间矛盾的化解。在取得地方党委、人大、政府支持后，工作小组多次走访两村所在的永宁镇党委、政府，深入两村争议地点现场查看，并与村委会沟通，制订工作方案。随后协调镇政府牵头征求专家意见并依照镇排水、排污规划对争议地点进行施工，从交通安全与保护环境的角度出发，在争议的排水沟渠所在地周围修建起护栏和人行道，并纳入镇政府的统一规划。这一举措得到了两村村民的普遍认同。化解矛盾工作期间，工作小组还耐心、细致地进行释法说理、政策教育、情绪疏导和思想感化等工作，两村相关当事人及其家属均对用聚众斗殴这种违法行为解决矛盾纠纷的做法进行反省并表示后悔，都表现出明确的和解意愿。2010年4月23日，西岑村、子英村两村村委会签订了两村和解协议，涉案人员也分别出具承诺书，表示今后不再就此滋生事端，并保证遵纪守法。至此，两村纠纷得到妥善解决，矛盾根源得以消除。

石狮市人民检察院认为：施某某等17人的行为均已触犯了《刑法》第292条第1款、第25条第1款之规定，涉嫌构成聚众斗殴罪，依法应当追究刑事责任。鉴于施某某等17人参与聚众斗殴的目的并非为了私仇或争霸一方，且造成的财产损失及人员伤害均属轻微，并未造成严重后果；两村村委会达成了和解协议，施某某等17人也出具了承诺书，从惩罚与教育相结合的原则出发以及有利于促进社会和谐的角度考虑，2010年4月28日，石狮市人民检察院根据《刑事诉讼法》第142条第2款，决定对施某某等17人不起诉。

3. 指导意义

检察机关办理群体性事件引发的犯罪案件，要从促进社会矛盾化解的角度，深入了解案件背后的各种复杂因素，依法慎重处理，积极参与调处矛盾纠纷，以促进社会和谐，实现法律效果与社会效果的有机统一。

二、案件争点

（1）聚众斗殴罪的认定。

（2）起诉与不起诉。

（3）刑事和解的条件。

三、学理研究

(一) 何为聚众斗殴罪

1. 聚众斗殴罪的定义

关于聚众斗殴罪,不同学者有不同的定义。如,"聚众斗殴罪,是指出于私仇宿怨、争霸一方或者藐视法纪的动机,聚集众人进行殴斗的行为。"① "聚众斗殴罪,是指聚集多人攻击对方身体或者相互攻击对方身体的行为。"② "聚众斗殴罪,是指为了报复他人、争霸一方或者基于其他不正当目的,纠集、指挥多人进行殴斗,严重扰乱社会秩序的行为。"③ 也有学者认为,"聚众斗殴罪,是指聚集多人进行斗殴的行为。本罪在 1979 年《刑法》中属于第 160 条规定的流氓罪的一种表现形式。1997 年《刑法》修订时,将其独立规定为本罪。"④ 由此可见,学界对聚众斗殴罪的认识并不统一。本书认为,上述四个定义中,定义一与定义三中增加了目的和动机,实际上限缩了聚众斗殴罪的内涵;定义二将行为限定在攻击对方身体上,显然是将注意力放在侵犯公民的人身权利上,但这并非聚众斗殴罪的本质特征。"行为人通过聚众斗殴的行为方式,公然藐视法律法规和社会公德,破坏公共秩序,才是聚众斗殴罪的本质特征"⑤,因此,定义二显得不够精确。根据我国《刑法》第 292 条的规定,宜采取"聚众斗殴罪,是指聚集多人进行斗殴的行为"这一定义。

2. 聚众斗殴罪的犯罪构成

本罪的客体是社会公共秩序。⑥ 公共秩序既包括公共场所秩序,也包括非公共场所秩序。在非公共场所结伙殴斗,也可能成立本罪。聚众斗殴的行为往往会侵犯到公民的人身权利和财产权利,但这并非其本质特征。行为人通过聚众斗殴的行为方式,公然藐视法律法规和社会公德,破坏公共秩序,才是聚众斗殴罪的本质特征。⑦

---

① 陈兴良主编:《刑法学》,复旦大学出版社 2003 年版,第 620 页。
② 张明楷:《刑法学》(第五版),法律出版社 2016 年版,第 1060 页。
③ 何俊:《聚众斗殴罪相关问题研究》,载《安徽大学学报(哲学社会科学版)》2005 年第 5 期。
④ 高铭暄、马克昌主编:《刑法学》(第七版),北京大学出版社、高等教育出版社 2016 年版,第 540 页。
⑤ 同上。
⑥ 同上书,第 540—541 页。
⑦ 同上书,第 540 页。

本罪的客观方面表现为行为人实施了聚众斗殴的行为。即,"聚众斗殴包括两个行为(即所谓复行为犯):一是纠集众人的行为,二是结伙斗殴的行为"①。所谓聚众,是指首要分子通过组织、策划、指挥,纠集特定或不特定的多数人同一时间聚集于同一地点。所谓斗殴,是指多人攻击对方身体或者相互攻击对方身体。既然是聚众斗殴,当然要求多人参与,但并不要求斗殴双方的人数都必须是三人以上。一方三人攻击对方一人的,可认定为聚众斗殴;但一方一人、另一方二人的则不宜认定为聚众斗殴。聚众斗殴不以使用器械为必要,徒手斗殴的,也可以构成本罪。对此,也有相反观点认为,聚众斗殴罪不是复行为犯,而是单一行为犯;聚众是指斗殴的方式,"聚众斗殴"的表述,只是意味着二人之间的相互斗殴或者一人与二人之间的相互斗殴行为不成立聚众斗殴罪;所以,并不要求在斗殴之前具有聚众的行为。②本书认为,聚众和斗殴是两种不同的行为方式,不可归为单一行为,相反观点的解释过于牵强。

本罪的主体为一般主体,即凡已满16周岁且具有刑事责任能力的自然人均可成为本罪主体。但根据《刑法》第292条第1款的规定,立法者把一般参与聚众斗殴的人排除在本罪的主体之外,只有聚众斗殴的首要分子和其他积极参加斗殴的人员才能成为本罪主体。

本罪的主观方面为故意。至于行为人的犯罪目的与动机如何,不影响本罪成立。但是,是否双方都必须具有斗殴的故意呢?一种观点认为,必须双方均具有斗殴故意方成立聚众斗殴罪,因为"只有双方主观上均具有斗殴故意并实施互殴行为认定为聚众斗殴罪,才能真正反映出行为人聚众斗殴扰乱社会公共秩序的危害性"③。另一种观点则认为,"对于一方纠集三人以上,有与对方多人互殴的故意,实施了针对对方多人或其中不特定一人的殴斗行为,而对方没有互殴故意的,一方可以认定为聚众斗殴,如果没有互殴故意的,则不能以聚众斗殴罪定罪"④。也有学者认为,即便只有一方有斗殴的故意和斗殴的行为,也会严重扰乱公共秩序,也存在因果难以证明的情形,因而值得评价为聚众斗殴罪。但一方明显仅具有聚众"殴"而没有聚众"斗"的故意的,不宜认定为聚众斗殴罪,而应作为故意伤害罪、妨害公务罪等

---

① 王作富主编:《刑法》(第五版),中国人民大学出版社2011年版,第440页。
② 参见张明楷:《刑法学》(第五版),法律出版社2016年版,第1061页。
③ 张菁:《聚众斗殴罪若干司法问题研究》,载《法学》2006年第3期。
④ 张屹、段怡:《聚众斗殴罪适用法律的若干问题》,载《法律适用》2003年第1—2期。

罪处理。①

对于单方有斗殴故意，能否成立聚众斗殴罪，不仅在理论上一直存在争议，在审判实践中做法也不相同。例如，2009年天津市高级人民法院、天津市人民检察院、天津市公安局联合发布的《办理聚众斗殴案件座谈会纪要》规定：一方有斗殴故意，并聚集三人以上，殴打对方一人或多人的，有斗殴故意的一方构成聚众斗殴罪。又如，2009年江苏省高级人民法院、江苏省人民检察院、江苏省公安厅联合发布的《关于办理聚众斗殴案件适用法律若干问题的意见》规定：一方有互殴的故意，并纠集三人以上，实施了针对对方多人或其中不特定一人的殴斗行为，而对方没有互殴故意的，对有互殴故意的一方也可以认定为聚众斗殴。从中可以看出，江苏、天津地区认为，聚众斗殴的相对方系犯罪对象，对于犯罪对象的主客观要件不应作要求。②

我国刑法学理论认为，行为是否构成犯罪，在于该行为是否符合刑法所规定的犯罪构成要件。任何犯罪的认定都要求行为人主观故意与客观行为的一致，而没有要求行为人的犯罪对象必须具有与行为人同样的主客观要件，斗殴参与者仍是对自己的行为而不是对对方的行为承担刑事责任。因此，构成聚众斗殴罪并不必然要求对方也必须具有斗殴的故意。斗殴时，如果相对方因为力量悬殊，只能处于被动挨打的地位时，也不应要求其有互殴的行为。单方纠集他人以多数殴打少数的斗殴形式经常出现，否认其构成聚众斗殴罪，可能使得暴力程度较大、社会影响恶劣的结伙殴打他人行为得不到应有的惩罚，不利于社会安定。③本书认为，这样的观点是可取的。在审判实践中，单方聚众斗殴行为可成立聚众斗殴罪的观点已得到较为普遍的认可。

3. 聚众斗殴罪的刑事责任

根据我国《刑法》第292条第1款的规定，犯本罪的，处3年以下有期徒刑、拘役或者管制；有下列情形之一的，处3年以上10年以下有期徒刑：（1）多次聚众斗殴的；（2）聚众斗殴人数多，规模大，社会影响恶劣的；（3）在公共场所或者交通

---

① 参见杜文俊：《聚众斗殴罪的成立及司法适用再探讨——兼评该罪的废除论》，载《政治与法律》2012年第5期。
② 参见刘江洲、刘斐然：《区分单方聚众斗殴与多人寻衅滋事犯罪》，https://www.chinacourt.org/article/detail/2014/04/id/1277242.shtml，2020年3月1日访问。
③ 同上。

要道聚众斗殴,造成社会秩序严重混乱的;(4)持械聚众斗殴的。根据第292条第2款的规定,聚众斗殴,致人重伤、死亡的,依照《刑法》第234条、第232条的规定定罪处罚,即应根据具体情况对行为人分别以故意伤害罪、故意杀人罪论处。

在上述规定中,"多次"是指三次以上。"人数多,规模大,社会影响恶劣"应是必须同时具备的三个条件,而不是择一条件。当然,三个条件都没有明确的具体标准,只能根据具体案件进行判断。"持械"中的"械"是指凶器,包括性质上的凶器与用法上的凶器。"持械"是指使用凶器斗殴,而不是指单纯的携带。在斗殴过程中显示凶器的,也应当认定为使用凶器斗殴。甲乙双方斗殴时,只有甲方部分或者全部成员持械,乙方未持械的,对甲方成员认定为持械聚众斗殴(未持械的成员不明知其他成员持械的,不得认定为持械聚众斗殴),对乙方成员不应认定为持械众斗。如果斗殴行为致人重伤的,应以故意伤害罪论处。聚众斗殴行为具备上述法定刑升格条件,同时致一人重伤的,应以故意伤害罪论处;同时致数人重伤的,应以一个故意伤害罪从重处罚。如果斗殴行为致人死亡的,应以故意杀人罪论处。①

4. 聚众斗殴罪存在的合理性思考

刑法为何在故意伤害罪、故意杀人罪、聚众扰乱社会秩序罪、聚众扰乱公共场所秩序、交通秩序罪之外还专门设立聚众斗殴罪罪名,或者说聚众斗殴罪独立存在的理由是什么?如果聚众斗殴罪与相关罪名规制的行为及其保护的法益完全重合,则没有独立存在的必要。有学者撰文指出,现行《刑法》对聚众斗殴罪的规定既含混模糊,又与其他犯罪相互交织、难以区分,立法极不科学,应予废除。其理由如下:第一,聚众斗殴罪能为刑法规定的其他犯罪所包容和吸收。对于聚众斗殴造成伤亡后果的,可以故意伤害罪、故意杀人罪定罪处罚,而无须以聚众斗殴罪处罚,《刑法》第292条第2款已有此立法精神;对于没有造成伤亡后果,而严重扰乱社会秩序、公共场所秩序或交通秩序的,可以聚众扰乱社会秩序罪、聚众扰乱公共场所秩序罪或聚众扰乱交通秩序罪定罪处罚。废止聚众斗殴罪并不会对打击这类犯罪行为产生不利影响。第二,聚众斗殴罪在实践中的界限难以把握。现实中因民事纠纷引起的一方具有三人以上的互相殴斗行为,从行为动机与目的上看,通常不属扰乱公共秩序的范畴,似乎不应以聚众斗殴论处,但在主观故意及行为表现上却往往与聚众斗殴犯罪难以区分,在形式上基本符合聚众斗殴罪的构成要件,由此造成执法

---

① 参见张明楷:《刑法学》(第五版),法律出版社2016年版,第1062—1063页。

上的无所适从与混乱。第三，典型的聚众斗殴犯罪在社会现实中已不多见。随着社会的发展与进步，聚众斗殴犯罪呈现不断减少的趋势，聚众斗殴罪的存在缺乏应有的社会现实基础。此外，现行刑法对聚众斗殴罪的规定不能体现罪刑相适应的精神。根据罪刑相适应的刑法原则，聚众斗殴致人重伤的，相对于没有造成重伤后果的，应从重或加重处罚。但是按照现行立法的规定，只要具备《刑法》第292条第1款规定的四种聚众斗殴情形之一的，即便没有造成轻伤或重伤后果，也应处3年以上10年以下有期徒刑；而对于聚众斗殴造成重伤后果的，依照《刑法》第292条第2款的规定，以《刑法》第234条的规定定罪处罚，也是这个量刑档次。这没有体现罪刑相适应的精神。如果保留聚众斗殴罪，则立法应对此作进一步的修改和完善。[①]

　　本书认为，以上论述虽有一定的合理性，但是，从犯罪构成来看，聚众斗殴罪与故意伤害罪、故意杀人罪、聚众扰乱社会秩序罪以及聚众扰乱公共场所秩序、交通秩序罪的本质不同，且在聚众斗殴中，具体行为与结果之间的因果关系证明较难。正如我国台湾地区学者卢映洁指出，"在多数人斗殴打群架之情形，若造成有人死亡或受重伤之结果，虽然在理论上可依各个参与斗殴者之故意及其斗殴行为所生之结果，分别论以伤害致重伤罪或伤害致死罪，但是刑法追诉实务上，如何判定被害人之死亡或重伤结果，究竟由哪一个参与斗殴者之斗殴行为或是众人的共同行为所造成，亦即各该斗殴行为与被害人之死亡或重伤结果之间的因果关系与客观归责的认定，往往面临证明上的困难"[②]。林东茂教授认为："伤害罪是结果犯，一切结果犯，都要证明结果与行为间的因果。但是，不属于共同正犯的群殴，通常是打混战，所生的伤亡，往往难以清楚其间的因果。由于场面混乱，由于相互追逐，涉入斗殴者如果发生死伤，根本无法得知是何人所造成。然而，战局结束，要把死亡或重伤的结果归咎于何人？台湾地区'刑法'第283条的立法意旨，就是要不顾因果证明上的难局，一律把涉入战局者都罗织入罪。在立法上推定，凡参与群殴，对于死伤俱有责任。"[③]

　　如前所述，有学者认为，之所以在故意伤害罪、故意杀人罪之外设立聚众斗殴

[①] 参见黄生林、糜方强、邓楚开：《论聚众斗殴罪的若干问题》，载《人民检察》2002年第3期。

[②] 卢映洁：《刑法分则新论》（第二版），台北新学林出版股份有限公司2009年版，第472页。

[③] 林东茂：《刑法综览》（修订五版），中国人民大学出版社2009年版，第238页。

罪是出于以下考量：一是解决因果关系难以证明的难题。二是聚众斗殴行为具有抽象的公共危险性，即便没有造成他人死伤，为维护公共秩序、公共安宁和公共安全，也有必要加以处罚。三是聚众斗殴具有承诺伤害的一面，相互承诺轻伤的，难以故意伤害（轻伤）罪处理。要是没有聚众斗殴罪的规定，相互斗殴中造成轻伤的，只能宣告无罪。也正因为此，我国《刑法》第292条第2款仅规定致人重伤、死亡的以故意伤害罪、故意杀人罪定罪处罚，而没有规定致人轻伤的，也以故意伤害罪定罪处罚。四是该罪旨在保护公共秩序和公共安宁，尽管抢劫致死伤、故意伤害致死等罪中均不对同伙的死伤结果负责，但聚众斗殴罪的罪质决定了受害一方的首要分子和积极参加者也应承担故意伤害罪、故意杀人罪的刑事责任。[①] 本书认为，上述论证理由是成立的。

此外，在本罪的认定中，要注意区分罪与非罪的界限，即在认定本罪时，要注意区分本罪与群众间因各种矛盾纠纷而引发的一般打群架行为的界限。司法实践中，对于群众之间因日常矛盾激化而引发的多人之间的打斗，以及山区、边区或少数民族村寨之间因土地、水源、山林等纠纷而发生的结伙殴斗的行为，不宜按本罪处理。其中情节显著轻微，危害不大的，不属于犯罪，应按一般违法行为处理。对此，2002年江苏省有关部门联合出台的《关于办理涉枪涉爆、聚众斗殴案件具体应用法律若干问题的意见》中规定："聚众斗殴通常表现为出于私仇、争霸或其他动机而成帮结伙地斗殴"，"对于群众中因民事纠纷引发的相互斗殴甚至结伙械斗，后果不严重的，不应以犯罪处理。"

结合本案的实际情况，因永宁镇西岑村与子英村相邻，原本关系友好，只是近年来因土地及排水问题发生纠纷，属于邻村之间因土地、水源等纠纷而发生的结伙殴斗的行为，且过程中双方村民只是手持木棍、铁锹等器械对峙，双方互相谩骂、互扔石头，仅致使两辆警车被砸损（经鉴定损失价值761元）、三名民警手部被打伤（经鉴定均未达轻微伤），尽管施某某等17人的行为符合聚众斗殴罪的犯罪构成，但实际上情节轻微，危害不大，可以不起诉。

（二）何为不起诉

1. 不起诉的概念和效力

根据我国刑事诉讼法的规定，不起诉，是指人民检察院对于公安机关侦查终结

[①] 参见杜文俊：《聚众斗殴罪的成立及司法适用再探讨——兼评该罪的废除论》，载《政治与法律》2012年第5期。

移送起诉的案件和自行侦查终结的案件进行审查后,认为不符合起诉条件或者不需要起诉的,依法作出不将案件提交人民法院进行审判的一种处理决定。①

不起诉的法律效力在于不将犯罪嫌疑人交付人民法院审判,从而终止刑事诉讼。它产生如下具体诉讼效果:一是公诉进程的终结。不起诉决定作出后,针对被不起诉人进行的公诉进程即告终结,不过,不起诉决定不产生与判决一样的既判力,不能因此消灭公诉权。不起诉决定作出后,若发现新的事实或新的证据,或者符合允许改变不起诉决定的其他情形的,仍可再行起诉。不起诉决定作出后,被害人仍可提起民事诉讼;符合法定情形的,还可提起自诉。二是对被不起诉人采取的强制措施的解除。不起诉决定一经公布即发生法律效力,对于被不起诉人已经被采取强制措施的,应当立即解除。《刑事诉讼法》第178条规定:"如果被不起诉人在押,应当立即释放。"三是对物采取的强制性措施的解除。《刑事诉讼法》第177条第3款规定,"人民检察院决定不起诉的案件,应当同时对侦查中查封、扣押、冻结的财物解除查封、扣押、冻结";但对于需要给予行政处罚、处分或者需要没收其违法所得的,不在此限。该款同时规定,"对被不起诉人需要给予行政处罚、处分或者需要没收其违法所得的,人民检察院应当提出检察意见,移送有关主管机关处理。有关主管机关应当将处理结果及时通知人民检察院"。②

2. 不起诉的种类和适用条件

在我国刑事诉讼法中,不起诉有四种,即法定不起诉、酌定不起诉、证据不足不起诉和附条件不起诉,它们各自适用不同的条件。③

一是法定不起诉,又称"绝对不起诉",是指《刑事诉讼法》第177条第1款规定的不起诉。该款规定:"犯罪嫌疑人没有犯罪事实,或者有本法第十六条规定的情形之一的,人民检察院应当作出不起诉决定。"按照这一规定,凡没有犯罪事实,或者具有《刑事诉讼法》第16条规定情形之一的,人民检察院都应当作出不起诉决定,也就是说,对于这类案件,检察机关不享有作出起诉决定的自由裁量权,只能依法作出不起诉决定。

除没有犯罪事实的以外,根据《刑事诉讼法》第16条的规定,法定不起诉适用

---

① 参见樊崇义主编:《刑事诉讼法学》(第三版),中国政法大学出版社2013年版,第466页。
② 同上。
③ 同上书,第467—469页。

于以下六种情形：（1）情节显著轻微、危害不大，不认为是犯罪的；（2）犯罪已过追诉时效期限的；（3）经特赦令免除刑罚的；（4）依照刑法告诉才处理的犯罪，没有告诉或者撤回告诉的；（5）犯罪嫌疑人、被告人死亡的；（6）其他法律规定免予追究刑事责任的。

对于犯罪事实并非犯罪嫌疑人所为，需要重新侦查的，应当在作出不起诉决定后书面说明理由，将案卷材料退回公安机关并建议公安机关重新侦查。2019年最高人民检察院《人民检察院刑事诉讼规则》第366条规定："负责捕诉的部门对于本院负责侦查的部门移送起诉的案件，发现具有本规则第三百六十五条第一款规定情形的，应当退回本院负责侦查的部门，建议撤销案件。"

二是酌定不起诉，又称"相对不起诉"，是指《刑事诉讼法》第177条第2款规定的不起诉。该款规定："对于犯罪情节轻微，依照刑法规定不需要判处刑罚或者免除刑罚的，人民检察院可以作出不起诉决定。"按照这一规定，人民检察院对于符合该款规定的案件的起诉与否享有自由裁量权。对于符合条件的，既可以作出起诉决定，也可以作出不起诉决定。酌定不起诉的规定，表明我国刑事诉讼实行起诉便宜原则。从刑事诉讼制度的历史发展看，对于符合起诉条件的案件依法是否必须提起公诉，有两个不同的原则：（1）起诉法定原则，又称"合法主义""励行主义"。按照该原则，只要案件符合法律规定的起诉条件，公诉机关就必须提起公诉，不能根据案件具体情况自由裁量起诉与否。（2）起诉便宜原则，又称"便宜主义"。按照该原则，在案件具备起诉条件的情况下，公诉机关有权权衡各种情形，在认为不需要交由法院审判时，可以裁量决定不起诉。① 一定时期的刑罚实践总是受其同时代的刑罚思想影响。随着刑事实证派犯罪学的兴起，行刑个别化思想逐渐受到重视，目的刑（教育刑）观念兴起并对西方的刑罚制度产生了重大影响。目的刑论将刑罚分为改善、威慑、打击三种形式，是针对不同的犯人的。对能够改善的犯人予以改善，对不需要改善的犯人予以威慑，对不能挽救者进行打击。自20世纪初期刑罚的目的刑理论取代报应刑理论后，起诉便宜主义逐渐被国际社会所承认，成为世界各国刑事诉讼制度发展的一大趋势。起诉便宜原则赋予公诉机关一定的自由裁量权，有利于根据犯罪人及犯罪的具体情况给予适当处理，从而有利于犯罪分子的更新改造，

---

① 参见樊崇义主编：《刑事诉讼法学》（第三版），中国政法大学出版社2013年版，第467—468页。

同时，也可以不必使一些轻罪案件流入审判程序，节约司法资源。①

从我国刑事诉讼法的规定看，酌定不起诉的适用必须同时具备两个条件：一是犯罪嫌疑人的行为已构成犯罪，应当负刑事责任；二是犯罪行为情节轻微，依照刑法规定不需要判处刑罚或者免除刑罚。依据刑法规定，以下几种情形可以适用这种不起诉：（1）犯罪嫌疑人在我国领域外犯罪，依照我国刑法应当负刑事责任，但在外国已经受过刑罚处罚的；（2）犯罪嫌疑人又聋又哑，或者是盲人的；（3）犯罪嫌疑人因正当防卫或紧急避险过当而犯罪的；（4）为犯罪准备工具、制造条件的；（5）在犯罪过程中自动中止犯罪或者自动有效地防止犯罪结果发生，没有造成损害的；（6）在共同犯罪中，起次要或辅助作用的；（7）被胁迫参加犯罪的；（8）犯罪嫌疑人自首或者有重大立功表现或者自首后又有重大立功表现的。

除上述情形外，人民检察院在决定是否不起诉时，还要根据犯罪嫌疑人的年龄、犯罪目的和动机、犯罪手段、危害后果、悔罪表现以及一贯表现等进行综合考虑，只有在确实认为不起诉比起诉更为有利时，才能作出不起诉决定。②

三是证据不足不起诉。证据不足不起诉，又称"存疑不起诉"，是指我国《刑事诉讼法》第 175 条第 4 款规定的不起诉。该款规定："对于二次补充侦查的案件，人民检察院仍然认为证据不足，不符合起诉条件的，应当作出不起诉的决定。"需要指出的是，在符合该款条件时检察机关在起诉与不起诉之间没有进行自由裁量的余地。实际上，证据不足意味着不具备起诉条件，对于这样的案件，即使检察机关提起了诉讼也不能获得胜诉，因而应当作出不起诉的决定。

证据不足不起诉是针对我国刑事诉讼活动中曾经存在的补充侦查无次数限制，对于经过反复补充侦查仍然未查清的案件如何处理无明确规定，造成犯罪嫌疑人长期受到刑事强制措施，甚至被长期羁押，严重侵犯人权的状况而增加的一种不起诉种类，体现了"疑罪从无"的刑事诉讼原则。按照我国《刑事诉讼法》第 175 条第 4 款的规定，证据不足不起诉适用的条件是：案件经过二次补充侦查、证据不足。③

四是附条件不起诉。附条件不起诉是人民检察院依法在作出不起诉决定的同时附加一定条件，当附加的条件得到满足后案件不提起公诉。我国《刑事诉讼法》第

---

① 参见樊崇义主编：《刑事诉讼法学》（第三版），中国政法大学出版社 2013 年版，第 468 页。
② 同上。
③ 同上书，第 468—469 页。

282 条第 1 款规定:"对于未成年人涉嫌刑法分则第四章、第五章、第六章规定的犯罪,可能判处一年有期徒刑以下刑罚,符合起诉条件,但有悔罪表现的,人民检察院可以作出附条件不起诉的决定。人民检察院在作出附条件不起诉的决定以前,应当听取公安机关、被害人的意见。"按照这一规定,附条件不起诉应当符合以下条件:(1)仅适用于未成年人;(2)仅适用于涉嫌《刑法》分则第四章、第五章、第六章规定的犯罪;(3)可能判处 1 年有期徒刑以下刑罚;(4)符合起诉条件,但有悔罪表现。对于同时符合上述条件的,人民检察院可以作出附条件不起诉的决定,但要听取公安机关、被害人的意见。①

3. 不起诉在司法实践中存在的问题和解决的路径

一是酌定不起诉适用过于谨慎。起诉裁量主义的核心是公诉机关享有起诉裁量权,起诉裁量包括起诉与不起诉的裁量、如何起诉以及如何不起诉的裁量。相较于附条件不起诉而言,酌定不起诉是一种径直的不起诉,因为酌定不起诉的决定一经作出,诉讼程序即告终结,被不起诉人便不再会被追诉。附条件不起诉,顾名思义,乃是一种有条件的不起诉制度,一旦条件未成就,那么检察机关就将起诉,亦即是说,附条件不起诉的决定作出后,犯罪嫌疑人仍有被诉之虞。因此,在司法实践中检察官对酌定不起诉的适用存有疑虑,其原因主要有:第一,酌定不起诉决定是一种"一次性行为",决定一旦作出就无法约束被不起诉人,进而无法督促被不起诉人积极悔改,不利于发挥刑罚的特别预防功能;② 第二,检察机关作出酌定不起诉决定,不需要考虑被不起诉人、被害人的意见,如果被不起诉人不领情,被害人不接受,进而申诉、上访,③ 作出不起诉决定的检察机关反受其扰,这一现实情况在很大程度上遏抑了检察机关适用酌定不起诉的动机;第三,现行立法对酌定不起诉的规定存在罅隙。《刑事诉讼法》第 177 条第 2 款规定:"对于犯罪情节轻微,依照刑法规定不需要判处刑罚或者免除刑罚的,人民检察院可以作出不起诉决定。"这里的"犯罪情节轻微"指的是犯罪事实的情节轻微,而不问犯罪嫌疑人的情况及其犯罪后的表现等"情节"。是以对于不符合"犯罪情节轻微"的犯罪嫌疑人,纵然出于其个

---

① 参见樊崇义主编:《刑事诉讼法学》(第三版),中国政法大学出版社 2013 年版,第 469 页。
② 参见李辞:《论附条件不起诉与酌定不起诉的关系》,载《法学论坛》2014 年第 4 期。
③ 参见顾永忠:《附条件不起诉制度的必要性与正当性刍议》,载《人民检察》2008 年第 9 期。

人情况、犯罪后的表现、被害人态度等因素的考量，不起诉更符合公共利益的，检察机关也唯有起诉。①

二是附条件不起诉适用范围过窄。特别预防刑事政策运用说认为，附条件不起诉处分较之缓刑、假释更为优越，更能鼓励犯人自新、复归社会，因为犯人没有被公开审判或贴上标签。刑罚并非唯一能震慑罪犯、预防一般人犯罪的方法，有罪必罚的原则也非绝对。附条件不起诉通过"犹豫期间"及"附设条件"的设置，对个别犯罪人作特别预防以助其更生，从防止再犯的功能来说，也比刑罚威吓来得优越。从境外一些国家的刑事诉讼法来看，附条件的不起诉适用范围相对较广，如，《日本刑事诉讼法》第 248 条明文规定，"应依犯罪人之性格、年龄、境遇、犯罪的轻重与情状以及犯罪后的状况，认为无追诉必要的，可以不提起公诉"；除采行全面起诉裁量制度外，同时明文规定检察官裁量不起诉的衡量标准。② 德国一度是坚定实行起诉法定主义的代表，然而其现行立法也采纳了起诉裁量主义，《德国刑事诉讼法典》第 153 条 a 也对附条件不起诉的裁量标准作出明文规定，即"行为人罪责轻微"及"无追诉的公共利益"，并将"犯罪人的生活经历、其人身及经济的关系，以及犯罪后的态度，尤其补偿损害的努力"等有关行为人的性格、品行或生活方式，作为判断行为人罪责是否轻微的衡量要素之一。③ 而根据我国《刑事诉讼法》的规定，附条件不起诉的适用条件为：（1）仅适用于未成年人；（2）仅适用于涉嫌《刑法》分则第四章、第五章、第六章规定的犯罪；（3）可能判处 1 年有期徒刑以下刑罚；（4）符合起诉条件，但有悔罪表现。其适用条件相对较窄，且关于附条件不起诉的裁量标准，我国《刑事诉讼法》仅规定"有悔罪表现"，显然这一标准过于笼统，不具有实践操作性和指导意义。

因此，必须要厘清两者的关系，合理区分并适用酌定不起诉和附条件不起诉。附条件不起诉的益处使其具有相当广阔的适用空间，但附条件不起诉的设立并不是为了替代酌定不起诉，制度的初衷仅是谋求弥补酌定不起诉的某些固有缺陷，两种不起诉制度应当是共生而非互斥的。对于那些检察官认为作出（不附条件的）不起诉决定不致发生不利后果的犯罪嫌疑人，尽可适用酌定不起诉。就两种裁量不起诉制

---

① 参见万毅：《刑事不起诉制度改革若干问题研究》，载《政法论坛》2004 年第 6 期。
② 参见陈运财：《日本检察官之起诉裁量及其制衡》，载《刑事诉讼之运作——黄东熊教授六秩晋五华诞祝寿论文集》，五南图书出版公司 1997 年版，第 318 页。
③ 参见《德国刑事诉讼法典》，李昌珂译，中国政法大学出版社 1995 年版，第 72—75 页。

度而言，酌定不起诉占用司法资源较少，对社会关系的恢复更直接、更迅速，因而在符合酌定不起诉适用条件的情形下，应当优先考虑通过酌定不起诉实施程序分流；而当检察官对于适用酌定不起诉存有顾虑，但又认为不必将犯罪嫌疑人起诉至法院时，则宜通过附条件不起诉将案件终结于审查起诉阶段。概言之，附条件不起诉与酌定不起诉各具利弊，附条件不起诉是起诉裁量主义下不起诉裁量权的新发展，两种不起诉制度各尽其责，并行不悖。[①] 同时，建议要明确酌定不起诉的适用范围；要建立附条件不起诉的裁量标准，通过裁量标准的客观化与具体化，也可防止裁量的恣意，并提供滥权裁量的审查基准；[②] 要将附条件不起诉的适用对象扩大至一般主体；把附条件不起诉的刑度范围延伸至"3年有期徒刑以下刑罚"；此外，附条件不起诉的适用也不应局限于《刑法》分则的某些章节。[③]

4. 对本案的检视

本案中检察院采用的是酌定不起诉。按照我国刑事诉讼的通说，酌定不起诉的适用必须以满足相应刑事实体法规定为前提。酌定不起诉需要满足两个适用条件：一是犯罪嫌疑人的行为已经构成犯罪，二是犯罪行为情节轻微，依据刑法的具体规定不需要判处刑罚或者是免除刑罚。也就是说，酌定不起诉的适用需要满足刑事实体法的具体规定。[④] 在本案中，由于施某某等17人参与聚众斗殴的目的并非为了私仇或争霸一方，且造成的财产损失及人员伤害均属轻微，并未造成严重后果。根据最高人民检察院《关于在检察工作中贯彻宽严相济刑事司法政策的若干意见》（以下简称《意见》）第8条规定，人民检察院在审查起诉工作中，应严格依法掌握起诉条件，充分考虑起诉的必要性，可诉可不诉的不诉。对于初犯、从犯、预备犯、中止犯、防卫过当、避险过当、未成年人犯罪、老年人犯罪以及亲友、邻里、同学同事等纠纷引发的案件，符合不起诉条件的，可以依法适用不起诉，并可以根据案件的不同情况，对被不起诉人予以训诫或者责令具结悔过、赔礼道歉、赔偿损失。《意见》第11条、第12条和第13条对未成年人犯罪案件、因人民内部矛盾引发的轻微

---

① 参见李辞：《论附条件不起诉与酌定不起诉的关系》，载《法学论坛》2014年第4期。
② 参见刘学敏：《检察机关附条件不起诉裁量权运用之探讨》，载《中国法学》2014年第6期。
③ 参见李辞：《论附条件不起诉与酌定不起诉的关系》，载《法学论坛》2014年第4期。
④ 参见郭烁：《酌定不起诉制度的再考查》，载《中国法学》2018年第3期。

刑事案件和轻微犯罪中的初犯、偶犯三类案件如何适用不起诉作出了原则性规定。①概言之，尽管其行为符合聚众斗殴罪的构成要件，但同时也满足适用酌定不起诉的条件，因此，石狮市检察院作出不起诉的决定是恰当的。

（三）何为刑事和解

刑事和解是指在刑事诉讼程序运行过程中，被害人和加害人（即被告人或犯罪嫌疑人）以认罪、赔偿、道歉等方式达成谅解以后，国家专门机关不再追究加害人刑事责任或者对其从轻处罚的一种案件处理方式。即被害人和加害人达成一种协议和谅解，促使国家机关不再追究刑事责任或者从轻处罚的诉讼制度。② 根据是否有国家机关的主导，一般有两种观点：一是"刑事和解是一种以协商合作形式恢复原有秩序的案件解决方式，它是指在刑事诉讼中，加害人以认罪、赔偿、道歉等形式与被害人达成和解后，国家专门机关对加害人不再追究刑事责任、免除处罚或者从轻处罚的一种制度"③。二是"被害人与加害人在人民检察院的主持下，通过加害人向被害人认罪悔过，求得被害人的谅解，双方达成和解的协议之后，由检察院作出不起诉的决定"④。

刑事和解作为一项贯彻落实宽严相济刑事司法政策的新型刑事案件解决机制，其所蕴含的积极合理价值内核，得到了理论界和实务界广泛的认同和几乎一致的肯定。刑事和解的价值表现在：充分实现了被害人获得物质赔偿的权利，最大限度地抚慰了其创伤和痛苦；最大限度地消除了对加害人的负面影响，有效化解了社会矛盾，减少了社会对抗，促进了和谐社会建设；充分预防和减少了上访、申诉；节约了司法资源和诉讼成本。这种在法律允许的范围内，通过非刑罚处罚的方式使受损的社会关系得到及时修整和恢复的刑事和解机制，变"以眼还眼，以牙还牙"的报复性司法为以教育、挽救、修复为主的恢复性司法，较好地实现了被害人、加害人、国家及社会利益契合的多赢局面，具有重要的现实价值和社会价值。⑤

---

① 参见朱立恒：《宽严相济视野下的刑事诉讼程序改革》，中国法制出版社2008年版，第250页。
② 参见陈光中：《刑事和解的理论基础与司法适用》，载《人民检察》2006年第10期。
③ 陈光中、葛琳：《刑事和解初探》，载《中国法学》2006年第5期。
④ 汤啸天：《和解不起诉制度初探》，载《人民检察》2005年第21期。
⑤ 参见黄峰、桂兴卫：《刑事和解机制的探索与实践——以某基层检察院的和解不起诉为切入点》，载《中国刑事法杂志》2008年第7期。

刑事和解一般应由当事人自己在平等的基础上协商解决，经由和解，双方当事人之间和社会公共利益之间被破坏的关系得到修复之后，尤其是批捕之后，总要通过一定途径使案件了结，如果结案发生在审查起诉环节，则就是和解不起诉。可见，刑事和解与不起诉是一种制度上的对接，二者既内在关联，又相互区别。①

第一，刑事和解与不起诉的内在关联。首先，对接基础的共同性。在长期过度关注犯罪嫌疑人人权保障之后，刑事和解与不起诉改变了在刑事诉讼中被害人诉讼权利由司法机关包揽的局面，赋予或确认了当事人对自己权利的选择，回归了被害人的当事人主体地位，有利于弥补传统刑事司法对被害人权益保护的缺失，在司法体系内调和被害人、加害人和社会公共利益，促进司法整体正义的实现。其次，法律价值的一致性。刑事和解的适用使得在被害方获得物质或精神补偿的同时加害方获得免除或减轻处罚，不起诉的适用带来了对加害人处罚的非犯罪化、非监禁化和轻刑罚化。因此，二者在促使犯罪嫌疑人改过自新、避免短期自由刑的交叉感染、节约司法资源、提高诉讼效益等方面具有价值上的一致性。最后，法律功能的互补性。刑事和解与不起诉在审查起诉阶段同时适用时，二者具有前因与后果、条件与结论的内在关系：刑事和解是前因、条件，不起诉是后果、结论。刑事和解在一定程度上可以扩充不起诉的案件范围、案件来源，裁量不起诉又为刑事和解、终止诉讼提供了一种法定的途径和方式。②

第二，刑事和解与不起诉的区别。首先，法律效力不同。刑事和解反映的是双方当事人的主观意愿，只是协商意义上的权利义务，这种通过和解确立的权利义务关系并不具有法律上的既定效力，也不会终止诉讼的进行；不起诉则是法律赋予检察机关的一种诉讼处分行为，在审查起诉阶段，它具有终结诉讼的法律效力。其次，适用的诉讼阶段不同。有学者认为，刑事和解可以适用于诉讼过程中的侦查、起诉和审判阶段，"犯罪嫌疑人、被告人与被害人及其近亲属达成和解的，人民法院、人民检察院和公安机关应当优先考虑当事人的和解意愿，并根据案件情况依法不追究犯罪嫌疑人刑事责任，对被告人从轻、减轻或者免除处罚。"③而不起诉只能适用于

---

① 参见张书铭：《论和解不起诉及其制度构建》，载《中国刑事法杂志》2009年第2期。
② 参见宋英辉：《刑事和解的几个问题》，载《国家检察官学院学报》2007年第2期。
③ 陈光中主编：《中华人民共和国刑事诉讼法修改专家建议稿与论证》，中国法制出版社2006年版，第8页。

审查起诉阶段。①

第三，和解不起诉在适用过程中应坚持的几个原则。一是社会公共利益原则。这就是要从公共利益考虑，看对被告人是否有必要追究刑事责任。本书认为，随着公诉制度的改革和发展，检察官的客观义务要求在审查起诉时，必须在权衡个人利益和公共利益之后再选择是否起诉，如果不起诉完全不会侵害公共利益，则不起诉就是可行的。二是合法平等原则。这就是说加害人与被害人的地位应该是平等的，是否和解、怎样和解都要由双方平等协商。三是兼顾三方利益原则。即和解不起诉在充分考量公共利益的同时，必须兼顾加害人、被害人的利益，既要注重加害人与被害人双方权利保护，真正体现当事人在刑事诉讼中的主体地位，又不能损害社会公共利益，要合理平衡好三方利益。四是限制加重处罚原则。即如果刑事和解不成功，或者和解以后不起诉之前加害人反悔，案件要进入正常程序，对于加害人在刑事和解过程中所作的陈述或者让步，不能在审查起诉和审判时作为加重处罚的证据采用。②

总之，使刑事和解根植于中国的司法土壤，有利于缓解刑事司法压力、促使刑事案件在当事人之间得到有效的处理，最终达致社会的和谐与稳定。将刑事和解引入相对不起诉制度中，形成相对不起诉前置程序，就有可能在审查起诉环节完美地发挥刑事和解制度的部分功能。在本案中，聚众斗殴是由生产生活、邻里纠纷的民间矛盾激化引发，且情节极为轻微，检察机关从促进社会矛盾化解的角度出发，采取酌定不起诉的方式，既于法有据、缓解了刑事的司法压力，也有效化解了矛盾、促进了社会和谐，从而最大限度地实现了法律效果与社会效果的有机统一。

---

① 参见张书铭：《论和解不起诉及其制度构建》，载《中国刑事法杂志》2009年第2期。
② 同上。

第五章 渎职罪

第一节 滥用职权罪

一、指导性案例

（一）检例 5 号：陈根明、林福娟、李德权滥用职权案（以下简称"陈根明案"）

1. 基本案情

2004 年 1 月至 2006 年 6 月，被告人陈根明利用担任上海市奉贤区四团镇推进镇保工作领导小组办公室负责人的职务便利，被告人林福娟、李德权利用受上海市奉贤区四团镇人民政府委托分别担任杨家宅村镇保工作负责人、经办人的职务便利，在从事被征用农民集体所有土地负责农业人员就业和社会保障工作过程中，违反相关规定，采用虚增被征用土地面积等方法徇私舞弊，共同或者单独将杨家宅村、良民村、横桥村 114 名不符合镇保条件的人员纳入镇保范围，致使奉贤区四团镇人民政府为上述人员缴纳镇保费用共计 600 余万元、上海市社会保险事业基金结算管理中心（以下简称"市社保中心"）为上述人员实际发放镇保资金共计 178 万余元，造成了恶劣的社会影响。其中，被告人陈根明共同及单独将 71 名不符合镇保条件人员纳入镇保范围，致使镇政府缴纳镇保费用共计 400 余万元、市社保中心实际发放镇保资金共计 114 万余元；被告人林福娟共同及单独将 79 名不符合镇保条件人员纳入镇保范围，致使镇政府缴纳镇保费用共计 400 余万元、市社保中心实际发放镇保资金共计 124 万余元；被告人李德权共同及单独将 60 名不符合镇保条件人员纳入镇保范围，致使镇政府缴纳镇保费用共计 300 余万元、市社保中心实际发放镇保资金共计 95 万余元。

2. 判决结果

2008 年 4 月 15 日，陈根明、林福娟、李德权因涉嫌滥用职权罪由奉贤区人民检察院立案侦查,陈根明于 4 月 15 日被刑事拘留,4 月 29 日被逮捕,林福娟、李德权于 4 月 15 日被取保候审,6 月 27 日侦查终结移送审查起诉。2008 年 7 月 28 日,奉贤区人民检察院以被告人陈根明、林福娟、李德权犯滥用职权罪向奉贤区人民法院提起公诉。2008 年 12 月 15 日,奉贤区人民法院作出一审判决,认为被告人陈根明身为国家机关工作人员,被告人林福娟、李德权作为在受国家机关委托代表国家机关行使职权的组织中从事公务的人员,在负责或经办被征地人员就业和保障工作过程中,故意违反有关规定,共同或单独擅自将不符合镇保条件的人员纳入镇保范围,致使公共财产遭受重大损失,并造成恶劣社会影响,其行为均已触犯刑法,构成滥用职权罪,且有徇个人私情、私利的徇私舞弊情节。其中被告人陈根明、林福娟情节特别严重。犯罪后,三被告人在尚未被司法机关采取强制措施时,如实供述自己的罪行,属自首,依法可从轻或减轻处罚。依照《刑法》第 397 条、第 25 条第 1款、第 67 条第 1 款、第 72 条第 1 款、第 73 条第 2、3 款之规定,判决被告人陈根明犯滥用职权罪,判处有期徒刑 2 年;被告人林福娟犯滥用职权罪,判处有期徒刑 1年 6 个月,宣告缓刑 1 年 6 个月;被告人李德权犯滥用职权罪,判处有期徒刑 1 年,宣告缓刑 1 年。一审判决后,被告人林福娟提出上诉。上海市第一中级人民法院二审终审裁定,驳回上诉,维持原判。

(二)检例 6 号:罗建华、罗镜添、朱炳灿、罗锦游滥用职权案(以下简称"罗建华案")

1. 基本案情

2008 年 8 月至 2009 年 12 月,被告人罗建华、罗镜添、朱炳灿、罗锦游先后被广州市黄埔区人民政府大沙街道办事处招聘为广州市城市管理综合执法局黄埔分局大沙街执法队协管员。上述四名被告人的工作职责是街道城市管理协管工作,包括动态巡查,参与街道、社区日常性的城管工作;劝阻和制止并督促改正违反城市管理法规的行为;配合综合执法部门,开展集中统一整治行动等。工作任务包括坚持巡查与守点相结合,及时劝导中心城区的乱摆卖行为等。罗建华、罗镜添从 2009 年8 月至 2011 年 5 月担任协管员队长和副队长,此后由罗镜添担任队长,罗建华担任副队长。协管员队长职责是负责协管员人员召集,上班路段分配和日常考勤工作;副队长职责是协助队长开展日常工作,队长不在时履行队长职责。上述四名被告人上班时,身着统一发放的迷彩服,臂上戴着写有"大沙街城市管理督导员"的红袖章,手持一根木棍。2010 年 8 月至 2011 年 9 月,罗建华、罗镜添、朱炳灿、罗锦游和罗慧洪（另案处理）利用职务便利，先后多次向多名无照商贩索要12元、10元、5元不等的少量现金、香烟或直接在该路段的"士多店"拿烟再让部分无照商贩结账，然后放弃履行职责，允许给予好处的无照商贩在严禁乱摆卖的地段非法占道经营。由于上述被告人的行为，导致该地段的无照商贩非法占道经营十分严重，几百档流动商贩恣意乱摆卖，严重影响了市容市貌和环境卫生，给周边商铺和住户的经营、生活、出行造成极大不便。由于执法不公，对给予钱财的商贩放任其占道经营，对其他没给好处费的无照商贩则进行驱赶或通知城管部门到场处罚，引起了群众强烈不满，城市管理执法部门执法人员在依法执行公务过程中遭遇多次暴力抗法，数名执法人员受伤住院。上述四名被告人的行为严重危害和影响了该地区的社会秩序、经济秩序、城市管理和治安管理，造成了恶劣的社会影响。

2. 判决结果

2011年10月1日，罗建华、罗镜添、朱炳灿、罗锦游四人因涉嫌敲诈勒索罪被广州市公安局黄埔分局刑事拘留，11月7日被逮捕。11月10日，广州市公安局黄埔分局将本案移交广州市黄埔区人民检察院。2011年11月10日，罗建华、罗镜添、朱炳灿、罗锦游四人因涉嫌滥用职权罪由黄埔区人民检察院立案侦查，12月9日侦查终结移送审查起诉。2011年12月28日，黄埔区人民检察院以被告人罗建华、罗镜添、朱炳灿、罗锦游犯滥用职权罪向黄埔区人民法院提起公诉。2012年4月18日，黄埔区人民法院一审判决，认为被告人罗建华、罗镜添、朱炳灿、罗锦游身为虽未列入国家机关人员编制但在国家机关中从事公务的人员，在代表国家行使职权时，长期不正确履行职权，大肆勒索辖区部分无照商贩的钱财，造成无照商贩非法占道经营十分严重，暴力抗法事件不断发生，社会影响相当恶劣，其行为触犯了《刑法》第397条第1款的规定，构成滥用职权罪。被告人罗建华与罗镜添身为城管协管员前、后任队长及副队长，不仅参与勒索无照商贩的钱财，放任无照商贩非法占道经营，而且也收受其下属勒索来的香烟，放任其下属胡作非为，在共同犯罪中所起作用相对较大，可对其酌情从重处罚。鉴于四被告人归案后能供述自己的罪行，可对其酌情从轻处罚。依照《刑法》第397条第1款、第61条、《全国人民代表大会常务委员会关于〈中华人民共和国刑法〉第九章渎职罪主体适用问题的解释》的规定，判决被告人罗建华犯滥用职权罪，判处有期徒刑1年6个月；被告人罗镜添犯滥用职权罪，判处有期徒刑1年5个月；被告人朱炳灿犯滥用职权罪，判处有期徒刑1年2个月；被告人罗锦游犯滥用职权罪，判处有期徒刑1年2个月。一审判决后,四名被告人在法定期限内均未上诉,检察机关也没有提出抗诉,一审判决发生法律效力。

二、案件争点

(1) 上诉人林福娟是否属于滥用职权罪的主体?
(2) 如何认定滥用职权罪中"重大损失"要素?

三、学理研究

(一)对相关理论问题的反思

1. 滥用职权罪的主体范围

第一,滥用职权罪主体身份的相关规定。1997年《刑法》第399条规定了滥用职权罪。所谓滥用职权罪,是指"国家机关工作人员滥用职权,致使公共财产、国家和人民利益遭受重大损失的行为"①。该犯罪属于典型的身份犯,国家机关工作人员的身份要素意义重大。然而,《刑法》并未说明国家机关工作人员的概念为何。2002年全国人民代表大会常务委员会《关于〈中华人民共和国刑法〉第九章渎职罪主体适用问题的解释》(以下简称《渎职罪主体解释》)规定:"在依照法律、法规规定行使国家行政管理职权的组织中从事公务的人员,或者在受国家机关委托代表国家机关行使职权的组织中从事公务的人员,或者虽未列入国家机关人员编制但在国家机关中从事公务的人员,在代表国家机关行使职权时,有渎职行为,构成犯罪的,依照刑法关于渎职罪的规定追究刑事责任。"因而,无论是否在国家机关内工作,无论是否具有国家机关的编制,只要具有从事公务的行为,都被纳入国家机关工作人员的范围。2012年最高人民法院、最高人民检察院《关于办理渎职刑事案件适用法律若干问题的解释(一)》第7条规定:"依法或者受委托行使国家行政管理职权的公司、企业、事业单位的工作人员,在行使行政管理职权时滥用职权或者玩忽职守,构成犯罪的,应当依照《全国人民代表大会常务委员会关于〈中华人民共和国刑法〉第九章渎职罪主体适用问题的解释》的规定,适用渎职罪的规定追究刑事责任。"这是从较为广泛的意义上继受了《渎职罪主体解释》的规定。2015年最高人民法院、最高人民检察院《关于办理危害生产安全刑事案件适用法律若干问题的解释》第15

---

① 张明楷:《刑法学》(第五版),法律出版社2016年版,第1245页。

条第 2 款规定:"公司、企业、事业单位的工作人员在依法或者受委托行使安全监督管理职责时滥用职权或者玩忽职守,构成犯罪的,应当依照《全国人民代表大会常务委员会关于〈中华人民共和国刑法〉第九章渎职罪主体适用问题的解释》的规定,适用渎职罪的规定追究刑事责任。"这是在安全生产犯罪的专门领域对《渎职罪主体解释》的继受。因此,至少从《渎职罪主体解释》开始,在规范层面上,渎职犯罪就从形式意义上的身份类犯罪扩展至实质意义上的职务类犯罪。

第二,滥用职权罪主体身份的学理梳理。与规范的出台相伴,自 1997 年《刑法》之后,一种扩大渎职犯罪主体范围的观点也得到主张。1997 年《刑法》第 397 条中的"国家机关"本意为"从事国家管理和行使国家权力,以国家预算拨款作为独立经费的中央和地方各级组织"①。但是,这一理解产生了很大的处罚漏洞。具体而言,首先,对于在国有公司、企业中滥用职权的人员无法进行处罚;其次,对于人民团体中滥用职权的犯罪分子不能给予处罚;最后,对于中国共产党与中国人民政治协商会议中各级机关的工作人员,也不能给予处罚。②此外,对于不设正式机关的村委会、居委会中的工作人员能否予以处罚也面临争议。因而,一种扩大渎职犯罪主体范围的努力同时在学界与司法领域展开。就学界的努力而言,可分为两派。一派是立法派,即主张通过刑事立法的方式,改变"国家机关工作人员"的立法表述,而代之以其他的、外延更为宽泛的表达术语。例如有人主张以"公务人员"的术语取代"国家机关工作人员",理由是前者更强调公共职务的属性,而较不重视对行为主体身份的要求;③ 有人主张以"国家工作人员"代替"国家机关工作人员",理由是可以有效弥补刑法在渎职犯罪领域的处罚漏洞,并与对受贿罪等的处罚协调起来。④ 第二派属于适用派,即主张通过扩张对"国家机关工作人员"这一表述的理解,达到弥合处罚漏洞的目的。例如有的学者在 1998 年即主张,将"被授权组织和被委托组织的工作人员以及受委托的个人"理解为"国家机关工作人员",并不违反罪刑法定;⑤ 近年来,还有学者对"职权"的来源采取一种极为广泛的认识,即法

---

① 谭绍木:《滥用职权罪主体要件问题研究》,载《江西社会科学》2005 年第 11 期。
② 参见彭盛坤:《滥用职权罪的立法缺陷及完善》,载《人民检察》2002 年第 11 期。
③ 参见李文霞:《滥用职权罪的立法完善》,载《人民检察》2005 年第 19 期。
④ 参见彭盛坤:《滥用职权罪的立法缺陷及完善》,载《人民检察》2002 年第 11 期。
⑤ 参见陈儒:《试析滥用职权罪》,载《中国刑事法杂志》1998 年第 S1 期。

律、行政法规甚至是某一单位内部的决议或制度都可以作为职权的来源。① 而行使这些职权的人员均可能被作为滥用职权罪的犯罪主体。这就使对国家机关工作人员的主体范围的理解达到了一种几无边界的状态。

第三，滥用职权罪主体身份的认定条件。

（1）职权来源。前文提及，由于刑法将渎职犯罪的主体限定于"国家机关工作人员"的表述，形成了刑罚处罚的漏洞。司法领域也开始了弥合这一漏洞的努力。这一努力主要表现在国家机关工作人员权限的认定上。这里可分为多个层次。一是出台相应司法解释，以规范形式扩张国家机关工作人员的主体范围，这一点上文已经提及。二是以案例批复或发布指导性案例的形式不断扩充该类主体的范围。例如最高人民检察院《关于合同制民警能否成为玩忽职守罪主体问题的批复》规定："根据刑法第九十三条第二款的规定，合同制民警在依法执行公务期间，属其他依照法律从事公务的人员，应以国家机关工作人员论。"再如在检例 4 号"崔某环境监管失职案"中，国有公司、企业和事业单位经合法授权从事具体的管理市场经济和社会生活的工作，拥有一定管理公共事务和社会事务的职权的人员被认定为渎职犯罪的主体；在检例 5 号"陈根明案"中，村民委员会、居民委员会等协助人民政府从事行政管理工作的基层组织人员被纳入国家机关工作人员的范围。三是人民法院以裁判文书的形式进行着这一努力。大量判决以政策性文件、有关部门的内部规定为根据，将一些违规操作的人员认定为滥用职权罪的主体。例如在"曹某滥用职权案"②中，在认定被告人曹某属于国家机关工作人员时，法院的根据是："1. 泰州市高港区人民政府 2010 年 7 月 9 日印发的《关于协调推进高港大道建设工作的会议纪要》证实：区住建局着手做好道路拆迁许可证的办理，许庄、刁铺提前做好规划红线范围内附着物清理和拆迁安置测算，8 月底前完成道路红线范围内的征地拆迁工作。2. 中共泰州市高港区委 2010 年 7 月 26 日印发的《区党政联席会会议纪要》证实：关于高港大道建设相关工作，道路建设涉及的拆迁工作，相关街道要予以积极配合。"再如在"冯进生滥用职权案"③ 中，相关法院提及："祁门县人民政府关于进一步规范农村村民建房用地审查报批管理的通知（祁政〔2001〕11 号）、祁门县人民政府关

---

① 参见江岚、祝炳岩：《滥用职权罪中"滥用职权"再析》，载《中国刑事法杂志》2013 年第 11 期。
② 江苏省泰州市高港区人民法院（2015）泰高刑初字第 00066 号刑事判决书。
③ 安徽省祁门县人民法院（2017）皖 1024 刑初 23 号刑事判决书。

于进一步规范农村宅基地审批管理的通知（祁政〔2011〕69 号）、安徽省国土资源厅、安徽省财政厅、安徽省住房和城乡建设厅关于加强农村宅基地管理工作的通知（皖国土资〔2016〕4 号）、祁门县人民政府关于进一步规范农村建房管理秩序工作的实施意见（暂行）（祁政〔2012〕17 号）、中华人民共和国土地管理法、安徽省农村宅基地管理办法，证明祁门县农村宅基地审批需依法按照法律、法规及规范性文件执行。"借助这样一种宽松的认定，在渎职犯罪主体的认定方面，不仅是某些学者所观察到的、由"身份论"向"公务论"的转变，而且还是一种由"身份论"向"身份/公务论"的转变。

（2）职权外观。某一国家机关工作人员的职权外观与其职权来源具有关联，但也有独立之处。在身份类国家机关工作人员中，由于职权主体本身与所在的公务系统存在人事关联，故不存在职务外观的问题。即便某一民警属于合同聘请的职务人员，不具有公务系统的编制，但并不影响其作为国家机关工作人员的职务外观。因而，将民警的公职人员范围从编制类扩大到合同类，具有合理性，也是不违背社会公众的期待的。另一类是公务类国家机关工作人员。关于该类主体是否需要具备一定的职权外观就值得思考了。较为典型的例子是村委会或居委会的工作人员。《全国人民代表大会常务委员会关于〈中华人民共和国刑法〉第九十三条第二款的解释释义》规定："村民委员会等村基层组织人员协助人民政府从事下列行政管理工作，属于刑法第九十三条第二款规定的'其他依照法律从事公务的人员'：（一）救灾、抢险、防汛、优抚、扶贫、移民、救济款物的管理；（二）社会捐助公益事业款物的管理；（三）国有土地的经营和管理；（四）土地征用补偿费用的管理；（五）代征、代缴税款；（六）有关计划生育、户籍、征兵工作；（七）协助人民政府从事的其他行政管理工作。"司法领域对国家机关工作人员的身份总是采取一种灵活的理解，因而该解释实际将政府要求村委会或居委会工作人员协助的所有的行政管理类事项都列入了职权的范围。不过，有一点值得注意，明确列举的事项与作为兜底条款规定予以把握的事项应该存在一种职权授予的、外观上的差异。如果这一职权授权的外观不够明确，可能会出现这样一种情形：村委会、居委会或某一国有公司的特定人员，客观上被推定具有国家机关工作人员的身份，自身却存在认识性的错误。实务领域在把握这一点时，通常采取一种较为妥当的操作路径，即先从规范上找到被告人应当据以行动的根据，再以违背这一根据所规定的条件而将其认定为职权滥用。例如"曹某滥用职权案""冯进生滥用职权案"均是如此。

（3）职权滥用。通常意义上，滥用职权表现为违反规定的方式、程序、要求行使自身职权。至于超越职权是否属于滥用职权的范畴，学界存在争议。1998年，曾有学者提出过反对将超越职权行为纳入滥用职权范畴的三个理由：首先，从我国的刑法发展史来看，立法者自始将二者视为不同的行为：1956年《刑法草案（草稿）》分别规定了滥用职权与超越职权两种行为；1978年《刑法草案（修改稿）》对二者作了并列规定；1995年《刑法修改稿》又将二者分别规定。其次，滥用职权与超越职权在认定前提（国家机关工作人员是否具有特定职权）、表现形式（职权行使的形式是否合法）及法律后果（前者属于可撤销的行政行为，后者属于自始无效的行政行为）三个方面存在差异。最后，超越职权与滥用职权的差异不宜以立法的方式消除。① 但1999年即有学者提出了不同的观点。该学者将超越职权作为滥用职权的表现形式之一，并将超越职权划分为横向越权、纵向越权与内部越权三种。横向越权是指某一国家机关工作人员行使了其他国家机关的专有职权；纵向越权是指某一国家机关工作人员违规行使了本属于其上级或下级机关的职权；内部越权是指某一国家机关工作人员违规行使了本应经过集体协商后方能决定的职权。② 关于超越职权的学理争议由此开端。并且，晚近以来，这一学界争议仍旧没有结束。至于司法领域，存在将超越职权的行为理解为滥用职权的裁判观点。例如在"温某、潘某滥用职权案"③中，时任电白县国土资源局正局长的被告人温某甲和副局长的被告人潘某在明知14宗土地已划入茂名市直管范围，其各项手续和土地出让金均应由茂名市国土资源局统一办理和征收的情况下，仍同意在电白县国土资源局为该14宗土地补办出让手续，并在电白县征收土地出让金等税费。这在性质上属于纵向越权。相关法院对其以滥用职权罪认定。再如在"赵海峰、侯会芳滥用职权案"④中，法院判决指明："上诉人赵海峰、侯会芳在任职期间，明知土地评估中介服务机构应与新郑市国土局脱钩分离，仍对作为新郑市国土局二级机构的正平公司增加注册资本，用于提升资质，扩大业务范围，增加业务收入，后未将正平公司评估收入上缴财政，而是用于国土局日常招待、办公费用等支出……赵海峰作为局长具有支出的决定权，侯会芳作为正平公司法定代表人具有签字和审查义务，二被告人的行为均符合滥用职权罪

---

① 参见李永鑫、吴步钦：《滥用职权罪散论》，载《人民检察》1998年第3期。
② 参见储槐植、杨书文：《滥用职权罪的行为结构》，载《法学杂志》1999年第3期。
③ 广东省电白县人民法院（2011）茂电法刑初字第316号刑事判决书。
④ 河南省郑州市中级人民法院（2018）豫01刑终7号刑事判决书。

的构成要件"。该案中,两名被告人将本无权支配的国有公司财产挪作他用,该事项自始不在其权限范围内,因而他们的行为属于超越职权。相关法院同样以滥用职权罪予以认定。至于"陈根明案",三名被告人徇私舞弊,使本不符合社会保障条件的相关人员被纳入这一范围,这是超越职权的行为。将其认定为滥用职权罪,是与司法领域的主流趋势吻合的。

2. 滥用职权罪中"重大损失"的认定

第一,滥用职权罪中"重大损失"的学理理解。《刑法》第397条规定,滥用职权,"致使公共财产、国家和人民利益遭受重大损失的",才能成立滥用职权罪。关于"重大损失"的理解,有学者将其分为两对范畴。第一对是有形损害结果与无形损害结果。有形损害的结果是指可以用人身伤亡的数量、财产损失金额进行计量的损害结果;无形损害后果是指难以具体认定和计量,需要通过对社会动态的综合观察才能表现出来的损害结果。[①] 这一分类的意义是,通过对损害后果的物质属性的理解,明确在不同类型下研究的重点问题。对于有形损害而言,损害结果本身的认定并不困难,重大损失的程度决定了刑事责任的轻重。"同样在有人员伤亡的重大损失中,人员伤亡数量的多少,是衡量滥用职权罪社会危害性程度,反映犯罪主体主观恶性大小的尺度,它不仅具有规定滥用职权罪行为性质的意义,而且具有规定滥用职权罪刑罚轻重的作用。一般情况下,伤亡人数越多,罪刑就要越重;反之,伤亡人数越少,罪刑就要越轻。"[②] 然而,在认定有形损害结果之后,如何理解滥用职权的行为与该损害后果之间的因果关系,以及如何把握滥用职权罪与其他犯罪的界限是一个难点。正如有学者所提出的,既然因国家机关工作人员的滥用职权行为导致大量人身伤亡,根据通说观点,滥用职权罪属于故意犯罪,那么,为什么将其认定为滥用职权罪而不是故意杀人罪和故意伤害罪呢?[③] 再如,如果国家机关工作人员以非法占有为目的,违规行使职权,侵吞国有财产或是向他人收受贿赂,对这一情形的处理,又关联着滥用职权罪与贪污贿赂犯罪的界限。至于无形损害后果,其难点在于司法判断的不确信性,以及规范认可的必要性。有学者将无形损害后果分为两

---

① 参见黄现师:《渎职罪犯罪构成研究》,中国政法大学出版社2013年版,第115页。
② 薛红、余军生:《滥用职权罪在司法实践中的现状及立法探讨》,载《河南社会科学》2002年第5期。
③ 参见蒋小燕:《浅议刑法中滥用职权罪的客观方面》,载《中南大学学报(社会科学版)》2003年第6期。

类：一类是严重损害国家声誉，即对国家威望或地位，或者党和政府的对外形象与信誉、国家的对外关系造成严重损害；另一类是造成恶劣的社会影响，即国家机关工作人员的渎职行为对社会公众的心理层面、生活安宁、活动秩序引起了严重的干扰。① 对第二类情况相对容易认定。例如某一国家机关工作人员违规操作，致使特定区域内的电信信号中断较长时间，从而使该区域内不特定多数人的通信联络发生了长时间的中断。虽然这种损害是一种无形的损害，但根据引起损害的程度将其认定为滥用职权罪并不违背社会公众的法情感。而对第一类情况的认定则具有较强的价值性与主观性，取决于司法者的理性判断。在该类损害后果的认定中，国家机关工作人员的行为意图也是判断其引发之后果的性质的重要因素，故需要慎重处理。

第二对范畴是直接损害后果与间接损害后果。直接损害后果是指滥用职权行为直接引起的损害后果，不法行为与损害后果之间具备内在的必然的关联。间接损害后果是指滥用职权行为与损害后果之间并不具备内在关联，而是需要借助其他中介因素的作用才能发生关联。这一分类具有更大的意义。一方面，某一不法行为与损害后果之间的关联，不仅决定着对行为性质本身的认定，也决定着对行为人予以谴责的必要性。详细地说，立法者将某一类不法行为规定为刑法上的构成要件，不仅是提供一种形式逻辑的演绎公式，更是经过一系列价值层面的筛选和整理后留下的、具有程度较高的消极评价的行为模式。立法者禁止故意杀人的行为，不是为了禁止而禁止，而是为了保障一种能使每一个公民安稳生存的价值秩序而明令禁止。因而，当某一违规行为与被禁止引起的不法后果之间的关联越是密切，法秩序越是要给予消极的评价。另一方面，刑罚的施加意味着对行为人的谴责。如果对行为人在行为时无法预见到的结果进行问责，那么，这种剥夺其生命、自由与财产的谴责的施加，就会欠缺一种伦理的基础。而相反，当国家机关工作人员实施某一行为时，特定的损害后果就近在咫尺时，就有必要让其对该损害后果承担责任。摩尔在论及行为伦理时曾言："因此，我们必定假定，在我们能够预见到两个行为的后果可能的差异的未来，如果一种行为的后果通常都比另外一种行为的后果要更好，那么，前者对于人类的总体后果通常也就是更好的。除了在有限的将来，我们当然不期望能直接比较其后果；而且伦理学中使用的，以及我们在日常生活中通常以之行为的所有论证——其目的是要表明一种行为要优于另外一种行为——它们（除了一些神学学说）

---

① 参见黄现师：《渎职罪犯罪构成研究》，中国政法大学出版社 2013 年版，第 115—116 页。

都限于指出这种可能的即时效用。"[1] 这是一种伦理评价的日常性，也即一种后果发生的时间上的临近性的考量。例如在"邱锦昌滥用职权案"[2]中，法院判决认为："被告人邱锦昌收受贿赂后放松年检车辆的把关，让……货车以样车代检的方式通过，后该车在游某驾驶过程中发生三名被害人死亡的特大交通事故，被告人邱锦昌不认真履行职责的行为和驾驶员的驾驶行为均是导致不合格车辆上路行驶造成三人死亡后果的原因之一，被告人邱锦昌的滥用职权行为与三人死亡的结果之间存在刑法上的因果关系，被告人邱锦昌的行为构成滥用职权罪。"该案件在认定上就值得商榷。既然法院肯定邱锦昌因受贿而违规操作，将不合格车辆未经严格检查而予以放行，与车祸的发生具有（刑法上的）因果关系，那么为什么对被告人邱锦昌仅以滥用职权罪认定，而不是以故意杀人罪认定呢？既然驾驶人员驾驶的车辆与被害人的伤亡存在（刑法上的）因果关系，那么为什么对实施行贿行为的驾驶人员不以故意杀人罪定罪呢？因此，原因只能是，无论是驾驶不合格的车辆的行为本身，还是邱锦昌滥用职权的行为本身，与车祸的发生、被害人的伤亡这些危害后果之间均需要介入一系列因素才能彼此关联。因而对于他们的行为而言，特定的损害后果的发生并不是临近的，故法规范的消极评价程度较轻、对其施加刑罚的必要性减弱。

第二，滥用职权罪中"重大损失"的司法认定。《刑法》并未规定"重大损失"的定义，故最高司法机关颁布的司法解释及立案标准对实务操作具有较高的指导意义。例如最高人民检察院《关于渎职侵权犯罪案件立案标准的规定》规定："涉嫌下列情形之一的，应予立案：1. 造成死亡 1 人以上，或者重伤 2 人以上，或者重伤 1 人、轻伤 3 人以上，或者轻伤 5 人以上的；2. 导致 10 人以上严重中毒的；3. 造成个人财产直接经济损失 10 万元以上，或者直接经济损失不满 10 万元，但间接经济损失 50 万元以上的；4. 造成公共财产或者法人、其他组织财产直接经济损失 20 万元以上，或者直接经济损失不满 20 万元，但间接经济损失 100 万元以上的；5. 虽未达到 3、4 两项数额标准，但 3、4 两项合计直接经济损失 20 万元以上，或者合计直接经济损失不满 20 万元，但合计间接经济损失 100 万元以上的；6. 造成公司、企业等单位停业、停产 6 个月以上，或者破产的；7. 弄虚作假，不报、缓报、谎报或者授意、指使、强令他人不报、缓报、谎报情况，导致重特大事故危害结果继续、扩

---

[1] 〔英〕G.E. 摩尔：《伦理学原理》，陈德中译，商务印书馆 2017 年版，第 172 页。
[2] 福建省龙岩市中级人民法院（2017）闽 08 刑初 37 号刑事判决书。

大,或者致使抢救、调查、处理工作延误的;8.严重损害国家声誉,或者造成恶劣社会影响的;9.其他致使公共财产、国家和人民利益遭受重大损失的情形。"对这些规定进行分析,第一、二项是关于人身安全的损害后果;第三至五项是关于经济损失数额的损害后果;第六项是关于企业经营的损害后果;第七项是关于特大事故情况的损害后果,是综合人身、财产损害的综合损害后果;第八项是关于人身、财产以外的国家利益的损害后果;第九项是兜底条款。前七项均是关于有形损害后果的规定,只有第八项是关于无形损害后果的,可见,在认定"重大损失"的要素上,司法机关明显倾向于容易认定的有形损害后果。

再如2012年最高人民法院、最高人民检察院《关于办理渎职刑事案件适用法律若干问题的解释(一)》第1条第1款规定:"国家机关工作人员滥用职权或者玩忽职守,具有下列情形之一的,应当认定为刑法第三百九十七条规定的'致使公共财产、国家和人民利益遭受重大损失':(一)造成死亡1人以上,或者重伤3人以上,或者轻伤9人以上,或者重伤2人、轻伤3人以上,或者重伤1人、轻伤6人以上的;(二)造成经济损失30万元以上的;(三)造成恶劣社会影响的;(四)其他致使公共财产、国家和人民利益遭受重大损失的情形。"就这一规定而言,一方面,前两项是关于有形损害后果的规定,第三项是关于无形损害后果的规定,不过,与前一规定相比,删减了"影响国家声誉"这一内容。这是合理的。另一方面,在司法实务领域,审判机关也更倾向于将造成国家重大经济损失的行为认定为滥用职权罪,而对造成人身损害、社会秩序破坏的行为较少作出这一认定。这说明,在司法机关看来,如何将造成恶劣社会影响的案件理解为滥用职权罪中的"重大损失",仍是一个有待探索的难题。

第三,社会影响类"重大损失"的认定条件。首先,这种损失应当属于直接损害后果。前文提及了直接危害后果与间接危害后果的区别。对于有形危害后果而言,这种后果既可以是直接的危害后果,有时又包括一些间接危害后果。但是,对于社会秩序类的无形的危害后果而言,这种后果必须是直接的危害后果。根据最高人民检察院《关于渎职侵权犯罪案件立案标准的规定》,在经济数额损失的规定中,较大的间接损失也被有条件地作为"重大损失"的认定因素。但是在社会影响类后果中则未见到这样的规定。这说明,对于容易计量的伤亡人数、经济数额等危害后果而言,由于其认定十分便捷,故由滥用职权直接引发之损害所带来的次级损害也可以被计入对行为人归责的范围。但是,无法计量的、认定困难的社会影响类危害,则不能进行这样的认定。社会影响的各种表现必须与国家机关工作人员滥用职权的行为之间具有直接、紧密的联系。在"罗建华案"中，四名被告人身为国家机关工作人员，利用职务便利，向作为其行政管理对象的违规商贩非法索取或收受贿赂，并对行贿者的不法活动一概纵容，从而至少引起了两种后果：一是，不法摊贩有恃无恐，肆意违规，大量占据城市通行道路，极大干扰了社会公众的通行与生活安宁；二是，其严重违规的职务活动，造成了社会公众与政府执法人员之间的极大误解，严重损害了政府执法的公信力，从而引发了大量的暴力抗法事件与冲突。应当认为，这两种后果都与四名被告人的滥用职权行为具有直接的关联，属于直接危害后果。

其次，这种损失应当波及一定的社会公众。所谓社会公众，是指不特定多数人。[①] 社会影响类危害后果，不能只是以影响特别人员的利益为范围，而是必须波及不特定的多数人员。在"罗建华案"中，四名被告人对其辖区范围内的多数小贩都实施了违规执法的职务行为，其意图并不是针对特定人员，辖区内的公众属于不特定公众；通过行贿而被放纵的违规摆摊的人员，恶意占道、经营，给不特定公民的出行安全、生活安宁与秩序造成了很大干扰；四名被告人的职权滥用，不仅严重影响了整个城市的市容建设，还以一种公然的方式破坏法秩序的权威性和稳定性，从而对不特定公众的正常的法情感造成了巨大冲击。因而，这种危害后果具有公共性。

再次，这种损失应当持续一定的期限。基于公共秩序法益认定的抽象性，对将干扰秩序的行为纳入刑法调整的范围需要持一种审慎的态度。如果某一种滥用职权的行为刚一作出即被制止，尚未对社会公众的正常生活造成影响，将其作为犯罪处理是不恰当的。在"罗建华案"中，自2008年8月至2009年12月，四名被告人持续地、多次地实施了违规履职的行为，足以认定其对社会公众的正常生活造成重大干扰。这种干扰对国家执法权威的损害是不可否认的，对社会公众引起的心理恐慌也是可以预见的。总之，职权滥用的持续期限对于"重大损失"的意义是值得重视的。

最后，滥用职权的国家机关工作人员具有严重的主观恶性。由于公共秩序既是一种可以适用于不特定多数人的客观秩序，也是一种由不特定人的内心遵守而形成的主观秩序，因而身为法秩序的权威的国家机关工作人员，其对于法秩序的态度对

---

① 参见张明楷：《刑法学》（第五版），法律出版社2016年版，第778页。

某一规范的心理秩序的引导具有很大意义。四名被告人虽然不具有正式的国家机关工作人员的编制,但是他们身着统一发放的制服、配备协管员标志的袖章,并携带本应在正当执法活动中使用的强制器械。在其所在辖区的社会公众看来,他们被赋予了维护法制权威、制止不法活动的合理期待。但是,他们利用职务便利,蓄意地滥用职权,破坏法制的实施和威信,并且长期地、多次地以及公然地实施了严重违反职务规范的行为,表现出故意破坏法制的严重恶性。这种主观恶性不仅反映其具备违反规范秩序的主体人格,还对现实中大量违规活动的发生起到了积极的促进作用。因此,认定其职权滥用行为引发了重大损害是合理的。

(二)指导意义

1. "陈根明案"的指导意义

第一,对"国家机关工作人员"坚持扩张解释的立场,体现从严惩治渎职犯罪的刑事政策导向。前文梳理了对渎职犯罪主体的立法解释、学理探讨、司法适用的状况,从中可以看出一种趋势:随着对"国家机关工作人员"的理解的不断扩展,渎职犯罪领域的处罚漏洞日渐缩小。这表明,尽管在诸多理论细节上,学界与司法领域尚存在不一致之处,但在"重典反腐、重典反渎"的刑事政策方向上,二者的理念是相对一致的。"陈根明案"中司法机关坚持这一政策导向,将对国家与人民利益造成重大损失的不法人员绳之以法,具有积极意义。

第二,对滥用职权罪中的"职权"外观采取更为灵活的立场,促进了司法认定的便捷性。前文提及,在司法实务领域,为了认定被告人具有滥用职权的行为,往往先行寻找关于特定职权的书面文件,以此作为认定的根据。但是,在授权执法的现实情境下,并非公务人员的每一次职务活动都能查找到相应的文件。尤其在农村地区,以召开会议的形式传达某一授权性的执法命令,这是可能发生的。在具有充足证据证明这一事实的情形下,认可口头传达某一授权信息的可能性,这一做法可以消除司法认定上的困难,实现惩治犯罪的效果。

第三,坚持将超越职权的行为纳入滥用职权的范畴,体现司法判决的一贯性,有利于保障社会公众的预测可能性。前文提及,关于超越职权是否属于滥用职权,学界存在争议。目前存在着一种较为折中的观点,即当某一国家机关工作人员所行使的职权与其职务性质相同时,则认定为滥用职权性质的超越职权;而当性质不同时，则认定为一般违法行为。① 这是一种试图消弭二者分歧的观点，但其尚未改变学界彼此争鸣的格局。因此，对于司法人员而言，坚持司法领域已经形成的某种惯例，更能满足社会公众对该罪名的预测可能性。

2. "罗建华案"的指导意义

一方面，对社会影响类重大损失的认定进行了有益的探索，具有一定的学理价值。《刑法》第397条将"致使公共财产、国家和人民利益造成重大损失"作为滥用职权罪的成立要件。诚如有学者所言，将公共财产与国家、人民利益独立规定，就意味着社会影响类重大损失必然属于立法者准予认定的范围。但是，经过梳理，学界与司法实务领域都一直将研究与认定的重心置于更容易认定的经济损失类重大损失情形。直至2012年，在学者对经济损失中利息等问题讨论之后，经济损失类问题被深入至一定层面，但对于社会影响类重大损失的研究尚未有所推进。至于在司法实务领域，也没有受到较多关注的、纯粹的社会影响类重大损失的案例。而借助本案人民法院的裁判，似乎发现了认定这一盲点的具体情境。尽管本案审判人员没有对如何认定这一重大损失进行系统的归纳，但是其所作出的有益探索，是十分重要的。

另一方面，将破坏秩序的滥用职权行为纳入刑法追责的范畴，保障社会公众的生活法益。在司法实务领域，为了积极稳妥地对国家机关工作人员进行刑事上的问责，避免出现错案和失误，一种以重大损失为导向的认定路径时常出现于滥用职权罪的适用过程中。侦查机关与公诉机关、审判机关均倾向于在明确的数额损失基础上，对涉案的国家机关工作人员进行事后追查。这固然具有推定的意义，也体现了刑法的谦抑性，② 但是如果将单纯的、引起公共秩序混乱的职务犯罪案件置之不理，也存在放纵犯罪的嫌疑。因此，尽管与"罗建华案"类似的案件在日常情境中并不多见，但它的确将渎职犯罪领域中刑法的适用范围又推进了一步，体现了对刑法法益保护目标的现实追求。

---

① 参见贾彬：《滥用职权罪两种具体行为表现形式专论》，载《河北法学》2010年第1期。
② 参见王安异：《裁判规范还是行为规范——对滥用职权罪的功能性考察》，载《现代法学》2006年第4期。

（三）对两件指导性案例的回应

1. 对"陈根明案"的反思

第一，对于《渎职罪主体解释》的思考。首先，针对解释本身的理解。《刑法》第93条规定："本法所称国家工作人员，是指国家机关中从事公务的人员。国有公司、企业、事业单位、人民团体中从事公务的人员和国家机关、国有公司、企业、事业单位委派到非国有公司、企业、事业单位、社会团体从事公务的人员，以及其他依照法律从事公务的人员，以国家工作人员论。"即在国家机关中从事公务的人员、在国有单位等团体中从事公务的人员、受国家机关或国有单位等主体委派的从事公务的人员，以及其他从事公务的人员，都属于国家工作人员。该规定实际上确立了一种原则，如果某一主体系从事公务的人员，他就属于国家工作人员，至于其所在单位、职权的来源等均非决定性的因素。这表明在一定意义上，《刑法》的制定者在立法之初就已经将"公务论"而非"身份论"作为界定国家工作人员身份的标准。因此，《渎职罪主体解释》实际并不像一些学者所言，是对"国家机关工作人员"概念的扩张。它是基于同样的"公务论"的观念，对"国家机关工作人员"概念所作的合乎逻辑的推导。其次，尽管《渎职罪主体解释》具有很大意义，但"陈根明案"的裁判结果并不需要依靠该解释而作出。《关于〈中华人民共和国刑法〉第九十三条第二款的解释释义》与《渎职罪主体解释》均由全国人大常委会制定并发布，具有同等效力。然而，《关于〈中华人民共和国刑法〉第九十三条第二款的解释释义》虽然将村委会等基层自治组织的工作人员在协助政府从事特定公务时，以渎职犯罪的主体论，但它本身却没有言及基层自治组织的法律性质。依照反对解释的原理，基层自治组织本身并不是刑法意义上的国家机关。于是，人民法院一般不能够依照《渎职罪主体解释》的形式规定将村委会等基层自治的工作人员解释为"虽未列入国家机关人员编制但在国家机关中从事公务的人员"。至于基于该解释所秉持的"公务论"的理念，将基层自治组织的工作人员理解为渎职犯罪的主体，这是基于对刑法条文的目的解释，而不是文义解释。最后，基于共同犯罪的理论，同样可以对林福娟、李德权追究滥用职权罪的刑事责任。2004年1月至2006年6月，林福娟与陈根明、李德权就虚增被征用土地面积的方法徇私舞弊的不法行为达成了合谋，并且在实施滥用职权的行为时，各自利用了彼此的职务便利，因此完全符合刑法关于共同犯罪的规定。而陈根明身为上海市奉贤区四团镇的政府工作人员，属于国家机关工作人员，其利用职务便利违规操作的行为成立滥用职权罪，故林福娟、李德权属于滥用职权罪的共犯。并且，我国关于共犯是按其在共同犯罪中所起的作用予以处罚的，故依照相关事实也能够合理量刑。

第二，对于超越职权问题的思考。我们看来，应当将超越职权的行为纳入滥用职权的范畴，但是刑法另有规定者除外。学界围绕超越职权与滥用职权的关系展开了许多争论。但是，如果从实质意义上看，是立法论观点与司法论观点的争议。主张超越职权应当脱离于滥用职权，而具有独立意义的观点，并不是从刑法适用的立场上考虑的，而是基于一种立法论的立场主张的。① 诚然，仅从形式逻辑本身而言，超越职权与滥用职权的确存在差异。如果非要严格区分二者，同时又不想放纵犯罪，那么最好的办法就是进行立法修改。而司法论的观点，则力主在立法者已经提供的刑事规定的框架下找寻一个能够解决现实问题的、即时有效的办法，因而主张将超越职权的行为解释为滥用职权的子概念。此外，尽管从历史解释的角度，超越职权与滥用职权在我国刑法立法史上处于彼此分立的状态，但是，如果在看待刑法条文时，假定立法者在看到大量违反规定而实施未被授权的行为时，其意图绝不可能是放纵犯罪。那么，将超越职权的行为纳入滥用职权的范畴，就十分合理了。最后，如果对国家机关工作人员违规实施自身具有的职权的行为进行处罚，却对故意实施的、其本无权实施的行为予以放纵，也不利于对国民预测可能性的维护。当然，如果刑法对超越职权行为本身另有规定，应依照规定，如刑讯逼供罪、暴力取证罪等就是适例。

2. 对"罗建华案"的反思

在此对社会影响类损害后果的证据问题作一点思考。第一，重视言词证据的意义。前文提及，司法领域对滥用职权罪中"重大损失"的认定侧重于经济损失等情形。在证据层面，该类情形下确能搜集到大量的实物证据，这些证据呈现出一种客观化的状态，具有一种真实性的外观。但是，社会影响类重大损失情形下，由于国家机关工作人员实施了多次的、数额较小的财物索取行为，对不愿给予贿赂的商贩的执法活动又具有一种职权活动的外观，故在实物证据方面，确不利于搜集和证明。

---

① 参见〔日〕平野龙一：《刑法的基础》，黎宏译，中国政法大学出版社2016年版，第191页。

因此，在证据认定上适当偏重于言词证据是一种途径。这些数据包括犯罪嫌疑人、被告人对滥用职权行为的供述、辩解，被害人受到不公待遇的陈述，证人证言，以对话形式呈现出来的电子数据等。基于孤证不定案的原则，仅有犯罪嫌疑人、被告人的供述、辩解确实不能对其定罪处罚，但是结合被害人陈述、证人证言等，诸多证据能够彼此印证的部分，则足以认定。并且，考虑到当被害人受到不公待遇，往往选择向其亲友反映。因此，经过对被害人的亲友的调查和询问，在核实其作证的具体情境与作证动机后，可以就其证言与被害人陈述印证的部分予以认定。

第二，合理地承认传闻证据的效力。证据法领域，传闻证据的规则要求证人作证或提供证明材料时，应当提供能够直接证明案件事实本身的相应材料，而不是提供传闻性质的、评论性质的与推断性质的材料。这是合理的。但是，在社会影响类滥用职权案件中，由于涉及的人员较多、职务行为的次数较多，违规履职的状态持续时间较长，在认定过程中，可以承认传闻证据的证明力。不过，这种承认应当受到一定条件的限制：(1)证人应当提供作证的线索，证明其与被害人等相关人员的关系，以及被害人等向其陈述不法事实的原因与具体情境；(2)证人应当提供足以说明国家机关工作人员违规履职的事实的陈述性言论，不得提供推断性、评价性的言论；(3)被害人或能够提供原始证据的人员在诉讼过程中无法及时提供证言的，方能采用传闻证据。

第三，合理地允许刑事推定。在论及恶劣社会影响的证明事项时，实务领域有人主张以媒体的关注、他人自杀等社会事件的材料进行证明。这是可以考虑的。但是，关于滥用职权的行为人的主观动机，不能依此证明。至于犯罪嫌疑人的学历、职称、参与的培训等情况，[1] 虽然具有客观性，但仅此只能说明犯罪嫌疑人所能实施的合法履职的能力问题。因此，可以考虑，在经相关证据对国家机关工作人员违规履职的事实予以证明并可以认定后，由犯罪嫌疑人对其不具有滥用职权的意图进行反证，并说明其实施职务活动的情境与理由；如果其不能作出合理的说明，即推定其具有该意图。

---

[1] 参见王戈：《指控滥用职权罪证据标准刍议》，载《人民检察》2006年第20期。

第二节　玩忽职守罪

一、指导性案例

检例 8 号：杨周武玩忽职守、徇私枉法、受贿案（以下简称"杨周武案"）

1. 基本案情

（1）玩忽职守罪的犯罪事实

1999 年 7 月 9 日，王静（另案处理）经营的深圳市龙岗区舞王歌舞厅经深圳市工商行政管理部门批准成立，经营地址在龙岗区龙平路。2006 年该歌舞厅被依法吊销营业执照。2007 年 9 月 8 日，王静未经相关部门审批，在龙岗街道龙东社区三和村经营舞王俱乐部，辖区派出所为同乐派出所。被告人杨周武自 2001 年 10 月开始担任同乐派出所所长。开业前几天，王静为取得同乐派出所对舞王俱乐部的关照，在杨周武之妻何某某经营的川香酒家宴请了被告人杨周武等人。此后，同乐派出所三和责任区民警在对舞王俱乐部采集信息建档和日常检查中，发现王静无法提供消防许可证、娱乐经营许可证等必需证件，提供的营业执照复印件上的名称和地址与实际不符，且已过有效期。杨周武得知情况后没有督促责任区民警依法及时取缔舞王俱乐部。责任区民警还发现舞王俱乐部经营过程中存在超时超员、涉黄涉毒、未配备专业保安人员、发生多起治安案件等治安隐患，杨周武既没有依法责令舞王俱乐部停业整顿，也没有责令责任区民警跟踪监督舞王俱乐部进行整改。

2008 年 3 月，根据龙岗区"扫雷"行动的安排和部署，同乐派出所成立"扫雷"专项行动小组，杨周武担任组长。有关部门将舞王俱乐部存在治安隐患和消防隐患等情况于 2008 年 3 月 12 日通报同乐派出所，但杨周武没有督促责任区民警跟踪落实整改措施，导致舞王俱乐部的安全隐患没有得到及时排除。

2008 年 6 月至 8 月，广东省公安厅组织开展"百日信息会战"，杨周武没有督促责任区民警如实上报舞王俱乐部无证无照经营，没有对舞王俱乐部采取相应处理措施。舞王俱乐部未依照《消防法》《建筑工程消防监督审核管理规定》等规定取得消防验收许可，未通过申报开业前消防安全检查，擅自开业、违法经营，营业期间不落实安全管理制度和措施，导致 2008 年 9 月 20 日晚发生特大火灾，造成 44 人死亡、64 人受伤的严重后果。在这起特大消防事故中，杨周武及其他有关单位的人员负有重要责任。

（2）徇私枉法罪的犯罪事实

2008年8月12日凌晨，江某、汪某某、赵某某等人在舞王俱乐部消费后乘坐电梯离开时，与同时乘坐电梯的另外几名顾客发生口角，舞王俱乐部的保安员前来劝阻。争执过程中，舞王俱乐部的保安员易某某及员工罗某某等五人与江某等人在舞王俱乐部一楼发生打斗，致江某受轻伤、汪某某、赵某某受轻微伤。杨周武指示以涉嫌故意伤害对舞王俱乐部罗某某、易某某等五人立案侦查。次日，同乐派出所依法对涉案人员刑事拘留。案发后，舞王俱乐部负责人王静多次打电话给杨周武，并通过杨周武之妻何某某帮忙请求调解，要求使其员工免受刑事处罚。王静并为此在龙岗中心城邮政局停车场处送给何某某3万元。何某某收到钱后发短信告诉杨周武。杨周武明知该案不属于可以调解处理的案件，仍答应帮忙，并指派不是本案承办民警的刘力飚负责协调调解工作，于2008年9月6日促成双方以赔偿11万元达成和解。杨周武随即安排办案民警将案件作调解结案。舞王俱乐部有关人员于9月7日被解除刑事拘留，未被追究刑事责任。

（3）受贿罪的犯罪事实

2007年9月至2008年9月，杨周武利用职务便利，为舞王俱乐部负责人王静谋取好处，单独收受或者通过妻子何某某收受王静好处费，共计30万元。

2. 判决结果

2008年9月28日，杨周武因涉嫌徇私枉法罪由深圳市人民检察院立案侦查，10月25日被刑事拘留，11月7日被逮捕，11月13日侦查终结移交深圳市龙岗区人民检察院审查起诉。2008年11月24日，深圳市龙岗区人民检察院以被告人杨周武犯玩忽职守罪、徇私枉法罪和受贿罪向龙岗区人民法院提起公诉。一审期间，延期审理一次。2009年5月9日，深圳市龙岗区人民法院作出一审判决，认为被告人杨周武作为同乐派出所的所长，对辖区内的娱乐场所负有监督管理职责，其明知舞王俱乐部未取得合法的营业执照擅自经营，且存在众多消防、治安隐患，但严重不负责任，不认真履行职责，使本应停业整顿或被取缔的舞王俱乐部持续违法经营达一年之久，并最终导致发生44人死亡、64人受伤的特大消防事故，造成了人民群众生命财产的重大损失，其行为已构成玩忽职守罪，情节特别严重；被告人杨周武明知舞王俱乐部发生的江某等人被打案应予刑事处罚，不符合调解结案的规定，仍指示将该案件予以调解结案，构成徇私枉法罪，但是鉴于杨周武在实施徇私枉法行为的同时有受贿行为,且该受贿事实已被起诉,依照《刑法》第399条的规定,应以受贿罪一罪定罪处罚;被告人杨周武作为国家工作人员,利用职务上的便利,非法收受舞王俱乐部负责人王静的巨额钱财,为其谋取利益,其行为已构成受贿罪;被告人杨周武在未被采取强制措施前即主动交代自己全部受贿事实,属于自首,并由其妻何某某代为退清全部赃款,依法可以从轻处罚。依照《刑法》第397条第1款、第399条第1款、第4款、第385条第1款、第386条、第383条第1款第1项、第2款、第64条、第67条第1款、第69条第1款之规定,判决被告人杨周武犯玩忽职守罪,判处有期徒刑5年;犯受贿罪,判处有期徒刑10年;总和刑期15年,决定执行有期徒刑13年;追缴受贿所得的赃款30万元,依法予以没收并上缴国库。一审判决后,被告人杨周武在法定期限内没有上诉,检察机关也没有提出抗诉,一审判决发生法律效力。

二、案件争点

(1) 本案被告人应认定为滥用职权罪还是玩忽职守罪?

(2) 被告人故意不履职的行为与重大事故的发生之间是否存在因果关系?

三、学理研究

(一) 对相关理论的反思

1. 滥用职权罪与玩忽职守罪的界限

(1) 关于这一界限的理论探讨

《刑法》第397条同时规定了滥用职权罪与玩忽职守罪,二者应当有所区别,这是学界的共识。但对于区别的界限在何处,存在诸多分歧。一方面,在我国犯罪构成的理论框架下,除了犯罪主体外,犯罪客体、犯罪主观方面与犯罪客观方面的差异均被提及过。首先,主观方面上的差异论是具有很大影响力的。1998年,田书彩提出,滥用职权罪与玩忽职守罪的区别应当在于主观方面。具体地说,"滥用"一词的含义是"胡乱地、过度地使用",而"玩忽"的意思是"不严肃、不认真对待或者放任"。因此,从字面上理解,滥用职权的行为是基于对可能后果的认识而持有的随意处置的态度,玩忽职守的行为则表现出行为人对可能后果的漠不关心的态度。[①] 而

---

① 参见田书彩:《滥用职权罪与玩忽职守罪的异同》,载《人民检察》1998年第3期。

关于这种差异在刑法学概念的表现，有学者认为，滥用职权罪多数由间接故意构成，而玩忽职守罪则多数由过失构成。① 其次，主张客观方面的差异的观点也很有力。有些人士认为，滥用职权罪只能表现为作为，而玩忽职守罪可以表现为作为与不作为。还有观点认为，滥用职权罪的表现形式要么是以作为形式越权处理无权处置的事项，要么是不顾职权的程序与宗旨随心所欲地处理事务；而玩忽职守罪的表现形式则是消极地不履行职务或懈怠履行职责。② 也有学者主张，滥用职权罪是侵犯国家机关工作人员职务活动的正当性的行为，而玩忽职守罪是侵犯国家机关工作人员职务活动勤政性的行为。③ 当然，许多学者并非仅持有一个层面的观点，而是兼对数个方面进行比较。

另一方面，尽管学者们的见解以争议为主，但也存在一定的共通之处。例如也有观点指出，玩忽职守行为的主观状态同样可以为故意。④ 还有许多观点同样主张，滥用职权罪应当属于一种过失犯罪。理由是，即便国家机关工作人员对不法行为的实施具有主观随意甚至追求的心态，但其对于重大损害的态度应当是一种过失，否则7年有期徒刑的最高刑显然不能对其实现罪刑相适应。⑤ 此外，针对区分二者的标准是作为或不作为的表现形式的观点，也存在反驳理由。⑥ 诚如有观点主张，滥用职权罪同样可以以不作为的方式实施，例如国家机关工作人员基于泄愤，对符合某一事项申报条件的申请者故意拖延而不准予申请。再如玩忽职守罪也可以作为的方式实施，例如当国家机关工作人员因徇私舞弊而玩忽职守时，通过各种积极手段为其不履行职责制造假象。⑦ 因而，上述观点虽均有道理，但也均值得商榷。

（2）司法领域的认定倾向

在司法领域，滥用职权罪与玩忽职守罪是被作为两种不同的罪名予以适用的。

---

① 参见何苏民、姚澜：《对滥用职权罪几个问题的探讨》，载《法学杂志》1999年第2期。
② 参见王季君主编：《贪污贿赂罪·渎职罪》，法律出版社1999年版，第145页。
③ 参见张礼萍：《浅谈玩忽职守罪与滥用职权罪的区别》，载《河南社会科学》2006年第6期。
④ 参见吴步钦：《论玩忽职守罪之特征》，载《人民检察》2001年第2期。
⑤ 参见张智辉：《论滥用职权罪的罪过形式》，载赵秉志主编：《刑法评论》（第1卷），法律出版社2002年版，第142页。
⑥ 参见张礼萍：《浅谈玩忽职守罪与滥用职权罪的区别》，载《河南社会科学》2006年第6期。
⑦ 参见王志祥、敦宁：《科学把握滥用职权罪与玩忽职守罪的区分标准——以闫某玩忽职守案为例的分析》，载《学习论坛》2011年第7期。

这一点分为两个层面。一方面,在司法解释的层面,滥用职权罪与玩忽职守罪在定义、立案标准等方面均有不同。例如最高人民检察院《关于渎职侵权犯罪案件立案标准的规定》对滥用职权罪规定为:"滥用职权罪是指国家机关工作人员超越职权,违法决定、处理其无权决定、处理的事项,或者违反规定处理公务,致使公共财产、国家和人民利益遭受重大损失的行为。涉嫌下列情形之一的,应予立案:1. 造成死亡1人以上,或者重伤2人以上,或者重伤1人、轻伤3人以上,或者轻伤5人以上的;2. 导致10人以上严重中毒的;3. 造成个人财产直接经济损失10万元以上,或者直接经济损失不满10万元,但间接经济损失50万元以上的;4. 造成公共财产或者法人、其他组织财产直接经济损失20万元以上,或者直接经济损失不满20万元,但间接经济损失100万元以上的;5. 虽未达到3、4两项数额标准,但3、4两项合计直接经济损失20万元以上,或者合计直接经济损失不满20万元,但合计间接经济损失100万元以上的;6. 造成公司、企业等单位停业、停产6个月以上,或者破产的;7. 弄虚作假,不报、缓报、谎报或者授意、指使、强令他人不报、缓报、谎报情况,导致重特大事故危害结果继续、扩大,或者致使抢救、调查、处理工作延误的;8. 严重损害国家声誉,或者造成恶劣社会影响的;9. 其他致使公共财产、国家和人民利益遭受重大损失的情形。"对玩忽职守罪规定为:"玩忽职守罪是指国家机关工作人员严重不负责任,不履行或者不认真履行职责,致使公共财产、国家和人民利益遭受重大损失的行为。涉嫌下列情形之一的,应予立案:1. 造成死亡1人以上,或者重伤3人以上,或者重伤2人、轻伤4人以上,或者重伤1人、轻伤7人以上,或者轻伤10人以上的;2. 导致20人以上严重中毒的;3. 造成个人财产直接经济损失15万元以上,或者直接经济损失不满15万元,但间接经济损失75万元以上的;4. 造成公共财产或者法人、其他组织财产直接经济损失30万元以上,或者直接经济损失不满30万元,但间接经济损失150万元以上的;5. 虽未达到3、4两项数额标准,但3、4两项合计直接经济损失30万元以上,或者合计直接经济损失不满30万元,但合计间接经济损失150万元以上的;6. 造成公司、企业等单位停业、停产1年以上,或者破产的;7. 海关、外汇管理部门的工作人员严重不负责任,造成100万美元以上外汇被骗购或者逃汇1000万美元以上的;8. 严重损害国家声誉,或者造成恶劣社会影响的;9. 其他致使公共财产、国家和人民利益遭受重大损失的情形。"

经过对比可以发现,在该立案标准中,滥用职权罪与玩忽职守罪均被列举了9

类立案的情形。除了第 7 项规定不同外，其余各项规定的都是同样的事项。其中在人身损害方面，滥用职权罪造成轻伤 5 人，或重伤 2 人，或 10 人严重中毒，或死亡 1 人的后果即可成立；而玩忽职守罪造成轻伤 10 人，或重伤 3 人，或 20 人严重中毒，或死亡 1 人时可以成立。因此对轻伤与重伤、严重中毒人数的立案标准，玩忽职守罪要高于滥用职权罪。在经济损失方面，滥用职权罪的成立要求造成个人直接经济损失 10 万元，或个人间接经济损失 50 万元，企业直接经济损失 20 万元，间接经济损失 100 万元，或个人与企业的直接经济损失达到 20 万元，或个人与企业的间接经济损失达到 100 万元；而玩忽职守罪的成立标准要求个人直接经济损失 15 万元，或个人间接经济损失 75 万元，企业直接经济损失 30 万元，间接经济损失 150 万元，或个人与企业的直接经济损失达到 30 万元，或个人与企业的间接经济损失达到 150 万元。玩忽职守罪的立案标准同样高于滥用职权罪。在企业经营方面，滥用职权罪的成立要求公司、企业等单位停业、停产 6 个月以上，或者破产。玩忽职守罪要求公司、企业等单位停业、停产 1 年以上，或者破产。因此在停业、停产的期限上，玩忽职守罪的成立标准也高于滥用职权罪。因而，在司法解释领域，玩忽职守罪与滥用职权罪被视为具有不同样态、不同立案条件的犯罪类型。

另一方面，在司法实务领域，相比玩忽职守罪，人民法院对滥用职权罪的判断更侧重于实害后果的存在。在认定滥用职权罪的"重大损失"时，人民法院倾向于将公共财产损失作为认定的结果要素。较为典型的案例如：其一，"温某、潘某等滥用职权案"①。2007 年 10 月 10 日，时任电白县国土资源局正局长的被告人温某甲和副局长的被告人潘某在明知不具备相应权限的情形下，代表电白县国土资源局与茂名河东文体五金店、茂名安达士多商店等 14 家企业签订了国有土地所有权出让合同，后为其办理了国有土地使用证，涉案金额达 5000 余万元。两名被告供述，办理相关国有土地出让事项，既是为了执行县国土局党组会议的决议，又是受上级领导茂名市国土资源局局长李某甲和电白县人民政府县长李某乙的压力造成的。后公诉机关对两名被告人以滥用职权罪提起公诉，温某甲被判处有期徒刑 1 年，缓刑 2 年；潘某被免予刑事处罚。其二，"骆某滥用职权案"②。2008 年 3 月，时任汉川市规划局规划批后管理办公室负责人的被告人骆某组织人员对汉川市城镇综合开发公司"御

---

① 广东省电白县人民法院（2011）茂电法刑初字第 316 号刑事判决书。
② 湖北省安陆市人民法院（2014）鄂安陆刑初字第 00077 号刑事判决书。

景春城"项目进行规划验收。在明知该项目超建筑面积5430.28平方米的情形下,骆某仍按照领导协商意见,违反有关规定,加大了规划审批建筑面积数,最后只认定该项目配电室、门楼超面积750平方米,并在竣工验收情况审批表上签署"实地验收,符合审批"意见,致使该工程通过了竣工验收。经认定,该项目给国家造成土地出让金损失2758805.04元,契税损失110352.2元,合计损失2869157.24元。后公诉机关对骆某以滥用职权罪提起公诉,骆某被判处有期徒刑2年4个月,缓刑3年。其三,"杨贵福等滥用职权案"[①]。2008年5月至2013年4月,被告人杨贵福在担任西吉县扶贫开发办公室主任期间,指使先后担任西吉县扶贫办农田建设股股长、财务后勤股股长的被告人崔文贵与西吉县扶贫办财务后勤股股长和项目建设股股长的被告人王学江以伪造相应单据和施工合同、虚填农田面积及农田款金额的方式,授意西吉县瑞升农田建设有限公司法人代表谢某等人开出虚假税务发票,套取国家巩固退耕还林成果专项资金共计497.2529万元。后杨贵福、王学江辩解,其套取资金的行为是按照县人大会议纪要的指示办理。两名被告人因滥用职权罪一审被分别判处有期徒刑1年6个月、有期徒刑1年。其四,"石禄璋等滥用职权案"[②]。2012年至2013年,大方县工能局常务副局长石禄璋和节约能源办公室主任郑绵绪明知大方县水泥一厂机立窑生产线和旋窑生产线不符合申报国家淘汰落后产能奖励资金的条件,仍将该厂申报为具有申请资格的企业,使之获得该项资金513万元。根据被告人石禄璋的供述,机立窑生产线的淘汰,是大方县工能局局长喻某和被告人石禄璋与被告人郑绵绪商定,而后安排郑绵绪实施;旋窑生产线的淘汰,是市工能委决定后通知大方县工能局局长喻某和被告人石禄璋,而后石禄璋安排被告人郑绵绪实施。后公诉机关对两名被告人以滥用职权罪提起公诉,两名被告人被免予刑事处罚。

之所以列举上述案例,是想说明两点:第一,尽管《刑法》第397条将造成公共财产、国家和人民利益损失同时作为滥用职权罪与玩忽职守罪的损害后果,但司法领域常常将滥用职权罪的损害后果仅限定于公共财产损失的情形,至于人身损害的情形则不多见。基于滥用职权罪的法定刑较轻,学界对于滥用职权罪中"重大损失"的地位具有非常大的争议。有学者认为,承认滥用职权罪的被告人对人身伤亡的故意态度,需要采取一种谨慎的考量。否则,极有可能存在罪刑不相适应的情况。

[①] 宁夏回族自治区固原市原州区人民法院(2015)原刑初字第202号刑事判决书。
[②] 贵州省大方县人民法院(2016)黔0521刑初259号刑事判决书。

司法机关则直接将滥用职权罪的损害后果限定于财产损害领域,这是一种稳妥的路径。① 第二,学界有人认为,滥用职权罪的犯罪决意较强,并且表现出行为人故意玩弄职权的行为样态。② 但是在上述案件中,被告人之所以实施滥用职权的行为,要么是为了执行集体表决的决议,要么是执行上级人员的命令。在"温某、潘某滥用职权案"中,两名被告人的职务行为及所欲实现的后果,都已经在集体决策时被决定了;在"骆某滥用职权案"中,被告人申诉指出,是上级人员指示其掩盖建设工程中违建的部分面积,从而使工程得以通过验收;在"石禄璋、郑绵绪滥用职权案"中,两名被告人是为了执行上级机关发布的会议纪要而滥用职权,尽管会议纪要与直接指示之间存在形式上的差异,但对于他们而言,同样具有强制执行的效力。因此,在这些情形下,作为国家机关工作人员的被告人的行为空间十分有限,几乎不存在实施其他行为的可能性。故将滥用职权罪认定为玩弄职权的行为,并不具备完全的现实基础。

(3) 区分二者的相关因素

第一,对于危害后果的过失心态。关于玩忽职守罪的主观状态,学界存在过失论、过失论与间接故意论的争议。过失论认为,玩忽职守罪对重大损失的主观状态只能是过失,即出于一种疏忽大意或过于自信的心态,对其渎职行为可能引起的重大损失应当预见而没有预见,或者已经预见但轻信可以避免。③ 过失论与间接故意论认为,玩忽职守罪的主观状态原则上是过失,但在特定情形下可能是间接故意,例如在国家机关工作人员故意不履行职责时即是如此。④ 本书支持过失论观点,理由有二:一是,从立法原意的角度看,将其认定为过失犯罪更为合理。1997年《刑法》修订以前,渎职犯罪领域只规定了玩忽职守罪。但在之后的实践中,故意越权与故意放弃职权的案件越来越多。因此最高人民检察院1996年11月15日在《关于〈中华人民共和国刑法(修订草案)〉征求意见稿的修改意见》中提到:"从近几年的司法实践情况看,玩忽职守罪出现一种值得注意的新动向,就是从纯粹的过失犯罪向故意犯罪发展,适应司法实践出现的新情况,适当分解玩忽职守罪,以使罪名与罪

---

① 参见胡东飞:《"复合罪过形式"概念质疑——以对滥用职权罪为视角》,载《云南大学学报(法学版)》2005年第6期。
② 参见储槐植、杨书文:《滥用职权罪的行为结构》,载《法学杂志》1999年第3期。
③ 参见高铭暄、马克昌主编:《刑法学》(下编),中国法制出版社1999年版,第1165页。
④ 参见张穹主编:《贪污贿赂渎职"侵权"犯罪案件立案标准精释》,中国检察出版社2000年版,第136页。

状能够更加恰当,直接反映行为的性质与特点,非常必要。"因而,将玩忽职守罪与滥用职权罪分别理解为过失犯罪与故意犯罪,符合立法原意。二是,将玩忽职守罪偶尔理解为间接故意心态的认识确有不妥之处。诚然,当国家机关工作人员故意不履行职责时,其对于违规行为的状态是故意的。但是,其对于重大损失的结果仍旧是过失的。以本案为例,被告人杨周武明知舞王俱乐部既不具有从事正常经营活动的资质,也不具备安全经营的物质条件,应当推定,其对该俱乐部中存在重大安全隐患的事实是明知的。但是,对安全隐患本身的明知只是意味着,当该经营场所一旦发生特定事故将不可能有效地缓解与消除风险,对此被告人杨周武是明知的,却不意味着,对何时发生事故、因何种原因引发事故及事故可能造成损害情况,被告人是明知的。

第二,对于玩忽职守罪而言,国家机关工作人员的违规活动对不法后果的发生不具有支配作用,仅作为某一介入因素而存在。这是其与滥用职权罪的核心区别。这种认识与因果关系理论具有一定的关联,但又不完全是。所谓因果关系,原本是考察实行行为与危害后果之间是否具有原因与结果关系的范畴。[①] 根据条件说的观点,当行为与结果之间存在"无A即无B"的关系时,一般可以认定A行为是B结果的原因。但是,在日常生活中,行为与结果之间常常不是一一对应的关系,"一因多果"与"多因一果"的现象时有发生。因此,能否将行为人的不法行为理解为引发危害后果的原因,甚至是有力的原因,就存在一个价值判断的过程。本书的思路是,考察不同类型的实行行为对重大损害后果的作用为何,以此作为区别滥用职权罪与玩忽职守罪的途径。由于涉及一种事实与价值上的关联问题,所以说本路径与因果关系理论具有相关性。但同时,不同于传统意义上的杀人行为等,渎职犯罪行为可能不是重大损失发生的主要原因,这与因果关系的适用领域又不完全重合。在本书看来,玩忽职守罪之所以区别于滥用职权罪,关键的原因就是,对于重大损失的发生的众多因素而言,玩忽职守行为只是其中介入因素中的一种,而滥用职权罪则具有支配整个后果发生流程的重要作用。简单地说,如果不存在国家机关工作人员的玩忽职守行为,危害后果仍将发生,因为这不在其支配的范围内;但对于滥用职权罪而言,如果没有国家机关工作人员的职务滥用行为,损害后果往往不会发生。

---

① 参见〔日〕木村龟二主编:《刑法学词典》,顾肖荣、郑树周等译校,上海翻译出版公司1991年版,第144页。

以下举几个例子说明。

其一,"包国荣玩忽职守案"[①]。被告人包国荣于 1987 年 5 月 6 日阿木尔林业局和西林吉林业局管区发生森林火灾时,在林场负责防火总代班工作。8 日 1 时许,包国荣接到值班人员火情报警后,来到林场广播室,通知全场职工家属到广场集合,并让司机把汽车开到安全地方。但是,包国荣离开广播室后,没有去广场组织群众疏散,而与妻子、儿子等人到林场西侧的公路旁避火。由于无人组织,来到广场的群众一片混乱。当林场司机驾驶汽车途经此地时,包国荣不顾职工家属的安危,与妻子、儿子和其他职工共 6 人爬上汽车,令司机将车开到距林场 2 公里处的"38"大桥下避火。此时是 1 时 15 分左右,大火还未烧进林场。3 时 30 分左右,包国荣在火头已烧过林场的情况下乘汽车回到林场。这时余火仍在燃烧,尚有 8 栋家属住宅未被烧着。包国荣仍没有组织群众灭火抢救,却找人帮助搬自己家的东西,致使本应保住的 5 栋家属住宅被蔓延的余火烧毁,直接经济损失 19 万余元。由于包国荣逃离林场,放弃领导,使依林林场在这场大火中,烧死 3 人,经济损失 2121300 余元。

该案中,被告人包国荣身为黑龙江省漠河县依林林场党总支书记兼行政负责人,在发生特大森林火灾的情形下,原本负有组织相应人员扑灭火灾、保护受害人员的人身与财产安全的法定义务。但是,他在火灾发生后,基于徇私目的,只顾保护自己及其亲属的安全,而不组织灭火与疏散特定群众的相关事项,这是对其法定职责的严重不负责任。但是,能否认定被告人的行为与最终损害后果之间具有支配性的关联呢?引发 3 人死亡、超过 212 万余元经济损失这些后果的直接因素是特大火灾。其中至少介入了火灾的火势及特定的蔓延情况、扑灭火灾的设备与人员状况,以及被告人的领导行为这些因素。而火灾是发生于 5 月 6 日,一直持续至被告人玩忽职守行为的发生时间,这说明火势的控制是十分困难的。因此,尽管可以假定,如果被告人在行为当时,妥善地履行灭火与救助工作的领导职责,最终的损害后果将被大大减少。但是,没有证据表明,火灾的发生与蔓延本身与被告人的管理不当具有因果关系,故只能认定在引起最终损害后果的诸多因素中,被告人的玩忽职守行为只是不具有决定意义的介入因素。因此,被告人包国荣成立玩忽职守罪而不是滥用职权罪。

---

① 案件来自于《最高人民法院公报》1988 年第 4 期。

其二,"莫某玩忽职守案"①。1995年至2001年9月,被告人莫某在担任嘉善县建设局财务统计科会计、副科长(主持工作)兼会计职务期间,不认真执行财务会计制度和履行会计及财务负责人的职责,未设置总账,不及时登账,不定期对账,凭证复核及银行对账单核对工作均未相应跟上,不能如实及时出具财务报告,财务监管严重失控,致使原建设局出纳徐某(已判刑)在长时间内大肆贪污公款,造成公共财产直接损失达31万余元。

被告人莫某身为嘉善县建设局财务统计科会计、副科长(主持工作)兼会计,具有财务记载与审核的法定职责。然而,他在职期间不设置总账,不及时登账,不定期对账及出具财务报告情况,致使不法人员徐某有机可乘,造成公共财产大额损失。本案中,公共财产损失的直接因素是被告人徐某的贪污行为,至于被告人莫某的玩忽职守行为,只是为其贪污提供了一种客观的制度上的便利条件。假定被告人莫某履行了其职责,公共财产被贪污的概率将有所下降,因而莫某严重不负责任的行为,确有处罚之必要。但是,其玩忽职守行为并非引起公共财产损失的支配性因素,而只是一种不具较大影响力的介入因素,故对被告人莫某应当以玩忽职守罪而非滥用职权罪予以认定。

其三,"石禄璋、郑绵绪滥用职权案"②。在该案中,被告人石禄璋与郑绵绪故意超越职权,将原本不符合申报特定奖励资金条件的当地企业申报为符合该条件的企业,其职务行为对国家财产的损失后果造成了直接的影响。尽管在这一过程中,也存在一定的介入因素,例如当地市工能委的决议、上级主管部门的审核等均可能对这一套取国家财产的过程产生影响。但是,基于地域管辖的因素,上级主管部门不可能对所有的申报因素全面核实。因而,如果没有两名被告人的申报行为,国家财产受损的事实原本是不会发生的。因此,应当将两名被告人的行为认定为滥用职权罪而非玩忽职守罪。

回归本案,被告人杨周武身为对企业经营负有特定安全监管职责的国家机关工作人员,因收受贿赂对明知的违规事实不予监管与处置,对其职务严重不负责任。但是,引起多人伤亡的直接因素是火灾的发生与蔓延。如果被告人积极履职,则可能降低火灾发生的频率,但不能直接支配火灾的引起过程。因此,对该特大伤亡事

---

① 浙江省嘉善县人民法院(2005)善刑初字第96号刑事判决书。
② 贵州省大方县人民法院(2016)黔0521刑初259号刑事判决书。

故而言,被告人拒不履职的行为属于影响力并不大的介入因素,对其应当以玩忽职守罪予以认定。

2. 玩忽职守罪中因果关系问题的探讨

(1) 关于这一问题的学界探讨

《刑法》第397条规定,玩忽职守的行为,致使公共财产、国家和人民利益遭受重大损失的,成立玩忽职守罪。玩忽职守的行为必须与重大损失存在因果关系,才能对国家机关工作人员进行刑事处罚。前文在论述玩忽职守罪与滥用职权罪的区别时,提及了因果关系的范畴。不过,前文的目的在于思考,玩忽职守行为在引发作为危害后果的重大损失的过程中,应当扮演的是何种角色。而本部分讨论,如何认定玩忽职守行为对危害后果的发生起到了作用。关于这一点,学界大致分为三种探讨路径。

第一种认定模式从玩忽职守罪的构成要件本身引申出对这一问题的思考。例如有学者将玩忽职守罪的因果关系问题作为一个整体性的问题。先是对实务领域的认定模式进行描述和检讨;再根据这些认定模式的不足,反思玩忽职守罪中因果关系的两个特征,即缺乏直接原因力与介入因素本身引发损害后果;最后将客观归责理论引入这一思考,从"制造不被允许的危险""实现不被允许的危险"以及"构成要件的效力范围"三方面分别探讨这一问题。[①]

第二种认定模式先将玩忽职守罪归入不同的犯罪类型,并考察其所归属的犯罪类型下因果关系的认定,然后再通过检讨玩忽职守罪与这些犯罪类型的异同来予以具体分析。例如有学者将玩忽职守罪归类于过失犯罪与不作为犯罪。论者先指出玩忽职守罪作为职务过失犯罪的四个方面,分别是"具有法律所规定的玩忽职守罪构成所要求的特定身份""存在违反职责规定的行为""由于这一过失导致严重后果的发生"以及"这种严重危害后果本来是行为人可以避免的"。其次,论者又将玩忽职守罪归类为不作为犯罪,并从这一层面提出玩忽职守罪因果关系认定的三个方面,分别是"必须确定行为人对危害结果的发生负有特定的避免义务""行为人必须具有履行这种义务的能力"以及"正是由于没有履行特定的作为义务,才引起了这一结果"。最后,通过考察玩忽职守罪本身的复杂性,论者将玩忽职守罪的因果关系认定具体分为三种情形:一是决定型复杂因果关系,即一个国家机关工作人员的职务行

---

① 参见杨志国:《玩忽职守罪因果关系司法认定模式研究》,载《人民检察》2007年第19期。

为足以支配另一个国家机关工作人员的职务行为，引发损害后果之后的因果关系；二是共同型复杂因果关系，即两个以上国家机关工作人员通过各自的职务行为，共同引起一个损害后果的因果关系问题；三是介入型复杂因果关系，即前一个国家机关工作人员的职务行为引起某种侵害危险，在介入了后一个国家机关工作人员的职务行为后引发了损害后果的因果关系问题。①

第三种认定模式先从因果关系的本身切入，选择一种合适的理论，再运用这一理论解决实务中的问题。例如有学者先对因果关系的相关理论进行探讨，并将因果关系理论本身从行为与结果的联系方式、行为对结果所起作用的程度大小以及在因果流程中介入因素的多少三个层面进行描述。然后论者将玩忽职守罪的因果关系问题具体分为两个方面。第一个方面是，注重不作为的玩忽职守行为对危害后果的原因力，又分为三点：职责要求行为人实施一定的积极行为、多个玩忽职守行为造成一个或多个危害后果的情形，以及从法定刑的设置上考虑，玩忽职守的行为与危害后果之间的关联要求较低。第二个方面是，玩忽职守行为作为间接原因对重大损失的原因力。②

本书认为，第一种认定模式是合理的。诚然，玩忽职守罪的因果关系问题关联到对玩忽职守罪本身属性的认定以及因果关系理论的分析，但只有当这些刑法总则理论的探讨对具体罪名的分析确有指导意义时，才有必要单独对它们先予讨论。而前文的观点表明，玩忽职守罪与传统犯罪并不相同。它对犯罪结果不具有直接原因力，仅作为一种介入因素发挥作用。因而对其因果关系的认定必然是坚持玩忽职守罪本身的特殊性为基础，在不违背相应基础理论的前提下展开思考。如果先探讨基础理论的意义和类型，再说明这些理论不能适用于玩忽职守罪的具体情形，那可能是一种学术资源上的浪费。

（2）关于这一问题的司法观点

司法机关倾向于采取基于玩忽职守罪本身的认定视角。在作出判决时，相关法院往往先对玩忽职守罪的因果关系问题予以反思，然后根据案件的情况作出裁判。例如在"胡某某玩忽职守案"③中，法院判决指出："刑法上的因果关系包括直接因果关系、间接因果关系，还包括必然的因果关系和偶然的因果关系。而渎职犯罪的

---

① 参见董兆玲：《玩忽职守罪因果关系初探》，载《政法学刊》2008年第1期。
② 参见黄现师：《渎职罪犯罪构成研究》，中国政法大学出版社2013年版，第125—134页。
③ 湖北省荆州市沙市区人民法院（2016）鄂1002刑初30号刑事判决书。

因果关系往往表现为偶然、间接的因果关系。只要自己的行为最后符合规律地导致了危害结果的发生,即构成了刑法意义上的因果关系。正是因为胡某某的失职、渎职行为,给肖某提供虚假证据提供了方便,致使保险公司方面作出误判,导致了危害结果的发生,因而胡某某的行为与危害结果之间具有因果关系。"这一段话表明了司法机关在认定玩忽职守罪因果关系上的基本立场。它分为三个层面,一是,玩忽职守罪的因果关系具有间接性。所谓间接性,就是借助其他因素的介入作用才能够对最终的危害后果产生影响。当玩忽职守行为作为一个独立的因素存在时,是不可能发生重大损失的危害后果的。二是,玩忽职守罪的因果关系具有偶然性。所谓偶然性,是指行为本身并不具有产生危害后果的根据,但由于在发展过程中介入了某种因素,并由之合乎规律地引发了危害后果。三是,玩忽职守罪的因果关系是一种关联程度极低的因果关系。在引发损害后果的过程中,以实行行为为起点,其中可以并存多种介入因素,无论这些介入因素之间是累积的还是重叠的关系,都足以认定这一因果关联。现举例予以说明。

其一,在"刘青山、彭家汉、张明生玩忽职守案"[①]中,法院判决认为:"证据17证实,遂川县大坑乡政府属地管理责任不到位,对本辖区内组织生产经营活动的企业未全面掌握其生产经营活动情况,隐患排查和治理不到位;遂川县水利局对辖区内水电重点工程监管监督不到位,对建设单位存在的手续不全,违规开工没有进行制止,开工后未严格督促企业进行认真的隐患治理,对预防建设工程坍塌事故专项整治工作措施不到位。三上诉人作为遂川县水利局和遂川县大坑乡人民政府负有对高倚电站施工安全进行监管职责的人员,没有严格按照证据6要求的检查方式和检查内容,正确履行各自的安全监管职责,对高倚电站的参建单位和参建人员进行检查,没有发现监理单位强令施工单位降低隧洞施工支护等级,最终导致本案涉案事故的发生,他们的失职行为是事故发生的间接原因之一,三人的失职行为与涉案事故的发生之间具有刑法上的因果关系。"从法院的判决内容中可以发现,导致重大事故发生的原因是多重的:施工单位的施工较为盲目、施工人员的技术能力不达标准、施工单位的资质较差、预防措施的安排与执行效果不佳、水利局对施工条件的监督不力、政府对施工现状的漠视态度等等。并且,经过排查还可发现,相应国家机关工作人员的玩忽职守行为在这些因素中并不起决定性的作用。列举的前四项因

---

① 江西省吉安市中级人民法院(2016)赣C8刑终96号刑事裁定书。

素中,从日常角度判断,几乎任何一项的疏漏都可能引起事故的发生。故法院将三名被告人认定为玩忽职守罪的原因只能是,对玩忽职守罪中因果关系的判断本身就是一种加功于犯罪后果而不是支配犯罪后果的关联性判断。

其二,在"杨某甲玩忽职守案"[①]中,法院判决认为:"被告人杨某甲的行为与损害结果之间存在因果关系。被告人杨某甲如果对神龙溪高中申报的双学籍事实认真审核,对神龙溪高中没有开设职业技术课、没有将国家助学金发放到学生手中等违规行为正确履行监管职责,则神龙溪高中骗取国家助学金的结果就不能实现,被告人杨某甲怠于行使相关工作职责,本院认定其行为与损害结果之间存在刑法上的因果关系。"在本案中,神龙溪高中在没有相应资质的情况下,伪造实习材料等文件,以诈骗手段申报并取得国家助学金。被告人杨某甲身为巴东县教育局学生资助管理中心主任,对综合性高中套取国家助学金等事项负有审核与监管职责。被告人杨某甲虽然曾经前往涉案高中检查过一次,以核实补助资金是否到位,但没有对该高中的资质、学生学籍等情况予以详细核查,致使涉案高中最终套取国家助学金。法院假定,如果被告人杨某甲对相关情况进行更为详细的核查,就能够发现并制止不法事实。因此,法院是在作出一种努力,即证明杨某甲的玩忽职守行为与损害后果的发生之间具有内在的关联。但是,这一努力是不成功的。被告人杨某甲曾通过走访学校、向有关学生进行询问等方式对相关事项予以调查,但最终没有发现不法活动。这从客观层面表明,更为详细的核查只是增加了不法事实被发现的可能性,而不意味着必然能够发现这一事实。并且,涉案高中对学生学籍等材料同样作了虚假的呈现,也能说明这一点。因此,被告人杨某甲的玩忽职守行为与损害后果之间的关联是非常偶然的。

(3) 判断因果关系的相关因素

其一,实现危害后果之风险的提升。在传统意义的因果关系认定上,往往要求实行行为与危害后果之间存在"无 A 则无 B"的条件关系。然而,随着现代社会的发展,想要单纯地认定某一行为是否是某一结果的原因,可能面临很大困难。在玩忽职守罪的认定上,真正促成危害后果发生的因素可能很多,希冀证明玩忽职守行为是损害后果的决定因素,不仅事实上不合理,而且证明上也难以达到。因此,一种概率提升型的因果关系认定就得以提倡。例如"疫学因果关系"或"流行病因果

[①] 湖北省巴东县人民法院(2013)鄂巴东刑初字第00172号刑事判决书。

关系"说的就是这种情况。这种因果关系认定路径的特色在于,无须证明行为P与结果Q之间存在原因与结果的条件关系,而只要证明若存在P,则Q发生的概率通常会提高就可以了。① 较为著名的案例是"擦里刀米德案"。该案例是,在日本,许多在妊娠期间服用了德国的一家名叫"库里尤连达尔"公司出售的擦里刀米德安眠药的妇女,生下的孩子都存在先天性畸形。1970年12月18日,裁判所对被告作出了刑事追诉的终审裁判。裁判所从几个方面论证了擦里刀米德安眠药的服用与导致婴儿畸形的损害后果之间的因果关系:其一,关于畸形的规律性。即受擦里刀米德药品之害的儿童会患上维德曼综合病症,这种病症会引起儿童畸形,并具有区别于其他畸形病症的独立形态;其二,药品的销售量与病症发生的频率之间具有明显的正相关性;其三,服用擦里刀米德药物后会产生明显的、产生器官缺陷的生理感受;其四,经过对猴子等动物的非任意的实验,同样验证了该类药物具有致使胚胎发生畸形的可能性。② "擦里刀米德案"值得反思的地方就是,通过在实验上验证某一现象与某一事实之间相互促进的关系,促使对相关不法结果的归因成为可能。这就大大降低了刑事谴责与追诉的难度,减轻了诉讼举证的负担。

这一论证对玩忽职守罪中因果关系认定的启示就是,当某一国家机关工作人员的消极履职行为能够显著提升危害后果发生的概率时,认定玩忽职守行为与重大损失之间的因果关系就是合理的。因为在这一过程中,刑事追诉的实质目标不是为了探究不法行为与损害结果之间的法则上的因果关系,而是一种刑事追诉风险的分担。这是通过事后的形式督促有关的职权主体妥善履职,以降低事故发生的频率。

其二,因果关系中断问题的思考。玩忽职守罪因果关系的证明,实际上是对诱因与结果的显著的相关性的证明。那么,当这种相关性没有达到较为显著的地步时,应当承认玩忽职守的行为与重大损失的后果之间没有因果关系。否则,国家机关工作人员将因损害后果的发生动辄得咎。我国司法实务存在否定玩忽职守罪的因果关系的案例。在"曹某玩忽职守案"③中,法院判决认为:"被告人曹某作为原告某三建公司与被告某房地产有限公司建设施工合同纠纷案的主办人,在案件审理过程中虽然存在着委托鉴定之前未组织双方对鉴定资料进行质证、未严格按照最高人民法

---

① 参见劳东燕:《事实因果与刑法中的结果归责》,载《中国法学》2015年第2期。
② 参见〔日〕藤木英雄:《公害犯罪》,丛选功、徐道礼、孟静宜译,丛选功校,中国政法大学出版社1992年版,第33—37页。
③ 河北省秦皇岛市北戴河区人民法院(2014)北刑初字第51号刑事判决书。

院《关于民事诉讼证据的若干规定》委托鉴定和审查鉴定人员资格,以及在案件由他人承办后未及时将被告提交的异议资料复印件转交下一承办人等工作瑕疵。但被告人曹某并未参与某区法院对该案一审程序实体处理的合议及判决,而且该案经过二审法院审理后才发生法律效力。被告人曹某存在上述瑕疵行为时,该案一审审理程序尚未结束,继任主审法官仍须对整个案件事实进行调查审理,且某房地产有限公司向被告人曹某提交的是鉴定异议证据材料复印件,其原件仍保留在某房地产有限公司处,被告人曹某上述瑕疵行为,均不会影响继任合议庭及二审法院对该案的全面审理与认定以及某房地产有限公司依法行使其再提交鉴定异议证据材料等诉讼权利。故被告人曹某审理该案的上述瑕疵行为,与原审的判决结果间没有法律上的因果关系。"在该案中,法院认为,原建设工程合同纠纷案件的办案法官曹某在原、被告双方提交的证据足以认定某公司造价结论已在工程造价站备案的情况下,未当庭予以认定,而是仅依据原告单方的申请,并在被告明确表示反对的情况下,又决定委托鉴定,这固然属于一种程序上的瑕疵。但是,一者,考虑到在因委托鉴定而中止审判后,其委托鉴定的程序瑕疵并不会对继任法官的裁判造成不利影响;二者,二审法官也负有对案件事实进行全面审查的法定义务,故认定曹某的玩忽职守行为与损害后果之间不具有因果关系。本书认为,这一判决是合理的。因为在该案中,同时存在可能引起重大损害发生的风险的因素与足以阻却这一风险发生的因素。在通常意义上,如果存在足以阻却法益侵害风险发生的因素,并且国家机关工作人员的职务违规行为并未对该因素的发生造成不利影响,那么应当认定,该玩忽职守的行为与损害后果之间的关联性不具有显著意义。

(二)"杨周武案"的指导意义

第一,坚持分则导向,减少认定分歧。目前刑法学界对许多罪名的理解都是立基于对《刑法》总则的认识之上的,这样理解固然能够提升思维的理论深度,并沟通不同罪名之间的联系,但其弊端就是忽视了犯罪构成要件的个别化机能。例如在区分滥用职权罪与玩忽职守罪的过程中,许多学者倾向于先探讨过失犯罪与故意犯罪的区别;而在探讨玩忽职守罪的因果关系的认定中,不少学者也是先从因果关系理论、过失犯罪属性等出发。但是司法机关的立场始终遵循着先分则后总则的认定思路。通过一系列的对比就会发现,在先总则后分则的思路下,学者各有主张,角度不一,因而争议颇多;而在先分则后总则的思路下,《刑法》分则的构成要件规定实际上成为法官裁判的共同思维基础,具有稳定性的特征。

第二,重视结果要素,体现法益保护。在因果关系的认定上,重大损失的发生对被告人的主观状态的认定具有决定性的意义。司法领域下,无论是因果关系的间接性,还是因果关系的偶然性,都是在强调对重大损害后果的责任分担,而不是仅限于刑事技术层面的认定和论证。通常意义上,如果发生了重大损失,无论国家机关工作人员的玩忽职守行为与该结果间隔远近、介入的因素多少,都可以依照玩忽职守罪进行追诉。这一做法的积极意义有两点:一是重视特大事故的社会影响,体现刑法法益保护的宗旨;二是对具有较高预见能力与组织能力、对重大事项的决策与监管具有相应权限的国家机关工作人员具有一定的威慑作用,体现了一种事后监督的意义。

第三,尊重学界通说,避免观念隔阂。在对"杨周武案"的理论争点进行梳理时,可以发现:尽管学界观点与司法观点相比显得更加多元,分歧也更大,但司法机关对学界的通识并不是不予尊重的。例如在滥用职权罪与玩忽职守罪的区别层面,学界存在几点较普遍的认识:一是滥用职权罪属于是故意犯罪,而玩忽职守罪属于过失犯罪;二是"重大损失"尤其是人员伤亡类的重大损失不宜被理解为滥用职权罪直接故意的认识对象;三是玩忽职守罪中,重大损失的意义不可忽视。以"杨周武案"为典型的司法裁判大多遵循了学界的如上观点,体现了司法认定与学界研讨的良性互动。

(三)对"杨周武案"的反思

以"杨周武案"为典型可以发现,对于玩忽职守罪的认定而言,司法领域的关注重点在于重大损失后果的认定,以及国家机关工作人员的渎职行为与该后果的关联程度。在官员渎职现象多发的时代背景下,适当降低对较为抽象的因果关系因素的证明与认定标准,具有积极意义。然而,如果将任何瑕疵行为都理解为与重大损失后果存在关联的玩忽职守行为,实际上可能引入一种结果责任的范畴。尤其是当某一重大损害发生时,具备一定行为瑕疵的国家机关工作人员尚不能够清晰预见到这一后果,这种责难就存在不妥当之嫌。因此,正如学界有人提倡的,应当从瑕疵行为的内在关系上反思其与重大损失后果的关联问题,[①] 而不宜将任何操作上的失误都理解为玩忽职守罪的构成要件行为。在这一点上,对于过失犯罪的认定似乎具有相通之处。例如在夜间,当行为人打开相应车灯并且缓速行驶时,仍旧因视线过于模糊而不慎撞击他人致其死亡,如果仅因为其没有随身携带驾驶证就以交通肇事罪

---

① 参见刘志伟:《认定玩忽职守罪中"重大损失"的两点思考》,载《河南社会科学》2010年第3期。

公诉，这是不合理的。因为出门忘记携带驾驶证的行为，与引起交通事故的损害后果之间并没有内在的关联。只要当行为人尽到与避免损害后果相关的注意事项时，就应当肯定其行为与损害后果之间并无因果关系。玩忽职守罪的认定同样如此。例如在上文"杨某甲玩忽职守案"中，被告人杨某甲身为对申报国家助学金等事项负有监管职责的国家机关工作人员，应当妥善履行监管职责。而被告人确实对该校的补助情况作了一定的调查，这与杨周武完全不履行职权的行为具有明显差异，并且涉案高中对学生学籍、财务状况等信息均作了虚假登记和呈现，因此，即便被告人对该信息进行详细核查，也不能认为他必定能发现相关主体骗取国家助学金的不法事实。故应当适当考察国家机关工作人员玩忽职守行为与危害后果发生之间的内在关联，这是司法机关认定可能存在的欠缺之处。

第三节　徇私舞弊不移交刑事案件罪

一、指导性案例

检例 7 号：胡宝刚、郑伶徇私舞弊不移交刑事案件案（以下简称"胡宝刚案"）

1. 基本案情

被告人胡宝刚在担任天津市工商行政管理局河西分局（以下简称"工商河西分局"）公平交易科科长期间，于 2006 年 1 月 11 日上午，带领被告人郑伶等该科工作人员对群众举报的天津华夏神龙科贸发展有限公司（以下简称"神龙公司"）涉嫌非法传销问题进行现场检查，当场扣押财务报表及宣传资料若干，并于当日询问该公司法定代表人李蓬，李蓬承认其公司营业额为 114 万余元（与所扣押财务报表上数额一致），后由被告人郑伶具体负责办理该案。2006 年 3 月 16 日，被告人胡宝刚、郑伶在案件调查终结报告及处罚决定书中，认定神龙公司的行为属于非法传销行为，却隐瞒该案涉及经营数额巨大的事实，为牟取小集体罚款提成的利益，提出行政罚款的处罚意见。被告人胡宝刚在局长办公会上汇报该案时亦隐瞒涉及经营数额巨大的事实。2006 年 4 月 11 日，工商河西分局同意被告人胡宝刚、郑伶的处理意见，对当事人作出"责令停止违法行为，罚款 50 万元"的行政处罚，后李蓬分数次将 50 万元罚款交给工商河西分局。被告人胡宝刚、郑伶所在的公平交易科因该案得到 2.5

万元罚款提成。

李蓬在分期缴纳工商罚款期间，又成立河西、和平、南开分公司，由王福荫担任河西分公司负责人，继续进行变相传销活动，并造成被害人华某某等人经济损失共计 40 万余元。公安机关接被害人举报后，查明李蓬进行传销活动非法经营数额共计 2277 万余元（工商查处时为 1600 多万元）。天津市河西区人民检察院在审查起诉被告人李蓬、王福荫非法经营案过程中，办案人员发现胡宝刚、郑伶涉嫌徇私舞弊不移交被告人李蓬、王福荫非法经营刑事案件的犯罪线索。

2. 判决结果

2010 年 1 月 13 日，胡宝刚、郑伶因涉嫌徇私舞弊不移交刑事案件罪由天津市河西区人民检察院立案侦查，并于同日被取保候审，3 月 15 日侦查终结移送审查起诉，因案情复杂，4 月 22 日依法延长审查起诉期限半个月，5 月 6 日退回补充侦查，6 月 4 日侦查终结重新移送审查起诉。2010 年 6 月 12 日，天津市河西区人民检察院以被告人胡宝刚、郑伶犯徇私舞弊不移交刑事案件罪向河西区人民法院提起公诉。2010 年 9 月 14 日，河西区人民法院作出一审判决，认为被告人胡宝刚、郑伶身为工商行政执法人员，在明知查处的非法传销行为涉及经营数额巨大，依法应当移交公安机关追究刑事责任的情况下，为牟取小集体利益，隐瞒不报违法事实涉及的金额，以罚代刑，不移交公安机关处理，致使犯罪嫌疑人在行政处罚期间，继续进行违法犯罪活动，情节严重，二被告人负有不可推卸的责任，其行为均已构成徇私舞弊不移交刑事案件罪，且系共同犯罪。依照《刑法》第 402 条、第 25 条第 1 款、第 37 条之规定，判决被告人胡宝刚、郑伶犯徇私舞弊不移交刑事案件罪。一审判决后，被告人胡宝刚、郑伶在法定期限内均没有上诉，检察机关也没有提出抗诉，一审判决发生法律效力。

二、案件争点

（1）应当如何理解"依法应当移交司法机关追究刑事责任"这一立法表述？

（2）如何理解徇私舞弊不移交刑事案件罪中的"徇私舞弊"？

三、学理研究

（一）对相关理论争点的反思

1. 对"依法应当移交司法机关追究刑事责任"的理解

（1）学界对这一问题的认识

"依法应当移交司法机关追究刑事责任"的人员属于徇私舞弊不移送刑事案件罪的犯罪对象，对被告人是否成立犯罪具有基础性的意义。关于认定这一对象的标准，学界大致存在几种观点。

第一种观点认为，应当考虑两个因素：一是被查处的行为是否已经构成犯罪；二是依照法律是否需要追究其刑事责任。[①] 这是一种纯粹的形式规范类的判断标准。

第二种观点认为，当行政执法人员在履职过程中了解和掌握了受法律保护的某种利益处于持续危害状态，或受刑法保护的对象处在危害状态时，就负有采取有效措施排除这种危害的义务，即移交的义务。[②] 这是一种非常实质的法益保护的判断标准，由成立不作为犯所需具备的作为义务引申而来。

第三种观点认为，应当将这一问题分为两个层面。规范层面上，既要从刑事实体法的角度考虑，又要从刑事程序法的角度考虑。从实体法的角度讲，只能是刑法，即该行政违法行为同时触犯了刑法的规定，依法应追究其刑事责任；从刑事程序法的角度讲，只能是刑事诉讼法有关立案的规定，即只要该行政违法行为客观上已符合刑事诉讼法对该行为的立案条件，那么就应当将案件移交司法机关处理。事实层面上，基于行政执法人员的业务能力的限制，不能要求其对某一案件的定性具有明确的认识，故当他们根据已有事实和证据足以证明有涉嫌犯罪的事实发生，即被赋予移交司法机关的职责。[③] 这是一种复合型的标准，首先"依法应当移交"的情形需要具备《刑法》《刑事诉讼法》的明文规定；其次，对某具体案件是否成立犯罪须由司法机关予以判断。不过，从现实的情形考虑，行政执法人员更加倾向于将其理解

[①] 参见杜国强、贾济东：《徇私舞弊不移交刑事案件罪几个问题》，载《人民检察》2002年第7期。

[②] 参见徐立、朱正余：《徇私舞弊不移交刑事案件罪名设置及其客体的认定》，载《河北法学》2004年第5期。

[③] 参见徐立、朱正余：《徇私舞弊不移交刑事案件罪犯罪客观方面的认定》，载《河北法学》2004年第5期。

为纯粹形式化的认定路径。这样的认定不容易放纵犯罪,具有稳妥性。

第四种观点认为,一方面,"依法应当移交"是一种刑事实体法的标准,需要符合刑法规定的构成要件的设置;另一方面,"依法应当移交"的必须是公诉案件,即必须由公安机关侦查、人民检察院公诉、人民法院审判的案件。例如,最高人民法院《关于执行〈中华人民共和国刑事诉讼法〉若干问题的解释》第 1 条第 2 款规定,生产、销售伪劣商品案、侵犯知识产权案等案件,除严重危害社会秩序和国家利益的之外,均属于如果人民检察院没有提起公诉,可以由被害人自诉的案件;对于其中证据不足、可由公安机关受理的,或者认为对被告人可能判处 3 年有期徒刑以上刑罚的,应当移送公安机关立案侦查。因此,在查处涉及生产、销售伪劣商品的案件或者侵犯知识产权的案件时,除对严重危害社会秩序和国家利益的案件,且对被告人可能判处 3 年有期徒刑以上刑罚的案件,才属于"依法应当移交"的案件。[①] 这是一种从刑事诉讼的立案管辖的角度引申出的相应观点,既需要行政执法人员对涉案事实的法律规范有所理解,又意味着赋予其认定某一事实的刑法性质的自由裁量权。

第五种观点认为,应当将"依法应当移送"区分为移送对象与移送范围两者。对于前者而言,主要是应当移送司法机关的犯罪嫌疑人;对于后者而言,行政执法人员所移送的犯罪嫌疑人应当是其执法范围内的案件所涉及的人员。[②] 这是一种相对实质的认定标准,以涉嫌犯罪的标准代替形式的规定标准,赋予行政执法人员一定的自由裁量权;此外,将这种裁量主要限定于其执法范围内,这是一种较为切合实际的认定模式。

第六种观点与第五种观点较为类似,唯一不同的是,它将执法范围内的涉嫌犯罪人员改为执法职责范围内的涉嫌犯罪的人员。因此,如果行政执法人员发现其上级的行为可能涉嫌犯罪,他们不具有移送司法机关的义务。[③]

第七种观点认为,应当将"依法应当移交"的标准分为"依法移交"的标准和"应当移交"的标准。对前者而言,考虑到行政执法人员的职务属性,应当以行政法

[①] 参见阮方民:《徇私舞弊不移交刑事案件罪的若干司法与立法问题》,载《法学》2002 年第 2 期。

[②] 参见李保唐、徐全兵、田书彩:《认定徇私舞弊不移交刑事案件犯罪若干问题研究》,载《中国刑事法杂志》2003 年第 1 期。

[③] 参见王作富、刘志远:《论徇私舞弊不移交刑事案件罪的司法适用》,载《中国刑事法杂志》2000 年第 3 期。

律规范作为判断的根据。具体的根据包括:《行政处罚法》第22条的规定("违法行为构成犯罪的,行政机关必须将案件移送司法机关,依法追究刑事责任")及国务院《行政执法机关移送涉嫌犯罪案件的规定》第3条的规定("行政执法机关在依法查处违法行为的过程中,发现违法事实涉及的金额、违法事实的情节、违法事实造成的后果等,……涉嫌构成犯罪,依法需要追究刑事责任的,必须依照本规定向公安机关移送")对后者而言,分为刑事实体法的标准与刑事程序法的标准。刑事实体法的标准要求移送对象必须是该当刑法规定的构成要件的人员,刑事程序法的标准则属于一种原案的标准,具体而言,不具有《刑事诉讼法》第16条规定的6种情形,并且属于公诉案件,或是特定人员提起自诉,人民法院通知行政执法机关予以移送的案件。① 这是一种较为完整的、形式化的认定标准,该观点的提出者希冀以一种权威的规则体系将"依法应当移送"的认定置于非常确定的状态,具有一定合理性。

(2) 司法领域对这一问题的倾向

司法机关倾向于以应知违法的事实的存在推定"依法应当移交"的成立。具体而言,分为两个层次。首先,"依法应当移交"是一种违反规范的事实状态的判断。"依法应当移交"是一种对不法人员的性质进行认定的基础性判断,是一种事前的判断;徇私舞弊不移交刑事案件罪是对行政执法人员是否故意不移交应当移交的犯罪人员的派生性判断,是一种事后的判断。为了避免不同业务领域的国家机关工作人员在认定该问题上出现较大的分歧,司法机关将"依法应当移交"的价值判断转为一种事实判断。例如在"钱忠军徇私舞弊不移交刑事案件案"②中,法院在认定被告人构成本罪时提出,"2012年10月至2013年3月,被告人钱忠军在查处东胜公司非法生产不合格热轧带肋钢筋行政处罚案件过程中,明知东胜公司生产的不合格热轧带肋钢筋货值超过15万元,依法应当移送司法机关追究刑事责任"。这段内容表明:其一,"依法应当移交"是一种犯罪状态的事实,当行政执法人员发现这种涉嫌犯罪活动的事实状态时,即负有将不法人员移交司法机关的职责;其二,将生产了超过15万元的伪劣产品的不法人员直接界定为犯罪人员,是直接依据刑法及相关司法解释规定所作出的形式判断,而没有给予实质考量的空间。这表明,司法机关对"依法应当移交"的判断是一种客观的规范判断。再如在"董勤富、许作良徇私舞弊不

---

① 参见于改之、吴玉萍:《徇私舞弊不移交刑事案件罪若干问题探究》,载《河北法学》2007年第8期。

② 江苏省泰州高新技术产业开发区人民法院 (2015) 泰开刑初字第00158号刑事判决书。

移交刑事案件案"①中，法院判决认为："上诉人董勤富、许作良、袁静作为卫生行政部门的行政执法人员，明知非法行医者被卫生行政部门行政处罚两次以后，再次非法行医的应当移交司法机关追究刑事责任，而为牟取本单位等私利，仍以罚代刑，对依法应当移交司法机关追究刑事责任的22件案件不移交，情节严重，构成徇私舞弊不移交刑事案件罪。"与前一案件相同，该案法院对"依法应当移交"所作的是一种规范性的事实判断：不法人员不具有行医的法定资质、该人员被卫生行政部门查处的次数等，均是通过规范性的判断即可认定。综合这些事实情况，司法机关作出了卫生行政执法人员明知依法应当移交而不移交的认定。

其次，司法机关何以推定涉案行政执法人员具有对这些事实的明知？一种常见的做法就是，将行政执法人员在其职务范围内徇私舞弊不移交刑事案件的行为认定为本罪。例如在"刘某甲、刘某乙徇私舞弊不移交刑事案件案"②中，法院判决认为："本案经提交审委会讨论后认为，被告人刘某甲、刘某乙、吕某身为负责查处矿业行政违法案件、实施具体行政行为的行政机关的部门负责人及案件承办人员，打击和查处采矿违法行为，对构成犯罪的非法采矿行为提出移交司法机关处理的意见是其法定职责，知晓国家公开发布的有关矿业的法律和相关司法解释，是其日常履行职务应当具备的专业知识。在任职期间，明知赵县14家无证开采粘土矿的砖窑的行为涉嫌刑事犯罪，却以罚代刑，放纵犯罪嫌疑人，致使犯罪嫌疑人继续进行刑事犯罪，未将该案移交司法机关处理，其行为已构成徇私舞弊不移交刑事案件罪。"在法院看来，当某一国家机关工作人员是某一特定行业的行政执法人员时，他所就职的工作领域要求其必须掌握该领域内的规范及制度，其所从事的职务活动的特点要求其必须具有维护法制权威的执法观念。因此，业务领域下的职权身份，足以推定其对某一不法人员是否应当移交刑事案件具有明确的认识。这是一种从执法领域、职权身份、业务活动的客观要求推定执法人员主观状态的认定模式。这一认定模式既可以厘清对行政执法人员主观状态的认定，以回应其主张法律认识错误的辩解；又具有事实推定的合理性，避免将行政执法人员业务范围义务的规范认知作为对其谴责的根据，体现责任主义的价值考量。因此，它具有较高的合理性，应予提倡。

---

① 山东省临沂市中级人民法院（2016）鲁13刑终556号刑事判决书。
② 河北省赵县人民法院（2016）冀0133刑初18号刑事判决书。

(3) 本书对这一问题的认识

首先，可以将"依法应当移交"理解为"依法移交"。学界有观点将"依法应当移交"划分为"依法移交"且"应当移交"的情形。透过该观点的诠释，"依法应当移交"不仅涉及依法判断的形式认定，还涉及自诉与公诉案件的实质判断。但是，本书认为，应当将"依法应当移交"仅理解为"依法移交"。一方面，这更加符合该表述的通常含义，有利于保障社会公众的预见可能性。一者，日常意义上，"依法应当"的含义通常仅指依据法律，其所指引的思维形式更多是由法律条文引申而来的逻辑推导形式。二者，我国《刑法》有三处提及了"依法应当"字样。其中还有两处分别是第161条违规披露、不披露重要信息罪中"依法应当披露的其他重要信息"与第162条之一的隐匿、故意销毁会计凭证、会计账簿、财务会计报告罪中"依法应当保存的会计凭证、会计账簿、财务会计报告"的表述。而对于这两处而言，将"依法应当披露"与"依法应当保存"理解为根据法律规范的形式规定应当予以披露或保存的内涵是问题不大的。故基本可以推定徇私舞弊不移交刑事案件罪中"依法应当移交"理解为一种依据规范的形式判断是相对合理的。另一方面，如果将"依法应当移交"纳入对《刑法》第402条的整体理解之中，就会发现：最终适用这一条文的，并非行政执法人员，而是司法机关。如果将公诉机关的管辖范围及是否达到应当处罚的程度等实质标准纳入认定的范畴，那么对该条文的把握就可能呈现出一种主观化的趋势，不利于认定。至于司法机关所依据的认定标准是否存在不合理之处，这不是行政执法人员职权范围内的事项。

其次，应当将"依法应当移交"的范围限定于行政执法人员的业务范围领域。前文提及，司法实践中倾向于将行政执法人员在自身职务范围内徇私舞弊不移交刑事案件的行为认定为本罪。本书对此表示支持，主要是基于两个层面的考虑：一是行政领域法律规范的数量庞杂、事项繁多，故基于行政执法部门业务领域的不同，让行政执法人员仅对其业务领域内的徇私舞弊行为负责是合理的，否则以超出被告人预见能力的事项对其予以执法不力的谴责实有不妥。二是不同的行政执法机关各有其监督与执法的特定事项，其执法的权限与领域彼此分明。"依法应当移交"的不法人员是以侵害特定领域的执法事项为基础的，如果某一领域的行政执法人员对另一领域的不法人员进行执法监督并移送司法机关，则存在越权管理之嫌。此外，尽管行政执法人员的上级人员也有可能实施涉嫌犯罪的活动，例如某一道路交通执法人员在查处违规行为时发现其上级人员违规驾驶并涉嫌犯罪，此时当如何处理？本书认为，尽管属于该执法人员的业务范围内的事项，但考虑该人员毕竟对其不具有监督与管理的相应权限，故若执法人员未将其上级人员移交刑事案件，一般不宜以犯罪论处。

最后，不应将行政执法机关的内部人员纳入"依法应当移交"的范围。这实际上关涉到对本罪设置所保护的法益的理解。"在维持以将对个人的尊重作为价值本原的现代社会的秩序时，最重要的就是保护以个人的生活利益为中心的法益，国家也是从这一立场出发来形成秩序的。"① 而关于徇私舞弊不移交刑事案件罪的保护法益，学界观点大致涉及国家行政机关的正常活动、法律的权威与尊严、司法机关的正常活动等。但本书认为，若将国家行政机关的正常活动作为本罪的保护法益，则实务领域大量出现的行政执法机关的个别领导人员为了谋取本单位的私利而对不法人员以罚代刑的现象则不必予以处罚。但这与相应立案标准的规定是明显违背的。而将法律的权威与尊严作为本罪的保护法益又显得过于抽象与宽泛，对本罪的认定极为不利。故应当将徇私舞弊不移交刑事案件罪的保护法益理解为关乎社会公众生活利益的司法机关的管理秩序。尽管"依法应当移交"的人员既是涉嫌犯罪的不法人员，又是行政管理活动的行政相对人，但是，如果对本应给予刑事处罚的不法人员以罚代刑，则可能放纵犯罪，引起对社会生活的进一步侵害。② 因此，将"依法应当移交"的涉嫌犯罪人员的范围限定为行政执法机关对外执法活动中发现的不法人员更为合理。此外，司法实务领域也存在持有这一观点的判决。例如在"刘某某、杨某某徇私舞弊不移交刑事案件案"③ 中，法院判决指出："徇私舞弊不移交刑事案件罪的犯罪主体是行政执法人员这一特殊主体，其特殊性是其具有行政执法权，构成本罪与其履行行政执法权有关，应当是在行政执法过程中发现相对人被行政执法调查的行为可能涉嫌犯罪，因而需要移送司法机关追究相对人的刑事责任，防止以行政处罚代替刑事处罚，反映的是行政主体与行政相对人之间的外部行政管理关系；同时，国家和省的有关规定对行政执法人员有通过考试合格才能发给行政执法证的要求，对行政执法有只能由行政执法机关及执法人员行使、执法必须两人以上并出示

---

① 〔日〕大谷实：《刑法讲义总论》（新版第2版），黎宏译，中国人民大学出版社2008年版，第83页。
② 参见徐立、朱正余：《徇私舞弊不移交刑事案件罪名设置及其客体的认定》，载《河北法学》2004年第5期。
③ 四川省仪陇县人民法院（2015）仪刑初字第114号刑事判决书。

行政执法证等程序性要求。在任何机关单位都有可能出现内部人员在履职过程贪污挪用公款的现象，任何机关单位都应对其党纪政纪处分，对已涉嫌犯罪都有移送司法机关的责任，这并不是行政执法机关特有的行政执法行为，而是任何单位都有权办理的内部管理行为，因此被告人刘某某、杨某某发现本局内部工作人员林某某、郑某在履职过程中有涉嫌贪污犯罪行为后仅作内部处理而不移送司法机关的行为不是发生在税务执法过程中，二被告人的行为不构成徇私舞弊不移交刑事案件罪。"该段判决内容从两个层面否定了徇私舞弊不移交刑事案件罪的成立：一是，本罪中"依法应当移交"的对象应当是行政执法人员在职务活动过程中查处的行政相对人，而非行政机关的内部人员；二是，本罪力图规制的主要对象是行政执法人员在执法活动中因徇私舞弊而消极履职的犯罪现象。虽然法院没有明确提出，但这两点均指向徇私舞弊不移交刑事案件罪的保护法益、立法目的。诚然，对国家机关内部犯罪活动的纵容同样会对司法机关的正常履职秩序产生消极影响，但这一行为毕竟不是《刑法》第402条本身所针对的防范对象。

2. 对徇私舞弊不移交刑事案件罪中"徇私舞弊"的理解

(1) 针对这一问题的学界观点

对于"徇私舞弊"的认识分为两个问题：一是，"徇私舞弊"是客观要件还是主观要件？二是，为谋取本单位的私利是否属于徇私舞弊？

关于第一个问题，最高人民检察院《关于人民检察院直接受理立案侦查案件立案标准的规定（试行）》规定："徇私舞弊不移交刑事案件罪是指行政执法人员，徇私情、私利，伪造材料，隐瞒情况，弄虚作假，对依法应当移交司法机关追究刑事责任的刑事案件，不移交司法机关处理，情节严重的行为。"这是一种将"徇私"作为主观要件予以把握的理解。学界的通说也是如此。

关于第二个问题，学界存在几种观点。第一种观点认为，"为谋取单位私利"的行为不属于"徇私"。理由是：一者，徇私舞弊的"私"与单位私利的"私"并不一致，这是立法者的态度。1996年全国人大常委会通过的《行政处罚法》第61条明确规定："行政机关为牟取本单位私利，对应当依法移交司法机关追究刑事责任的不移交，以行政处罚代替刑罚，由上级行政机关或有关部门责令纠正；拒不纠正的，对直接负责的主管人员给予行政处分；徇私舞弊，包庇纵容违法行为的，比照刑法第一百八十八条的规定追究刑事责任。"根据该条规定，对仅仅为牟取本单位私利而未徇私舞弊的以罚代刑的行为，不追究刑事责任。二是，最高人民检察院《关于人民检察院直接受理立案侦查案件立案标准的规定（试行）》对于涉嫌"以罚代刑、放纵犯罪嫌疑人，致使犯罪嫌疑人继续进行违法犯罪活动"予以立案的规定，与对"徇私"这一主观意见的规定并无内容上的重合，故不建议对"为谋取单位私利"的行为一律认定为徇私舞弊不移交刑事案件罪。① 这是从其他部门法的相关规定推导出对"为谋取单位私利"的理解。不过，考虑到《行政处罚法》已经被修订，故该理由是否充分有待思考。第二种观点认为，"徇私"应当包括"为谋取单位私利"。理由是："私"与"公"是相对的，只有行政执法人员在履职过程中依法行政、及时移交刑事案件，才属于真正的"公"。谋取单位私利也属于"徇私"的一种。② 第三种观点也认为，应当将"为谋取单位私利"理解为徇私。理由是：一者，徇私舞弊不移交刑事案件罪的主要特征是渎职而不是贪利，因而只要行为人实施了渎职行为就应受到处罚；二者，当行政执法人员"为谋取单位私利"而实施徇私舞弊的行为时，行为人自己同样可以从中谋得好处；三者，即使是为了单位利益而实施了徇私舞弊不移交刑事案件的行为，其行为本身的社会危害性并没有发生变化。③ 第二与第三种观点均是通过对"徇私"进行扩张解释而得出的结论。"为谋取单位私利"的行为与"为谋取个人私利"的行为固然在社会危害性上是相同的，但是，将"徇私"理解为谋取个人利益似乎更合乎日常生活的状态。所以，这种扩张解释的观点是否合理，仍然有待商榷。

（2）针对这一问题的司法见解

司法实务领域对该问题的认识似乎也存在不统一之处。

第一种见解参见1999年《关于人民检察院直接受理立案侦查案件立案标准的规定（试行）》，其中规定的徇私舞弊不移交刑事案件罪的立案标准中有一项是："7. 直接负责的主管人员和其他直接责任人员为牟取本单位私利而不移交刑事案件，情节严重的"。该规定表明，在情节严重的情况下，"为谋取单位私利"而实施本罪之行为，也属于"徇私"。

第二种见解是将"为谋取单位私利"而实施本罪行为者，有条件地认定为滥用

---

① 参见王作富、刘志远：《论徇私舞弊不移交刑事案件罪的司法适用》，载《中国刑事法杂志》2000年第3期。
② 参见苏彩霞：《徇私舞弊不移交刑事案件罪的司法认定与立法完善》，载《当代法学》2005年第1期。
③ 参见李保唐、徐全兵、田书彩：《认定徇私舞弊不移交刑事案件犯罪若干问题研究》，载《中国刑事法杂志》2003年第1期。

职权罪。例如 2001 年最高人民法院刑二庭《关于审理贪污贿赂和渎职犯罪案件适用法律若干问题的意见》认为：徇私舞弊型渎职犯罪的"徇私"，应理解为徇个人私情私利，不包括徇小团体利益，为了小团体利益而实施徇私舞弊行为的，应以《刑法》第 397 条追究刑事责任。

除此之外，在司法裁判领域，人民法院对这一问题的认定也有不同意见。例如在"吴某徇私舞弊不移交刑事案件案"[①] 中，法院判决指出："徇私舞弊不移交刑事案件罪是指行政执法人员徇私舞弊，对依法应当移交司法机关追究刑事责任的不移交，情节严重的行为。本罪的责任形式为直接故意，且出于徇私动机。一方面，行为人必须明知案件应当移交司法机关追究刑事责任而故意不移交；另一方面，必须出于徇私动机。1999 年最高人民检察院公布的《关于人民检察院直接受理立案侦查案件立案标准的规定（试行）》及 2005 年最高人民检察院公布的《关于渎职侵权案件立案标准的规定》在有关徇私舞弊不移交刑事案件案中均规定，'直接负责的主管人员和其他直接责任人员为牟取本单位私利而不移交刑事案件，情节严重的'。可见，本罪中的'徇私'除了徇个人之私外，还应包括出于地方保护主义为徇单位私利对犯罪人网开一面等徇部门之私、集体之私、单位之私，即只要排除了因法律水平不高、事实掌握不全而过失不移交，便可认定为'徇私'。"该段判决内容虽然是以 1999 年最高人民检察院公布的《关于人民检察院直接受理立案侦查案件立案标准的规定（试行）》及 2005 年最高人民检察院公布的《关于渎职侵权案件立案标准的规定》的内容为基础，但实际上，司法者的观点向前延伸了一步：从谋取个人私利到谋求单位私利，虽然性质相似，都具有徇私的成分，但是后者是对前者的延伸，因它将"徇私"的认定范围扩大了；而从谋求单位私利到"地方保护主义"甚至"集体之私"，"徇私"的范围就再次扩大了。至于最后一句表述，将因过失而不移交刑事案件的情形均规定为"徇私"的情形，这种扩张的态势就愈加明显了。依照这一观点，只要应当意识到行为人是涉嫌犯罪的人员而未对其移送司法机关，行政执法人员均可成立徇私舞弊不移交刑事案件罪。因而，"徇私舞弊"的意义就被完全忽视了，只剩下了标识该罪属于故意犯罪的意义。

（3）本书对这一问题的认识

本书认为，应当将"徇私舞弊"理解为为徇私情、谋取私利的含义。如果确有

[①] 湖北省竹山县人民法院（2017）鄂 0323 刑初 91 号刑事判决书。

证据证明行政执法人员在"谋取单位私利"时有为自己谋取利益的意图,则可以作出认定;否则,不能认定为"徇私舞弊"。理由有四点。

首先,基于刑法解释的原理,不应当对刑法条文作出超出立法原本目的的理解。在刑法的解释领域,存在扩张解释与类推解释的区分。"如果说解释所要做的仅仅是阐明法律规范或者法律概念的关键性的意义,并且限制在对法律规范或者法律意思的解读之上,那么类推所寻求的则是离开法律条文本来框定的直接适用范围。解释的意思是为了将法律意思明朗化,使之在面对出现的相应情况时能够适用今天已经变化了的要求与观点。类推的目的相反则是通过扩展和进一步发展条文而充填法律的空白。"① 前文言及,徇私舞弊不移交刑事案件罪保护的法益是关乎社会公众利益的司法机关的活动秩序。行政执法机关的本职工作是对违反执法规范的事实进行处置与惩罚,追究不法人员的刑事责任并不是其主要业务。因而,《刑法》第402条规定"徇私舞弊"的意义是,防范行政执法人员为了谋取私利,与不法人员同流合污,从而产生对犯罪活动与犯罪嫌疑人的容忍,放任社会公众可能遭遇的进一步侵害。因此,"徇私"的范围应当限于行政执法人员放纵犯罪时能够预见到的利益,是一种相对临近的利益。至于"地方保护主义"这样一种益处,尽管也可能在更长远的范围内惠及行政执法人员,但却不适宜作为"徇私"的考量内容。

其次,基于犯罪故意的原理,不宜将不具有针对不法后果的意图的行为认定为故意犯罪。我国《刑法》第14条第1款规定:"明知自己的行为会发生危害社会的结果,并且希望或者放任这种结果发生,因而构成犯罪的,是故意犯罪。"犯罪故意的构造是由对构成要件规定的事实的认识,以及基于认识的希望或放任的意图所构成。在徇私舞弊不移交刑事案件罪的认定中,"徇私"的存在并不是对该罪的行为故意没有意义的内容。学者大多正确地主张,"徇私"的动机是行政执法人员故意不将涉嫌犯罪人员移交司法机关的内心起因。② 因此,在本罪的主观状态中,行政执法人员必须认识到自己实施了故意不移送涉嫌犯罪的人员的行为这一事实,但仅此还不足够。该行政执法人员还必须存在使其逃离司法机关的刑事问责,以及从其放纵犯罪的行为中可能获利的意图。因此,如果将"徇私"仅仅理解为标识行政执法人员

---

① 〔德〕约翰内斯·韦塞尔斯:《德国刑法总论》,李昌珂译,法律出版社2008年版,第23—24页。
② 参见杜国强、贾济东:《徇私舞弊不移交刑事案件罪的几个问题》,载《人民检察》2002年第7期。

是具有犯罪故意的提示性规定，那就误解了徇私舞弊不移交刑事案件罪的主观构成，以及"徇私"与"不移交刑事案件"之间的内在关联。当然，可能还有人主张，如果行政执法人员认识到其在故意放纵犯罪，还要冒着被问责的风险不移交刑事案件，可以推定其具有徇私的成分。但是，这种理解倒置了刑法事实与刑事认定的关系。只有当行政执法人员不移交刑事案件是出于徇私的动机，才能对其定罪，而不是行政执法人员没有移交案件就可以推定其具有徇私的动机而予以定罪。

再次，基于犯罪构成要件的社会机能，不应将刑法分则设定的构成要件轻易否定。"关于构成要件的社会机能或实际机能，可以分为保障自由机能和维持秩序机能。但是，从罪刑法定原则来看，无论是怎样值得处罚的行为只要是刑罚法规中的构成要件上没有预定的行为，就不得予以处罚，因此，构成要件的社会机能，可以归结为保障人权机能或罪刑法定原则机能，维持秩序机能不过是其反射机能而已。"[①] 因此，重视构成要件的人权保障机能，是罪刑法定主义的应然之义。而对构成要件机能的重视，意味着将构成要件设定的行为类型作为一种认定犯罪的"指导形象"予以把握。过于偏重或忽视构成要件中的任何一个要素，都可能引起对构成要件机能的损害。因此，就对于徇私舞弊不移交刑事案件罪的构成要件而言，那种认为将"徇私"理解为"为谋取个人私利"或"为谋取单位私利"均不影响行为本身的社会危害性，故可以作此认定的观点是错误的。这是一种偏重于结果要素而忽视了其主观要素的认识方式，实际上不当地扩大了本罪的处罚范围。此外，实务领域将为了小团体的利益而徇私舞弊的行为理解为滥用职权罪的观点，同样存在不妥。根据《刑法》第397条第1款的规定，滥用职权罪的成立是以"致使公共财产、国家和人民利益遭受重大损失"为结果要件。而根据最高人民检察院制定、发布的相关罪名的立案标准，滥用职权罪的立案标准要远高于徇私舞弊不移交刑事案件罪。再者，根据《刑法》第397条第2款的规定，因徇私舞弊而成立滥用职权罪的，将被处以更重的法定刑。故上述观点看似解决了为小团体利益而徇私舞弊的行为定性，实际上却破坏了不同犯罪之间的构成界限并引起了罪刑不相适应的后果。

最后，基于主观违法性要素的创制原理，应当重视"徇私舞弊"对徇私舞弊不

[①] 〔日〕大谷实：《刑法讲义总论》（新版第2版），黎宏译，中国人民大学出版社2008年版，第102页。

移交刑事案件罪成立的意义。①《刑法》第 402 条中的"徇私舞弊"是一种主观违法性要素。在"钱某徇私舞弊不移交刑事案件案"②中，二审法院判决认为："上诉人钱某在查处东胜公司非法生产不合格热轧带肋钢筋行政处罚案中，对于现场发现的不合格钢筋以及决定把钢筋全部拉走后遇到该厂的阻挠行为，均及时向相关领导进行了汇报请示，并按照指示对于当时执法现场的不合格钢筋进行了就地封存。作为现场执法人员，虽然其本人具有多年稽查经验，但据现有证据无法充分认定其本人主观上明确知道该批涉案钢筋价值超过 15 万元，且该批钢材后来遭到灭失，其后对于该案的进一步处理，主要系由泰州市质监局案件审理委员会讨论决定，已超出上诉人个人的职责和权力范围。因此认定上诉人构成徇私舞弊不移交刑事案件罪证据不足。"一方面，东胜公司非法生产价值超过 15 万元的不合格热轧带肋钢筋的行为已经达到了移交司法机关的标准；另一方面，根据上诉人钱某长期从事稽查工作的经验，认定其对该违法活动涉嫌犯罪具有认识能力也是合理的。而二审法院之所以推翻一审法院的认定结论，就是基于上诉人钱某在决定是否移交司法机关之前已经向上级领导人员作出请示，并遵循其请示而不予移交。这足以说明，在该案审判人员看来，该案上诉人不具有徇私的主观动机，而徇私动机的存在对徇私舞弊不移交刑事案件罪的成立具有重要的意义。这种意义体现在：当不具备这一动机时，故意不移交刑事案件的不法流程并不掌握在行政执法人员手中，故行政执法人员的行为对法秩序的侵害后果受到了大大削弱。因此，"徇私"动机对于法益侵害后果的形成具有重大意义，应当作相对慎重的理解。

（二）"胡宝刚案"的指导意义

第一，在"依法应当移交"的问题上，本案的指导意义在于：其一，重视对"依法应当移交"的对象的形式化判断，体现认定的客观性。本案审判人员将"依法

---

① 根据阶层论的犯罪论体系，对犯罪人施加刑事处罚需要满足构成要件该当性、违法性与有责性的三个阶层。其中违法性是指当认定犯罪人的行为被刑法分则给予明文规定以后，判断这一行为在包括刑法的整体国家法秩序中的地位。而正当防卫、紧急避险等均由于不违反国家整体法秩序的精神而被排除于违法性判断之外。一般意义上，考虑到法秩序判断的客观性与稳定性，同时为了与有责性要素区别开来，违法性要素的判断多是基于法益侵害的后果或危险的客观判断，至于存在于行为人主观观念中的对事实的认识、犯意、目的与动机等，只有足以还原为法益侵害的场合才能被认可为违法性要素。参见〔日〕曾根威彦：《刑法学基础》，黎宏译，法律出版社 2005 年版，第 99 页。
② 江苏省泰州市中级人民法院（2016）苏 12 刑终 182 号刑事判决书。

应当移交"的标准理解为一种客观的规范标准。根据"非法传销行为""经营数额巨大"等事实,法院推定神龙公司的非法传销活动涉嫌犯罪。判断的标准是《刑法》及相关司法解释。其二,坚持"职权＋不法行为"的导向,完成对被告人明知的推定。本案据以推定被告人胡宝刚、郑伶对"依法应当移交"存在明知的根据有二:一是被告人胡宝刚身为工商河西分局公平交易科科长,而被告人郑伶身为该科工作人员,二人均具有查处工商领域不法活动的职权;二是两名被告人在案件调查终结报告及处罚决定书中隐瞒了该案涉及经营数额巨大的事实,并且被告人胡宝刚在局长办公会上汇报该案时亦隐瞒涉及经营数额巨大的事实,对执法事项具有虚假陈述的违规行为,这也可以推定二人对该案应当依法移送司法机关具有明知。其三,遵循司法领域的判案倾向,维护司法立场的稳定性。学界围绕这一问题也大致分为规范层面与事实层面两个层次。在规范层面上,主要是对《刑法》等规范的形式判断,这一点学界与司法领域实际上的认识是相同的。在事实层面上,是否赋予行政执法人员在认定"依法应当移交"上的自由裁量权,存在争议。司法机关的立场是不给予其相应的权限,但是通过将本罪的适用范围限定于在业务范围内徇私舞弊的行政执法人员,这是一种折中的立场,实际上避免了司法判决中的过多争议。而对这一倾向的遵循,是值得提倡的。

第二,在对"徇私舞弊"的认定上,本案实际上遵循了最高人民检察院相应立案标准的立场,将为谋取小集体利益的情形纳入"徇私"的范围。但与纯粹"为谋取单位利益"的情形不同,本案两名被告人身为工商河西分局公平交易科的行政执法人员,以罚代刑的不法收益直接归其所有。因此,当两名被告人实施故意不移交刑事案件的行为时,其可能获得的利益是非常临近的,处于完全可预见的范围。因此,名义上,"徇私"的认定范围在判决内容中有所扩展,但实际上没有突破对"徇私"的核心含义的把握。故可以认为,在判断如何认定"为谋取单位利益"的具体问题上,本案较为合理地协调了《刑法》第402条在文义上的内涵与适用上的需求,具有较高的参考价值。

(三) 对"胡宝刚案"的反思

经过对徇私舞弊不移交刑事案件罪的学理与司法判决情况的梳理,可以发现:除了少数学者与司法人员对本罪的适用采取较为限缩的立场外,一种共同的趋势是:本罪的适用范围仍在扩张。前文提及了某一司法机关对"徇私"的意义予以淡化的较为极端的观点。尽管本书不支持这一观点,但在当前的学理与司法背景下,该判决的出现并非偶然。相对简化"依法应当移交"的实质判断、相对放宽对"徇私"要件的核心含义的把握,这种做法的目的仍然是凸显对故意不移交刑事案件的不法后果的重视。本书认为,注重对某一不法后果的防范本身无可厚非,但是不能因此过于放松对《刑法》条文的通常含义的持守。尤其一些主观要素的认定,在刑事证明上不易操作,犯罪嫌疑人的供述与辩解又可能表现出一定波动性,如何结合既定的事实进行推断就是有些困难的。但是结合本案研讨的案例,进行这一推断也并非不可能,例如当行政执法人员故意隐瞒应当汇报的事项,或接受行政执法对象的贿赂、吃请等时,足以认定行政执法人员具有徇私的动机;而当其选择向领导人员汇报情况,并遵循其指示,且该指示并不明显违法时,又足以推定其不具有该动机。再如"徇私"动机的把握并不意味着行政执法人员实际获利,只要能证明执法对象具有承诺为其谋利的表示,或执法人员具有通过以罚代刑得以获利的意向,便足以认定。故应当重视对"徇私"等主观要素的认定,本案在该问题上的处理是十分妥当的。

第四节　食品监管渎职罪

一、指导性案例

(一)检例 15 号:黎达文等人受贿、食品监管渎职案(以下简称"黎达文案")

1. 基本案情

(1)被告人胡林贵、刘康清、叶在均、刘国富、张永富等人于 2011 年 6 月以每人出资 2 万元,在未取得工商营业执照和卫生许可证的情况下,在东莞市中堂镇江南农产品批发市场租赁加工区建立加工厂,利用病、死、残猪猪肉为原料,加入亚硝酸钠、工业用盐等调料,生产腊肠、腊肉。并将生产出来的腊肠、腊肉运至该市农产品批发市场固定铺位进行销售,平均每天销售约 500 公斤。该工厂主要由胡林贵负责采购病、死、残猪猪肉,刘康清负责销售,刘国富等人负责加工生产,张永富、叶在均等人负责打杂及协作,该加工厂还聘请了被告人叶世科等人负责运输,聘请了骆梅、刘康素等人负责销售上述加工厂生产出的腊肠、腊肉,其中骆梅于 2011 年 8 月初开始受聘担任销售,刘康素于 2011 年 9 月初开始受聘担任销售。

2011年10月17日，经群众举报，执法部门查处了该加工厂，当场缴获腊肠500公斤、腊肉500公斤、未检验的腊肉半成品2吨、工业用盐24包（每包50公斤）、敌百虫8支、亚硝酸钠11支等物品；10月25日，公安机关在农产品批发市场固定铺位缴获胡林贵等人存放的半成品猪肉7980公斤，经广东省质量监督检测中心抽样检测，该半成品含敌百虫等有害物质严重超标。

（2）自2010年12月至2011年6月，被告人朱伟全、曾伟中等人收购病、死、残猪后私自屠宰，每月运行20天，并将每天生产出的约500公斤猪肉销售给被告人胡林贵、刘康清等人。后曾伟中退出经营，朱伟全等人于2011年9月份开始至案发期间，继续每天向胡林贵等人合伙经营的腊肉加工厂出售病、死、残猪猪肉约500公斤。

（3）被告人黎达文于2008年起先后兼任中堂镇产品质量和食品安全工作领导小组成员、经贸办副主任、中堂食安委副主任兼办公室主任、食品药品监督站站长，负责对中堂镇全镇食品安全的监督管理，包括中堂镇内食品安全综合协调职能和依法组织各执法部门查处食品安全方面的举报等工作。被告人余忠东于2005年起在东莞市江南市场经营管理有限公司任仓储加工管理部的主管。

2010年至2011年，黎达文在组织执法人员查处江南农产品批发市场的无证照腊肉、腊肠加工窝点过程中，收受被告人刘康清、胡林贵、余忠东等人贿款共11次，每次5000元，合计55000元，其中胡林贵参与行贿11次，计55000元，刘康清参与行贿10次，计50000元，余忠东参与行贿6次，计30000元。

被告人黎达文在收受被告人刘康清、胡林贵、余忠东等人的贿款之后，滥用食品安全监督管理的职权，多次在组织执法人员检查江南农产品批发市场之前打电话通知余忠东或胡林贵，让胡林贵等人做好准备，把加工场内的病、死、残猪猪肉等生产原料和腊肉、腊肠藏好，逃避查处，导致胡林贵等人在一年多时间内持续非法利用病、死、残猪猪肉生产敌百虫和亚硝酸盐成分严重超标的腊肠、腊肉，销往东莞市及周边城市的食堂和餐馆。

被告人王伟昌自2007年起任中堂中心屠场稽查队队长，被告人陈伟基自2009年2月起任中堂中心屠场稽查队队员，二人所在单位受中堂镇政府委托负责中堂镇内私宰猪肉的稽查工作。2009年7月至2011年10月，王伟昌、陈伟基在执法过程中收受刘康清、刘国富等人贿款，其中王伟昌、陈伟基共同收受贿款13100元，王伟昌单独受贿3000元。

王伟昌、陈伟基受贿后，滥用食品安全监督管理的职权，多次在带队稽查过程中，明知刘康清和刘国富等人非法销售死猪猪肉、排骨而不履行查处职责，王伟昌还多次在参与中堂镇食安委组织的联合执法行动前打电话给刘康清通风报信，让刘康清等人逃避查处。

2. 判决结果

2011年10月22日，胡林贵、刘康清因涉嫌生产、销售有毒、有害食品罪被刑事拘留，11月24日被逮捕。2011年10月23日，叶在均、刘国富、张永富、叶世科、骆梅、刘康素因涉嫌生产、销售有毒、有害食品罪被刑事拘留，11月24日被逮捕。2011年10月28日，朱伟全、曾伟中因涉嫌生产、销售有毒、有害食品罪被刑事拘留，11月24日被逮捕。2012年3月6日，黎达文因涉嫌受贿罪被刑事拘留，3月20日被逮捕。2012年4月26日，王伟昌、陈伟基因涉嫌受贿罪被刑事拘留，5月10日被逮捕。2012年3月6日，余忠东因涉嫌受贿罪被刑事拘留，3月20日被逮捕。

被告人胡林贵、刘康清、叶在均、刘国富、张永富、叶世科、骆梅、刘康素、曾伟中、朱伟全涉嫌生产、销售有毒、有害食品罪一案，由广东省东莞市公安局侦查终结，移送东莞市第一市区人民检察院审查起诉。被告人黎达文、王伟昌、陈伟基涉嫌受贿、食品监管渎职罪，被告人胡林贵、刘康清、余忠东涉嫌行贿罪一案，由东莞市人民检察院侦查终结，移送东莞市第一市区人民检察院审查起诉。因上述两个案件系关联案件，东莞市第一市区人民检察院决定并案审查。2012年5月29日，东莞市第一市区人民检察院以被告人胡林贵、刘康清犯生产、销售有毒、有害食品罪、行贿罪，叶在均、刘国富、张永富、叶世科犯生产、销售有毒、有害食品罪，骆梅、刘康素犯销售伪劣产品罪，朱伟全、曾伟中犯生产、销售伪劣产品罪，黎达文、王伟昌、陈伟基犯受贿罪、食品监管渎职罪，余忠东犯行贿罪，向东莞市第一人民法院提起公诉。

2012年7月9日，东莞市第一人民法院一审认为，被告人胡林贵、刘康清、叶在均、刘国富、张永富、叶世科无视国法，在生产、销售的食品中掺入有毒、有害的非食品原料，其行为已构成生产、销售有毒、有害食品罪，且属情节严重；被告人骆梅、刘康素作为产品销售者，以不合格产品冒充合格产品，其中被告人骆梅销售金额为50万元以上不满200万元，被告人刘康素销售金额为20万元以上不满50万元，其二人的行为已构成销售伪劣产品罪；被告人朱伟全、曾伟中在生产、销售中以不合格产品冒充合格产品，涉案金额50万元以上不满200万元，其二人的行为已构成生产、销售伪劣产品罪；被告人黎达文身为国家工作人员，被告人王伟昌、陈伟基身为受国家机关委托从事公务的人员，均利用职务之便，多次收受贿款，同时，被告人黎达文、王伟昌、陈伟基还违背所负的食品安全监督管理职责，滥用职权为刘康清等人谋取非法利益，造成严重后果，被告人黎达文、王伟昌、陈伟基的行为已构成受贿罪、食品监管渎职罪；被告人胡林贵、刘康清、余忠东为谋取不正当利益，多次向黎达文、王伟昌、陈伟基等人行贿，三人的行为均已构成行贿罪。对上述被告人的犯罪行为，依法均应惩处，对被告人胡林贵、刘康清、黎达文、王伟昌、陈伟基依法予以数罪并罚。被告人刘康清系累犯，依法应从重处罚；刘康清在被追诉前主动交代其行贿行为，依法可以从轻处罚；刘康清还举报了胡林贵向黎达文行贿5000元的事实，并经查证属实，是立功，依法可以从轻处罚。被告人黎达文、王伟昌、陈伟基归案后已向侦查机关退出全部赃款，对其从轻处罚。被告人胡林贵、刘康清、张永富、叶世科、余忠东归案后如实供述犯罪事实，认罪态度较好，均可从轻处罚；被告人黎达文在法庭上认罪态度较好，可酌情从轻处罚。依照刑法相关条款规定，判决：

（1）被告人胡林贵犯生产、销售有毒、有害食品罪和行贿罪，数罪并罚，判处有期徒刑9年9个月，并处罚金10万元。被告人刘康清犯生产、销售有毒、有害食品罪和行贿罪，数罪并罚，判处有期徒刑9年，并处罚金9万元。被告人叶在均、刘国富、张永富、叶世科犯生产、销售有毒、有害食品罪，分别判处有期徒刑8年6个月并处罚金10万元、有期徒刑8年6个月并处罚金10万元、有期徒刑8年3个月并处罚金人民币10万元、有期徒刑7年9个月并处罚金5万元。被告人骆梅、刘康素犯销售伪劣产品罪，分别判处有期徒刑7年6个月并处罚金3万元、有期徒刑6年并处罚金2万元。

（2）被告人朱伟全、曾伟中犯生产、销售伪劣产品罪，分别判处有期徒刑8年并处罚金7万元、有期徒刑7年6个月并处罚金6万元。

（3）被告人黎达文犯受贿罪和食品监管渎职罪，数罪并罚，判处有期徒刑7年6个月，并处没收个人财产1万元。被告人王伟昌犯受贿罪和食品监管渎职罪，数罪并罚，判处有期徒刑3年3个月。被告人陈伟基犯受贿罪和食品监管渎职罪，数罪并罚，判处有期徒刑2年6个月。被告人余忠东犯行贿罪，判处有期徒刑10个月。

一审宣判后，被告人胡林贵、刘康清、叶在均、刘国富、张永富、叶世科、骆梅、刘康素、曾伟中、黎达文、王伟昌、陈伟基提出上诉。

2012年8月21日，东莞市中级人民法院二审裁定驳回上诉，维持原判。

（二）检例16号：赛跃、韩成武受贿、食品监管渎职案（以下简称"赛跃案"）

1. 基本案情

2011年9月17日，群众举报称云南丰瑞粮油工业产业有限公司（位于云南省嵩明县杨林工业园区，以下简称"杨林丰瑞公司"）违法生产地沟油，时任嵩明县质监局局长、副局长的赛跃、韩成武等人到杨林丰瑞公司现场检查，查获该公司无生产许可证，其生产区域的配套的食用油加工设备以"调试设备"之名在生产，现场有生产用原料毛猪油2244.912吨，其中有的外包装无标签标识等，不符合食品安全标准。9月21日，被告人赛跃、韩成武没有计量核实毛猪油数量、来源，仅凭该公司人员陈述500吨，而对毛猪油591.4吨及生产用活性土30吨、无证生产的菜油100吨进行封存。同年10月22日，韩成武以"杨林丰瑞公司采购的原料共59.143吨不符合食品安全标准"建议立案查处，赛跃同意立案，并召开案审会经集体讨论，决定对杨林丰瑞公司给予行政处罚。10月24日，嵩明县质监局作出对杨林丰瑞公司给予销毁不符合安全标准的原材料和罚款1419432元的行政处罚告知，并将行政处罚告知书送达该公司。之后，该公司申请从轻、减轻处罚。同年12月9日，赛跃、韩成武以企业配合调查及经济困难为由，未经集体讨论，决定减轻对杨林丰瑞公司的行政处罚，嵩明县质监局于12月12日作出行政处罚决定书，对杨林丰瑞公司作出销毁不符合食品安全标准的原料和罚款20万元的处罚，并下达责令改正通知书，责令杨林丰瑞公司于2011年12月27日前改正"采购的原料毛猪油不符合食品安全标准"的违法行为。12月13日，嵩明县质监局解除了对毛猪油、活性土、菜油的封存，实际并未销毁该批原料。致使杨林丰瑞公司在2011年11月至2012月3月，使用已查获的原料无证生产食用猪油并流入社会，对人民群众的生命健康造成较大隐患。

2011年10月至11月，被告人赛跃、韩成武在查处该案的过程中，先后两次在办公室收受杨林丰瑞公司吴庆伟（另案处理）分别送给的10万元、3万元。

2012年3月13日，公安机关以杨林丰瑞公司涉嫌生产、销售有毒、有害食品罪立案侦查。3月20日，赛跃和韩成武得知该情况后，更改相关文书材料、销毁原始行政处罚文书、伪造质监局分析协调会、案审会记录及杨林丰瑞公司毛猪油原材料的销毁材料，将所收受的13万元受贿款作为对杨林丰瑞公司的罚款存入罚没账户。

2. 判决结果

2012年5月4日，赛跃、韩成武因涉嫌徇私舞弊不移交刑事案件罪、受贿罪被嵩明县人民检察院立案侦查，韩成武于5月7日被刑事拘留，赛跃于5月8日被刑事拘留，5月21日二人被逮捕。

本案由嵩明县人民检察院反渎职侵权局侦查终结后，移送该院公诉部门审查起诉。嵩明县人民检察院经审查认为，被告人赛跃、韩成武作为负有食品安全监督管理职责的国家机关工作人员，未认真履行职责，失职、渎职造成大量的问题猪油流向市场，后果特别严重；同时二被告人利用职务上的便利，非法收受他人贿赂，为他人谋取利益，二被告人之行为已触犯《刑法》第408条之一、第385条第1款之规定，应当以食品监管渎职罪、受贿罪追究刑事责任。2012年9月5日，嵩明县人民检察院以被告人赛跃、韩成武犯食品监管渎职罪、受贿罪向嵩明县人民法院提起公诉。

2012年11月26日，嵩明县人民法院一审认为，被告人赛跃、韩成武作为国家工作人员，利用职务上的便利，非法收受他人财物，为他人谋取利益，其行为已构成受贿罪；被告人赛跃、韩成武作为质监局工作人员，在查办杨林丰瑞公司无生产许可证生产有毒、有害食品案件中玩忽职守、滥用职权，致使查获的不符合食品安全标准的原料用于生产，有毒、有害油脂流入社会，造成严重后果，其行为还构成食品监管渎职罪。鉴于杨林丰瑞公司被公安机关查处后，赛跃、韩成武向领导如实汇报受贿事实，且将受贿款以"罚款"上交，属自首，可从轻、减轻处罚。依照刑法相关条款之规定，判决被告人赛跃犯受贿罪和食品监管渎职罪，数罪并罚，判处有期徒刑6年；韩成武犯受贿罪和食品监管渎职罪，数罪并罚，判处有期徒刑2年6个月。

一审宣判后，赛跃、韩成武提出上诉。

2013年4月20日，昆明市中级人民法院二审裁定驳回上诉，维持原判。

二、案件争点

如何理解《刑法》第408条之一第1款规定中的"其他严重后果"？

三、学理研究

（一）对食品监管渎职罪中危害后果的认定

1. 学界对此问题的观点梳理

食品监管渎职罪是《刑法修正案（八）》新增的罪名。对于如何认定"其他严重后果"，相关司法解释与立案标准均未作规定，故实有讨论的必要。学界对此存在以下观点：

第一种观点认为，食品监管渎职罪在这一方面可以参照滥用职权罪与玩忽职守罪的立案标准。因为食品监管渎职罪中的"滥用职权"与"玩忽职守"分别与滥用职权罪、玩忽职守罪之间存在性质上的相似性，故具有参照的可行性。① 这是一种较为便利的认定模式。不过，滥用职权罪与玩忽职守罪在立案标准上存在显著不同，而食品监管渎职罪同时包含这两种行为，故能否在认定上实现统一存在困难。

第二种观点认为，可将"其他严重后果"分为物质性结果和非物质性结果。对于物质性结果的认定，可参照环境监管失职罪的立案标准。理由是，立法者既然将食品监管渎职罪的立法置于环境监管失职罪的条款之一，其意就是该罪名的认定标准可供参考。对于非物质性结果，参考最高人民检察院《关于渎职侵权犯罪案件立案标准的规定》中关于滥用职权罪和玩忽职守罪"严重损害国家声誉，或者造成恶劣社会影响的"认定标准。不过，考虑到食品监管渎职罪的法定刑更重，应当更为慎重地认定。② 该观点对食品监管渎职罪的危害后果进行了物质性与非物质性的分类，具有一定合理性。但是，有几点尚值得斟酌：首先，为什么对于同一种犯罪的物质性与非物质性的危害后果要参照几种不同的犯罪？对于这一点没有说明。其次，该观点主张，物质性危害后果方面之所以不参考滥用职权罪与玩忽职守罪的认定标准的原因是，食品监管渎职罪的法定刑比这两种罪名要重。可是，环境监管失职罪的法定刑同样比食品监管渎职罪要轻，为什么就不存在这一担忧呢？再者，该观点主张，立法者将食品监管渎职罪作为《刑法》第408条之一规定于环境监管失职罪的条款之后就意味着前者的认定标准可以参考后者。这种认识也存在偏颇。例如

---

① 参见黄烨：《"食品监管渎职罪"的几个适用问题探析》，载《前沿》2011年第15期；肖本山：《食品监管渎职罪的若干疑难问题解析》，载《法律科学（西北政法大学学报）》2012年第3期。

② 参见李朝晖：《食品监管渎职罪司法适用论要》，载《求是学刊》2014年第3期。

《刑法》第 234 条之一将组织出卖人体器官罪规定于第 234 条的故意伤害罪之下，是否意味着组织出卖人体器官罪的认定标准可以参照故意伤害罪呢？答案是否定的。

第三种观点认为，根据同类解释原则，应当将"其他严重后果"理解为与"重大食品安全事故"程度相当的情形。① 这种观点严格遵循了对《刑法》条文的文义解释规则，有利于体现刑法的谦抑性，但不足之处是，其不能清晰说明与"重大食品安全事故"在哪些因素或情形下程度相当。

第四种观点认为，可以将"其他严重后果"理解为除发生重大事故以外的危害状态，如造成本地区、部门或行业工作瘫痪，严重影响国家法律法规正常实施的，或者严重损害国家声誉，造成极其恶劣社会影响的等。② 这种观点下所列举的几种情形确属较为严重的后果状态，但不足之处在于，既没有形成一种关于这种状态的共通的认定路径，又在表述上十分模糊，不能为合理的认定提供有益的指导。

第五种观点认为，应当将"其他严重后果"作为食品监管渎职罪的结果要素的兜底规定，对这一规定保持一定的抽象性是合理的，例如可以避免立法规定上的"挂一漏万"、回应食品危害的潜在性与不可预见性及有利于降低立法成本来打击犯罪。③ 在论及兜底条款的益处时，该观点固然是正确的。但是，法学本身的研究不能止步于兜底条款。因为这样一种将现实问题的处理完全交给司法人员判断与认定的态度，既不利于提供一条方便与社会公众进行沟通的路径，也不利于明确刑法条款本身的含义，实际上是对刑法规范应然效力的否定。在我国司法解释领域存在着大量的兜底条款，并面临着严重的质疑。例如 2000 年 4 月 28 日《关于审理扰乱电信市场管理秩序案件具体应用法律若干问题的解释》（以下简称《扰乱电信管理秩序案件解释》）第 1 条规定："违反国家规定，采用租用国际专线、私设转接设备或者其他方法，擅自经营国际或者涉港澳台电信业务进行营利活动，扰乱电信市场秩序，情节严重的，依照刑法第二百二十五条第四项的规定，以非法经营罪定罪处罚。"但真正将非法经营电信业务作为禁止性行为的《电信条例》是由国务院于 2000 年 9 月 25 日颁布的，在时间上要晚于该司法解释。因此有学者正确地指出："《扰乱电信管

---

① 参见贾宇：《食品监管渎职罪的认定及适用》，载《河南财经政法大学学报》2012 年第 2 期。

② 参见孟庆华：《"食品监管渎职罪"若干构成要件的理解与适用》，载《山东警察学院学报》2012 年第 1 期。

③ 参见魏在军、马群：《食品监管渎职罪疑难问题探究》，载《江南大学学报（人文社会科学版）》2017 年第 4 期。

理秩序案件解释》制定之时尚没有明确的行政法规作为参照规定,《扰乱电信管理秩序案件解释》第1条中的'违反国家规定'也就没有相关法规作依据,《扰乱电信管理秩序案件解释》第1条严格来说是'无效条款'。"① 可见,明确性对于刑罚法规的效力而言具有基础性的意义。即便刑法本身必须设置概括性的规定,对其适用的理解也不能终止于兜底规定。

第六种观点认为,可以将长期"潜伏"的食品安全隐患纳入"其他严重后果"范畴内。理由是,这种食品安全隐患能够通过科学技术手段或实践经验进行监测与预判,也属于客观存在的现实"危险"。② 这一观点具有合理性。这既可以降低"严重后果"的证明标准与诉讼成本,体现对法益保护的重视;又可以将刑法学的判断与其他领域的技术监测结合起来,综合性地处理食品安全这一关乎国计民生的重大问题,弥补法学视野的局限性。

2. 司法领域对该问题的认识倾向

前文提及,成立食品监管渎职罪需要引起"重大食品安全事故或其他严重后果"。其中对于"其他严重后果"的认定面临一种立法规定与司法解释上的空白。那么,司法实务领域如何认定"其他严重后果"呢?

第一,"其他严重后果"的内涵与表现。例如在"林某受贿、食品监管渎职案"③中,法院判决认为:"被告人林某在履行食品生产监督管理职责中,违反相关工作规定和要求,玩忽职守,有能力履行而没有严肃、认真并正确履行职责,致使防城港市范围内多家生产泡椒凤爪的食品企业得以生产经检验过氧化氢残留或菌落总数及大肠杆群超标的大量凤爪销往全国各地。事后,以上事件被全国多家主流媒体报道,对消费者的生命健康可能带来潜在的危害,造成较为严重的社会负面影响。其任职期间,相关企业生产、销售的以上食品虽然没有产生《食品安全法》中第9条的'重大食品安全事故'(食物中毒、食源性疾病、食品污染等),但其行为属于《刑法》第408条之一中的'其他严重后果'(即可能对人体健康有潜在的危害,并造成严重社会影响的食品安全事故)的情形,已经构成食品监管渎职罪。"该判决内容表明了两点:一是所谓"其他严重后果"是指对人体造成潜在危害并引发严重社会影

---

① 刘树德、王勉:《非法经营罪罪状"口袋径"的权衡——对法释〔2000〕12号第1条的质疑》,载《法律适用》2002年第10期。
② 参见谢望原、何龙:《食品监管渎职罪疑难问题探析》,载《政治与法律》2012年第10期。
③ 广西壮族自治区防城港市防城区人民法院(2014)防刑初字第134号刑事判决书。

响的食品安全事故的巨大风险。前文在梳理学界观点时,有见解与之相同,本书表示认可,不再赘述。二是这种严重后果的表现。在该案中表现为两个方面:一方面,由于被告人林某的食品监管渎职行为,导致大量有毒有害食品流入市场,销往全国各地,这是物质性的严重后果;另一方面,事后相关企业生产、销售有毒、有害食品的事件被全国多家主流媒体报道,引发了严重的社会负面影响,造成了公共食品安全秩序的混乱,这是非物质性的严重后果。

第二,"其他严重后果"的认定。既然实务领域选择将"食品安全重大隐患"作为对"其他严重后果"的理解,那么司法机关是如何判定某一国家机关工作人员的食品监管渎职行为造成了食品重大安全隐患呢?结合对裁判文书的分析与比较,可以发现两条路径。其中一条路径是有关媒体的调查与报道。由于食品安全关系社会公众的切身利益,因而主流媒体倾向于对相关的案件事实进行报道,公之于众。主流媒体的跟踪报道不仅以实地考察、技术验证以及民众反馈等方式将相关企业生产、销售有毒、有害食品以及国家机关工作人员食品监管渎职的行为予以坐实,也引起社会公众惩罚与威慑不法经营企业的正义诉求。因此,借助媒体监督这一线索,司法机关对"其他严重后果"的认定具有了坚实的社会基础。上文中"林某受贿、食品监管渎职案"就说明了这一点。再如在"何秉良受贿、食品监管渎职案"[①] 中,法院判决指出:"本案的在案证据足以证实被告人何秉良作为负有食品安全监督管理职责的国家机关工作人员,玩忽职守不认真履行职责,致使大量含'瘦肉精'猪肉或病死猪肉流入市场,严重损害人民身体健康,经媒体曝光后造成恶劣社会影响的严重后果,符合该解释的规定,应认定为《刑法》第408条之一规定的造成其他严重后果情形,以食品监管渎职罪定罪处罚。"该段内容也表明,在司法机关看来,可以将大众媒体的食品安全监督作为判定某一国家机关工作人员的食品监管渎职行为是否达到"严重后果"的认定途径。

另一条路径是,将由于国家机关工作人员的食品监管渎职行为引起的、不法企业的食品生产、销售行为达到刑事处罚标准的事实认定为"其他严重后果"。例如"刘某等玩忽职守、食品监管渎职案"[②] 中,法院判决认为:"被告人刘某、袁某在食品安全监督管理监管过程中的渎职行为虽未造成食品安全事故的发生,但由于二被

---

① 广东省深圳市宝安区人民法院(2013)深宝法龙刑初字第572号刑事判决书。
② 安徽省界首市人民法院(2014)界刑初字第00330号刑事判决书。

告人的监管渎职,导致界首市精炼食用油脂公司生产的'玉兔牌'牛油火锅底料流入食品市场,且该公司参与生产、销售有毒、有害的'玉兔牌'牛油火锅底料的曹某、郭某等人均以犯生产、销售有毒、有害食品罪被判刑,应当认定为造成其他严重后果,符合《刑法》第408条之一规定的造成其他严重后果的情形,应当以食品监管渎职罪定罪处罚。"此处司法机关认定被告人刘某、袁某的食品监管渎职行为引发了"严重后果"的根据有二:有毒有害食品被大量流入市场,以及食品生产经营者的曹某、郭某等人均因生产、销售有毒、有害食品罪被刑事处罚。食品监管渎职罪中的"严重后果"是一个包含质与量的概念。质的层面,必须是危及不特定公众的身体健康,这是基础性的方面。量的方面,要达到一定的危害程度,才能被认定具有重大食品安全隐患。而不法经营者因食品生产和销售被刑事追诉的事实足以说明国家机关工作人员食品监管渎职行为引起的现实后果达到了这个层面。再如有的情况下,尽管食品生产经营者尚未被刑事追诉,但如果其生产、经营行为达到了足以被追究刑事责任的标准,也同样可以认定为相关食品监管渎职行为引起了"严重后果"。

在司法领域,上述两条线索相互影响,时常在现实中同时存在。当某一不法食品经营企业的生产、销售活动严重违反安全操作的标准,达到刑事处罚的界限时,往往会引发社会公众的关注、主流媒体的报道与揭露;而当社会舆论对某一不法经营企业的食品生产、销售状况予以公开与呈现时,也基本可以推定其违规生产、销售食品的行为达到了较为严重的程度。

3. 本书对该问题的认识

本书支持将"其他严重后果"理解为引起重大的食品安全隐患的观点。具体而言,首先,应当将"其他严重后果"理解为对人身造成重大损害的不法后果。学界和司法领域均有将"恶劣的社会影响"作为"严重后果"予以认定的观点,但这是不妥当的:一者,将"社会影响"等因素作为食品监管渎职罪的"严重后果",无非是基于将滥用职权罪、玩忽职守罪中关于"重大损失"的认定标准套用至本罪。这两种犯罪的犯罪形态与法定刑均有着很大的差异,故贸然套用彼此的犯罪认定标准,有类推解释之嫌。二者,食品监管渎职罪之所以被设置了较高的法定刑,是因为其直接关系着社会公众的生命与健康法益,这是公共秩序法益、财产法益的价值所无法比拟的。因此,基于文义解释、体系解释的规则,不适宜将"社会影响"类的重大后果理解为本罪的"严重后果"。三者,前文分析了司法机关认定本罪"严重后果"时的两种路径,并说明:当某一企业的不法经营行为达到严重危害公众的健康,触犯刑法标准时,通常会引起社会公众、主流媒体的关注。从这个角度来看,"恶劣的社会影响"不过是公众身体健康法益面临威胁这一后果的"副产品"。

其次,"其他严重后果"表现为一种食品安全隐患。生产、销售有毒、有害食品的行为对社会公众的身体健康有着必然的消极作用。与食品安全事故不同的只是,在前者情形下,这种消极影响已经以肉眼能够观察到的状态呈现出来,而后者则尚没有。但是,这不代表公众身体所受的消极影响是不存在的。相反,引起食品安全隐患的犯罪性并不比发生安全事故的犯罪性低。对此,日本的藤木英雄教授所打的比方非常恰当:传统意义上,对行为犯罪性的判断依赖于可视性,也就是说,在公众看来,看得见的犯罪才是犯罪。但是,如果一个人用毒药杀死另一人,只不过毒性不是立即奏效,而是持续很长的时间才会奏效,犹如事先安装好的定时炸弹,那么,这一行为的犯罪性与用刀杀死他人相比有很大差异吗?答案是否定的。①

最后,这种"严重后果"应当达到足以进行刑事追诉的程度。前文提及,学界在认定"其他严重后果"这一要素时,有主张参考滥用职权罪、玩忽职守罪的标准的观点,也有主张参照环境监管失职罪的观点,此外实务领域的认定路径中也有将食品生产、经营者触犯刑律而作为"严重后果"的做法。虽然具体参照的标准并不统一,也不尽合理,但共通之处就是,主张对"其他严重后果"的认定应当达到有必要给予刑事处罚的程度,体现刑罚的谦抑性,这是可取的。

(二)上述两个案件的指导性意义

通过前文的梳理,可以发现:就食品监管渎职罪中"其他严重后果"的认定而言,尽管学界进行了许多探索,但言之成理的观点并不多见。而选择将重大食品安全隐患理解为这一范畴,才有豁然开朗之感。至于如何认定存在重大安全隐患的后果,学界的探讨几乎没有,而司法领域则逐渐形成了有益的认定路径。因而,在这一问题上,司法机关的探索比学理研究的视野更加务实,也更具有实际操作的意义。"黎达文案"与"赛跃案"也大致遵循了这些认定路径。在"黎达文案"中,司法机关的裁判文书在案情简介部分将被告人胡林贵、刘康清、叶在均、刘国富、张永富等人从事非法的食品生产经营活动的犯罪事实与黎达文等人受贿、食品监管渎职

---

① 参见〔日〕藤木英雄:《公害犯罪》,丛选功、徐道礼、孟静宜译,丛选功校,中国政法大学出版社1992年版,第7页。

的事实分开列举,并根据被告人胡林贵等人因上述不法活动被采取刑事强制措施的事实认定黎达文等人食品监管渎职的行为引起了"严重后果",并且由于食品生产者、销售者严重违法的经营行为,新华社等主流媒体也对本案进行了持续关注,^①故司法机关认定本案"具有恶劣的社会影响"。这完全遵从了司法领域的认定路径,具有一定的典型性。在"赛跃案"中,裁判文书中虽未言明杨林丰瑞公司生产、销售有毒、有害食品的行为触犯刑律,但依据我国《刑法》第144条的规定,生产、销售有毒、有害食品属于抽象危险犯,没有生产、销售数额的刚性规定。更何况,根据被告人赛跃、韩成武等人的现场检查,至2011年9月17日,该公司的生产用原料毛猪油已达2244.912吨,构成了刑事处罚的标准。而被告人赛跃、韩成武在负有食品安全监管的相应职责下,收受贿赂,对其非法活动故意不予监管达4个月之久。因此,人民法院将被告人赛跃、韩成武等人认定为食品监管渎职罪,符合司法领域对于本罪"严重后果"的认定路径。可见,在重大食品安全事故频发的时代背景下,食品监管渎职罪的立法设计具有重大的现实意义。而在适用这一条款的过程中,尽管对于本罪危害后果的判断极为重要的"其他严重后果"尚无立法解释、司法解释的引领作用,但借助司法案件的审理与裁判、实务人员的有益探索,仍旧为惩治国家机关工作人员食品渎职问题提供了较为稳定的裁判基础。上述两个案件的认定代表了司法机关认定这一问题的大致趋势,故具有指导意义。

(三)对这两个案件的反思

前文言及,法院往往将食品生产、销售者因严重违法经营被追究刑事责任这一事实作为认定食品监管渎职罪的"其他严重后果"。但本书对此是否合理存在质疑。一般而言,如果要求某一行为人对其他人员的不法后果负责,则需要认定二者成立共同犯罪。但是,在我国的共同犯罪体系下尚对此点存在商榷。在客观方面,国家机关工作人员的食品监管渎职行为给生产、销售不符合安全标准的食品的违法活动提供了温床,两者在行为上存在客观关联,这点无疑。主观方面,若需要存在二者关于同一不法后果的意思联络,则存在问题。因为学界多有观点主张食品监管渎职罪属于过失犯罪。况且,在本书看来,负有食品安全监管职责的国家机关工作人员即使对他人实施食品犯罪的活动存在认识,也不意味着其对引起重大食品安全隐患

---

① 参见屈明光、王石开:《云南丰瑞公司一主管被判处无期徒刑》,http://news.163.com/14/0117/06/9IP7OUO100014AED.html,2020年3月1日访问。

存在故意。而我国刑法的规定否定了故意犯与过失犯成立共同犯罪的可能。此外，即使将食品监管渎职罪主要理解为滥用职权形式的故意犯，生产、销售有毒、有害食品罪的法定刑高于本罪，故一旦认定为共犯，本罪将没有适用的余地。因此，如何寻找实务认定路径的正当化基础，确实存在困难。在本书看来，司法机关的认定路径确有合理之处，但是这种合理性尚不能通过刑法教义的理解来予以论证。较为妥当的办法，还是通过一些准立法的手段予以解决。